国际工程投标报价实务与决策方法

陶自成　何彦舫　编著

中国三峡出版传媒
中国三峡出版社

图书在版编目（CIP）数据

国际工程投标报价实务与决策方法/陶自成，何彦舫编著．—北京：中国三峡出版社，2018.12

ISBN 978－7－5206－0078－1

Ⅰ．①国… Ⅱ．①陶… ②何… Ⅲ．①对外承包-承包工程-投标-预算定额 Ⅳ．①F752.68

中国版本图书馆 CIP 数据核字（2018）第274367号

责任编辑：彭新岸

中国三峡出版社出版发行

（北京市西城区车公庄大街12号　100037）

电话：（010）57082640　57082651

http：//www.zgsxcbs.cn

E－mail：sanxiaz@sina.com

北京世纪恒宇印刷有限公司印刷　新华书店经销

2019年10月第1版　2019年10月第1次印刷

开本：787×1092　1/16　印张：16

字数：350千字

ISBN 978－7－5206－0078－1　定价：68.00元

前　言

经济全球化和“一带一路”建设实施，带动国内相关产品、装备、技术、标准、管理和服务“走出去”，沿线国家未来基础设施投资需求巨大。2016 年，我国对外工程承包完成营业额 1594 亿美元，新签合同额 2440 亿美元，其中“一带一路”沿线国家完成营业额 760 亿美元。目前已经有近两千家建筑企业涉及对外工程承包领域，所完成对外承包工程业务遍布全球 180 多个国家和地区，我国对外工程承包已经进入了发展的快车道。2017 年 5 月，“一带一路”国际合作高峰论坛在北京成功举办，中国发起的亚洲基础设施投资银行和丝路基金提供近 5000 亿人民币用于支持“一带一路”基础设施建设、产能、金融合作。

虽然我国国际工程承包商参与国际市场竞争有了一席之地，但与世界一流的跨国集团公司相比还有一定的差距。如何在庞大的国际市场上逐鹿问鼎，立于不败之地，是值得研究思考的重要课题。我国大型国际工程承包企业核心竞争力在什么地方？在规模做大的同时，做强、做优也是值得思考的问题。国际工程投标报价是一项系统工程，不仅需要国际工程项目管理知识，还需专业技术、商务管理、金融管理、运筹学等综合知识体系支撑。深入研究国际工程投标报价，打造世界一流的国际工程承包商，提高国际竞争力，具有十分重要的意义！

本书作者长期从事国际工程项目管理、市场开发等工作，具有丰富的国际工程设计、施工技术、投标报价及商务管理经验。站在中国承包商的视角，本书试着先从全局宏观体系角度阐述国际工程投标若干关键环节的体系建设情况，系统梳理了招标方式、合同体系、技术与设计管理体系，然后具体深入到投标报价各重要环节的微观层面，特别针对中国国际工程报价中常用的定额法、实物量法中一些关键环节进行系统梳理总结阐述，以独到的眼光与视角，提出了国际工程中不完全实物量法的投标报价体系。结合补充“一带一路”建设中最新的工程投标成功案例，同时辅以大量的图表及计算过程示例，达到“知其然，知其所以然”的效果。首次提出了在国际工程投标报价中国内定额法和实物量法相结合的不完全实物量法投标报价体系、不完全实物量法的报价文件体系及实物量法与定额法相佐证的思路，以期为国际工程投标提供重要的参考。

本书各章节主要内容如下：第一章简要介绍了国际工程招投标的概念、基本特点，阐述了国际工程承包市场格局及发展趋势；第二章系统梳理了国际工程合同体系、承发包模式、合同条件与文本格式等；第三章对国际工程常用的技术标准体系、设计管理体系进行系统阐述；第四章介绍了国际工程投标报价准备、组织管理、投标记录台账及投标报价表格设计；第五章详细介绍国际工程不完全实物量法投标报价体系，并结合典型案例，详细阐述了投标报价各部分费用组成及计算（从理论及经验计算两个方面验证）；第六章系统地总结了投标报价决策与技巧方法，并以案例重点介绍了不平衡报价法、招标文件澄清法等实用投标报价技巧及方法。

本书从宏观到微观，从理论到具体实践技巧，逻辑清晰，层层递进，案例新颖丰富而翔实。其兼顾理论性与实用性，理论与实践相互验证，具有较强实用性、可操作性和指导性。本书主要供从事国际工程承包人员，特别是从事国际工程市场开发、投标报价、项目管理人员参考借鉴，也可以供开设项目管理、招投标等专业相关课程的院校师生们学习参考。

在本书写作过程中，作者参阅和引用了一些专家、学者的有关成果资料，得到了许多实践经验丰富的专家，特别是三峡集团公司及其所属三峡国际、中水电、三峡招标等公司领导及同事的指导、帮助和支持，在此一并表示诚挚的谢意。

国际工程项目所处的国家或地区的政治、经济、文化及承包市场等环境各异，且复杂多变，承包商自身情况也是动态变化的，因此本书一家之言很难做到全面。同时，书中的很多内容及观点来源于作者本身的工作实践和体会，有一些是个人半理论半经验的总结，同时限于作者的理论和实践水平，加上时间仓促，书中的观点难免存在偏颇或谬误之处，真诚地欢迎读者提出宝贵意见。

目　录

第 1 章　国际工程招投标导论

1.1　国际工程招投标概述

1.1.1　国际工程招投标概念

1. 国际工程分类

一般来说，国际工程是指面向国际进行招标并按照国际上通用的工程项目管理模式从咨询、融资、采购、设计、承包、管理、运营及培训等阶段进行管理的工程项目。

传统意义上，国际工程包括国际工程咨询、国际工程承包两大行业。在国际工程市场上，工程咨询公司和工程承包公司可从事的业务范围并没有严格划分，一些有实力的国际咨询公司不再是只提供单纯的设计及咨询服务，而逐渐向 EPC 总承包转变。许多以承包为主的公司逐渐从单纯的工程承包向全过程服务方向发展，提供可研服务、设计 - 供货 - 施工、运营等全过程服务。一些以机电等产品制造为主的供应商，也正逐渐涉足国际工程承包市场，逐渐成为新兴的国际工程建设力量。近年来，国际工程咨询与承包及融资已呈现出相互渗透、相互竞争的形势，许多有经济实力的咨询公司、承包商为争取到工程项目，以自己垫资或提供过桥资金或从银行融资等途径获得工程项目。随着我国企业“走出去”战略和国家“一带一路”倡议的深入推进，国际工程项目如水电、风电、火电、交通、矿业等基础设施方面的项目越来越多地要求以 BOT/BOOT 的模式进行开发。我国对外直接投资迅速增长，特别是在全球资本流动趋缓的情况下，国际工程从咨询、承包行业向国际工程投资并购行业发展。

（1）国际工程咨询

工程咨询指在工程项目的实施阶段，咨询人员受客户委托利用技术、经验、信息等为客户提供的智力服务，属于高水平的智力服务型行业，为国际工程项目提供的咨询服务，称为国际工程咨询。国际工程咨询包括对工程项目前期的投资机会研究、预可行性研究、可行性研究、项目评估、勘测、设计、招标文件编制及招标、监理、管理、后评价等工作。服务的对象可以是为业主服务，也可为承包商提供施工管理、成本管理、设计、造价等咨询服务。

（2）国际工程承包

国际工程承包一般是指工程公司或其他具有工程实施能力的单位受业主委托，参与国际工程项目的承包建设，为业主的工程项目或其中某些子项目所进行的建造活动。国际工程总承包是指承包商承建工程项目的设计、物资采购、施工、试生产等工程建设的全过程工作，也称为EPC总承包或交钥匙承包。

（3）国际工程投资并购

海外投资是指在我国依法设立的企业通过新设、并购等方式在境外设立非金融企业或取得既有非金融企业的所有权、控制权、经营管理权等权益的行为。国际工程投资指投资者将其资本投入国外工程项目进行的以盈利为目的的经济活动。国际并购投资亦称跨国并购，一般是指兼并（Merger）和收购（Acquisition）。指涉及两个及两个以上国家企业的合并和收购。投资包括直接投资、间接投资、创建投资（绿地投资）。海外投资与并购是一项目极其复杂的工程，交易会涉及多方主体，需经多个政府机关审批或备案，交易从并购目标的选择到交割完成历时长，适用的法律法规包括两个或两个以上国家（地区）的法律法规。

2. 国际工程投标报价及市场发展

招标投标制度起源于18世纪后叶英国实行的“公共采购”，这种“公共采购”或称“集中采购”，也是公开招标的雏形和最原始形式。当时英国的社会购买市场按购买人可划分为公共购买和私人购买两种。公开采购或集中采购的开支主要来源于税收，政府和公用事业部门有义务保证自己购买行为的合理和有效。为便于公众的监督，上述部门的采购要最大限度地透明、公开。公共采购的方式则必须是招标。只有在招标不可能的情况下才能以谈判购买，于是公开招标由此产生。继而在美国、新西兰、比利时等国家也相继通过了一系列的联邦法案、招标条例。招投标在西方发达国家是重要的采购方式，在工程领域、咨询服务和货物采购中得到广泛应用。随着招标形式的确定和程序的规范化，一些金融组织也大力推广这种制度。公开招投标制度逐渐作为一种高级的交易方式，成了工程承包的固定程序之一。

我国对外工程承包从20世纪50年代对外提供经济援助开始，国家相关部委最早成立对外经济援助窗口公司。真正实际上参与国际工程承包领域的对外承包工程和劳务合作竞争起步于20世纪70年代末，先后成立以为国家创汇为目的实施“走出去”战略的国有企业。从最初以专业外贸公司为主开展进出口贸易，提供劳务输出和技术管理咨询服务，进而进入当地的工程承包市场，到各部委设立专门的对外窗口公司，开展以成套设备进出口、经援项目工程承包建设施工为主，直至对外经营权放开，行业优势企业进军国际市场，以工程总承包 EPC 模式带动机电产品出口阶段，目前发展为以项目融资（EPC + F）带动工程总承包、带动技术和设备出口阶段。四十年来，先后经历了起步阶段（1978 ~ 1982）、稳步发展阶段（1982 ~ 1990）、调整阶段（1990 ~ 2001）、规模发展阶段（2001 ~ 现在）。

从我国国际工程行业发展的历史看，我国国际工程承包商先后经历了劳务输出、产品输出、技术输出、管理输出等阶段，目前全面进入了资本输出（国有资本和民间资本）、技术标准输出（中国工程标准的国际化输出和工程建设标准的国际化）及装备输出。从我国国际工程承建的模式看，先后经历了经济援助、劳务输出、施工承包、DB 及 EPC 总承包、BOT 与 PPP 及相关衍生投资模式及 BOT + EPC 一体化模式；从承包市场的工程地域范围看，从主要在中东、非洲、东南亚及南亚等国家向美洲、欧洲、大洋洲发展；从我国国际工程承包商参与国际工程的先后主体公司类型看，先后有国务院首批成立的八大对外经贸窗口公司、四家创汇公司、大型央企、地方国企、民企等主体，从单一的经济援助项目、施工或设计、劳务等类型，逐渐发展为国际工程 EPC 总承包（或带融资）、BOT 与 PPP 投资等及其衍生模式的形式，带动全产业链的企业参与国际工程市场竞争。

1.1.2　国际工程招投标特点

国际工程招投标中有关参与方属于不同国家及地区，涉及不同的投标主体，资格审查、招标文件、现场考察、行政监督体系、合同条件、报标报价方式等方面存在较大差异性。

1. 投标涉及相关方的多国性

一些大型、复杂的国际工程项目的施工建设、设计、供货等可能涉及多个国家。如承包商的注册；贷款金融机构的多元化，中国及所在国的银行、国际金融组织或区域金融组织、保险公司；咨询设计的国际化及设计方案审批的本土化，工程技术标准的多样化等，设备供应安装来源的多样化等；各类专业工程分包商以及劳务来源的多元化，由多个不同的合同和协议规定它们之间的法律关系，所有这些合同和协议不仅适用工程所在国或当地的法律，还要适用第三国的法律法规；解决问题争端日益复杂化，特别是解决它们之间的争议要采取仲裁程序或司法程序，使国际承包的法律关系变得极为复杂和难以处理；货币和支付方式的多样性，除了传统的现金和支票支付，还有银行信用、国际托收、银行汇付等方式；近年来，“优惠买方”、“优惠卖方” 等信贷方式出现，资金来源组合等涉及国与国金融组织或政府部门的日常紧密合作，资金组合及来源的多元化等等，这些都是在国际工程投标中需要关注的投标涉及相关方的问题。

2. 资格审查差异性

资格审查工作是国际工程投标中一项重要工作。资格审查一般分为资格预审和资格后审。以世界银行的《贷款项目竞争性招标采购指南》和亚洲开发银行的《贷款采购准则》为例，项目业主对潜在的承包商进行资格预审，资格预审的结果必须报经这些国际金融组织批准，以确保参与投标的承包商有能力履行合同，发挥贷款的使用经济效益，保证项目履约。国际工程招投标资格预审所需提交的材料种类多，如公司资质、工程业绩、人员业绩、设计经验、供货能力及产品质量证明、设备供应、财务报表、认证体系、银行融资能力、资信证明及融资条件等，有的项目业主还需要对有关材料进行公证认证。在一些国际竞争性招标项目中，有时业主出于项目上马的尽快需要、资金来源的不同或项目规模等情况，采取资格后审方式，即资格审查与投标报价同步审查进行。资格审查作为商务评分标准一项重要内容，有的甚至直接作为是否废标条件之一。在承包商信用、承包商的人员及工程业绩、承包商资金能力、反商业贿赂及信用等方面对承包商资格设置一些限制性资格条件。如世界银行把在招投标过程中存在相互串通违标、商业贿赂、欺诈、不合法的关联交易等行为的企业列入黑名单，禁止参与世行贷款或投资的工程建设。

3. 招标文件的内容、范围、深度差异性

国际工程招标的设计阶段与国内工程设计阶段划分不同，其设计阶段与国内设计阶段也不完全对应，即使是同一设计阶段，设计深度差别也比较大。招标中，有时对要求提供设计及施工图纸责任归属理解不一致。有的工程招标特别是 EPC 或交钥匙项目中，投标人能得到的招标图纸及技术勘察资料极为有限，设计深度不能满足项目报价的要求；有的招标设计深度相当于国内可行性研究设计阶段，达不到国内施工招标设计的深度，技术文件缺乏足够的论证或表述不清楚。如隧洞地质钻孔资料不详细或勘探孔间距很大、孔深不够，还有一些厂房地质资料仅仅提供旁边探洞的地质资料等；有的甚至没有任何地质资料。而国内招标文件一般均提供详尽的设计施工图纸和遵循的国家、行业及相关省市等定额标准，提供招标资料等作为报价的基础。国际工程招标文件一般均提供工程量清单为投标人提供统一的项目划分和工程量确定基础，但是需要承包商进一步技术复核工程量或设计方案，必要时，还需要进一步补充勘探。这些情况下，承包商需要根据项目合同计价类型，综合判断考虑由此带来的潜在风险。

4. 现场考察差异性

按照国际工程招投标惯例，投标人一般要进行现场考察。澄清答疑后，然后进行报价。对于大型水电工程，承包商一般组织相关专业人员组建专业考察队到国外进行现场考察，并且最好在国外现场完成考察报告编制后，返回国内再进行组织投标报价。一般来说，现场勘察是国际工程招投标的必经过程，往往在考察队完成考察后，承包商驻外机构的市场开发人员还有必要组织当地的分包商或外聘的工程师进行补充现场考察。必要时，还需进一步查勘、补勘，向业主进行问题澄清，以期获得充分、准确的第一手资料，以满足编制投标报价及施工组织设计的需要。

5. 采用合同条件和技术规范差异性

适用的合同条件、技术规范是国际工程招标文件的重要组成部分，也是编制投标报价及施工组织设计考虑的重要因素。承包商充分掌握这些资料，以便其在报价时充分考虑这些因素及潜在的风险。国际工程承包合同条件一般采用国际通用的 FIDIC 合同、世界银行合同条件或英国、北美、法国等欧美发达国家合同条件，有些国家还有本国的特殊合同条件及施工技术规范，这些合同条件或施工技术规范对合同的各个方面都有具体、详尽的规定，与我国现行的《建设工程施工合同文本》规定存在较大差异；国际上比较通用的技术规范有美国材料试验学会标准（ASTM 标准）、英国标准（BS）及 ICE、ISO 等标准规范，这些标准与我国现行 GB 及行业标准在验收的质量标准、设计制造方法、验收程序、验收过程等方面也有较大差异。同时由于语言、文化背景不同的原因，造成翻译晦涩、不准确甚至错误，对工程设计理念理解不到位，对项目设计功能理解不清楚，对设计质量及验收标准没有理解和把握等情况，往往会导致投标报价失误。

6. 投标报价方式差异性

国内工程投标报价方式一般采用工程量清单模式下的定额法进行投标报价，以政府颁布的统一定额或有关行业定额以及省市相关规定为依据进行报价。国际工程的编标报价，一般采取工程量清单计价模式下的全费用组成单价进行报价。业主在招标时提供工程量清单作为统一报价的基础，没有系统、成熟的定额消耗系数可以参考，每个国家的投标报价体系也不一样，单价分析表的费用组成形式也千差万别，因此要严格按照招标文件规定的格式及所在国的投标报价体系进行报价。施工消耗系数可以根据承包商积累的经验并参考当地分包商的消耗水平、所在国行业或第三方发布的消耗指标等进行确定，同时还要根据项目的经营模式、分包商的报价水平、项目特点、市场竞争策略等因素进行综合考虑报价。2003 年，国内开始逐渐推行工程量清单计价模式，并逐渐与国际工程投标模式接轨，在一定程度上提高了我国国际工程承包商采用全综合费用单价模式的适应性，但是目前由于种种原因，在一定程度上还没有达到完全市场化的投标报价。

7. 招投标行政监管差异性

国际工程招投标属市场行为，特别是发达国家，行政管理部门管理和监督相对淡化，主要依靠市场经济自由竞争、优胜劣汰的规律和手段来管理和调节，业主有较大的评标、定标权。政府起负责监督和引导作用。如政府制定官方的物价指数，供长期合同在市场物价波动时调整合同价指导使用。投标人依靠诚信才能在市场长期立足和发展。行业协会或某些社会团体可以对投标人的投标业绩等情况进行统计和排序，如美国《工程新闻记录》（Engineering News Record，简称 ENR）每年统计全球最大的225家承包商等，但并没有强制性法律效力，ENR提供工程建设业界的新闻、分析、评论以及数据，帮助工程建设专业人士更加有效地工作，提供招标参考。

国际上，一般各国都建立了具有本国特色的招标监督管理体系。例如在美国，联邦采购规则委员会是负责监管联邦公共采购法律实施的机构；在比利时，公共市场委员会是负责招标采购监管的机构；在奥地利，联邦采购办公室是负责招标采购监管的机构。这些机构一般为服务管理性质，更多的决策权在项目业主。而在我国，招投标的申请、标底的确定、评标、定标工作等均有行政管理部门管理和监督，严格按照规定流程进行。

我国投标行政监管主要表现在：政府对项目业主招标市场行为行政干涉相对过多，国家、行业及省市区域传统的定额计价方法、招标方式、工程量计算规则等方面仍在一定程度上限制；在设计与施工分离的模式下，设计仍然依据定额及编制规定的要求进行标底编制；施工单位为了投标中标，无法完全进行市场报价；出于知识产权等原因，国家、行业及省市在市场价格指导信息发布方面不够透明，同时施工企业缺乏内部完善的企业定额，使得无法实现市场报价；在工程担保、合同管理、保险、信用和市场准入方面，国家专门针对工程建设项目的相关法规制度不够完善；这种监管模式及行业背景不适应市场经济发展，不利于企业提高工效及管理能力，不利于参与国际市场竞争。

1.1.3 国际工程主要区域市场发展趋势

国际工程承包市场最早出现在19世纪中叶，资本主义发达国家为争夺生产原料、追求利润最大化并占领市场，向殖民地和一些经济不发达国家或地区输出大量资本，带动了发达国家的建筑师和承包商进入这些国家的建筑市场，同时也带动了先进的施工技术、设备出口以及以竞争为核心的工程承包管理体制的完善。二战期间，国际建筑市场一度受战争的影响而衰落。战后，许多国家为恢复经济大力发展建筑业，国际工程承包得到了迅速的发展。20世纪90年代以来，随着科学技术的进步和各国经济的飞速发展，国际工程承包市场遍及世界各地。目前，世界上已形成了亚太、欧洲、北美、中东、拉美和非洲等主要地区工程市场。其中，亚太、非洲、拉美地区市场规模较大，集中了大部分的国际工程承包商。

1. 国际工程区域市场格局的变化

随着“一带一路”建设国际化深化，中拉论坛、中非论坛、澳门国际基础设施投资与建设高峰论坛等系列国际合作开展，加深了我国与“一带一路”沿线国家、拉美地区的经济合作更加深入，政企合作更加广泛，国际工程基础设施投资建设规模呈现跨越式发展。纵观国际市场格局，国际工程承包市场的投资领域市场发生了变化，挑战与机遇同在，风险与高回报并存。

欧洲市场是带动全球国际工程承包业的传统力量和重要市场，先于其他区域市场成熟，但 2008 年后受金融危机影响，承包市场呈现萎缩，投资并购市场逐渐出现。亚洲市场一直维持较高市场份额，主要得益于广大发展中国家对基础设施建设的巨大需求。随着“一带一路”建设深入推进，沿线国家的基础设施的投标项目及投资项目增加，特别随着沿线基础设施建设对资金的需求，沿线国家投资项目采用 BOT 模式、EPC + F 模式日益增多，成为目前最活跃的市场之一。非洲市场也是传统的现汇项目投标的市场，目前需求量也较大，不稳定的社会政治环境对国际承包商的进入带来一定阻碍，但市场份额变化不大。预计未来以 EPC 模式承包市场出现新的增长，大型投资类项目也正在成为新兴的市场，为我国国际工程承包商带来新的机遇。中东市场政治局势多变，该地区石油资源丰富，但本地承包商实力不足，需引进国际承包商开展工程建设，市场份额总体上稳中略降低。北美市场属于高端市场，法律法规等要求准入高，重要性不断下降，受金融危机影响较大，其贸易保护主义也限制了其他国际承包商的进入。拉美及加勒比市场萎缩后出现增长，将成为未来新兴市场。拉美地区市场水资源丰富，特别受经济条件限制，因此 EPC + F 承包模式正逐渐成为业主广泛接受的模式。拉美市场法律法规比较健全，投资并购项目自由市场比较活跃，如巴西、秘鲁、智利、阿根廷、哥伦比亚等。但是由于语言文化差异性等，造成投资市场准入高。某些拉美国家经济实力比较雄厚，虽然承包和投资市场活跃，但进入相对比较困难。随着“一带一路”建设的影响，亚太、非洲、拉美市场是目前国际工程重要的市场区域。

2. 国际工程承包模式的转变

近年来，随着“一带一路”建设等深入推进，国际工程的发包方越来越重视承包商提供综合服务的能力，传统的设计与施工分离的方式正在快速向总承包方式转变。国际工程项目规模日趋大型化、复杂化且建设资金庞大。作为项目业主，越来越希望承包商能够提供一揽子服务且承担项目的建设管理风险，这个背景决定了国际工程承包模式将向高端化方向发展，国有企业仅依靠传统的施工总承包模式、项目总承包模式已经难以适应境外客户的新需求。单纯的国际工程施工业务利润将逐渐降低，总承包一体化业务的开展已朝着整合项目前期和上游方向发展，利润重心向产业链前端和后端转移，整合上下游行业产业链，带动资金、技术、设备、管理等出口逐渐成为趋势。发包方式上和项目承揽方式上，价格已不再是中标的主要因素，而非价格因素（包括采用的技术、设备、资质、业绩、施工方式、管理方式、融资方式等）的作用越来越大。这就要求承包商必须在提高企业整体竞争力这一根本上下功夫，提高企业在资金、技术、管理、信誉上的优势。近年来，EPC（设计 - 采购 - 施工）等一揽子式的交钥匙工程模式、BOT（建设 - 经营 - 转让）及衍生形式已成为国际大型工程项目中广为采用的模式，特别是，在大型央企集团化海外投资管控模式下，BOT + EPC 一体化模式也逐渐成为我国投资承包商一体化的发展趋势。

3. 国际工程项目组织实施主体的转变

随着国际工程竞争的日益激烈，在传统的国际工程项目的承包和实施模式下，以施工总承包商牵头的 EPC 总承包模式，采取设计 - 采购 - 施工 EPC 合同目前仍然占重要地位。

以专业水电工程设计院为主体的 EPC 总承包模式结合国家对设计院改制的整体要求，以设计单位为龙头的总承包模式，逐渐成为国际工程主体的竞争方式之一。传统模式下，设计“可施工性”较差，当出现重大工程变更时，往往会降低施工效率，影响施工进度。于是设计 - 施工 DB 模式、设计 - 采购 - 施工 EPC 合同成为国际大型工程项目中广泛采用的模式。首先，设计公司介入国际工程项目流域整体规划掌握项目资源。目前，国内一些大型水电工程设计院在智利、秘鲁、厄瓜多尔和墨西哥等拉美国家，在东南亚、南亚如尼泊尔、印尼、巴基斯坦等国，在非洲如尼日利亚等国已介入了一些流域综合规划设计或国家水资源综合规划工作；在适当时机与这些国家签订了流域规划的合作协议或谅解备忘录（mou），通过地质勘查、水文计算、规划设计等工作，掌握了流域前期大量、全面、准确的第一手资料信息，并维护与业主的关系，牢牢地把握项目资源。这些都是大型水电工程设计院与以施工力量为主的总承包公司相比的优越条件之一，在迈向实施国际大型 EPC 工程总承包管理走出的第一步。其次，利于整合设计院科研资源及新技术推广应用。设计院具有丰富的各专业（如水工、金属结构、电气、项目管理、机电、消防、给排水等）技术人才、先进的设计软件（如 BIM 建筑信息技术软件可以建立 3D 模型进行造价、计算模拟、受力分析、结构计算等）、成熟的设计经验等综合资源优势，将这些资源进行统一整合，更容易把“四新技术”、先进的施工组织设计方案和先进的施工方法应用在设计和施工实践上。再次，推动输出我国水利水电技术标准。设计单位具有理解业主意图，清晰界定总承包合同范围的优势。结合工程施工管理，可更好地理解和利用水电工程的设计标准规范，在满足通行规范的基础上，提出符合业主所在国要求及国际通行标准的设计模型及思想进行 EPC 项目工程设计，有利于推动输出我国水利水电技术标准。

近年来，我国国际工程承包商采取集团化、集约化的管控模式，基于以总承包商为主体公司，集中整合国内施工设计等行业通过重组组建为大型央企，同时与国际、国内金融机构或金融组织、制造行业、国际设计咨询公司等联合编队出海，形成了较为完整系统、全产业链的战略合作伙伴关系，提高了整体竞争力，是今后我国及国际 EPC 项目建设模式的发展方向之一。随着“一带一路”建设不断推进，我国大型机电制造公司通过联合国内外金融机构及设计、施工、供货等行业，牵头组织实施国际 EPC 项目工程，参与投资并购，也逐渐成为一种新的发展趋势之一。

4. 国际工程融资模式的转变

国际工程融资需求增加，资本运作模式加强。融资成为国际工程承包业务新的需求亮点，投资带动承包业务的作用明显增强。国际上大的跨国工程公司都拥有雄厚的资金实力与融资能力，与世界主要的出口信贷机构、金融组织、商业银行及资本市场有稳定的合作关系，通过承包融资模式（ 或在海外投资）渗透到当地市场，承揽当地未在国际市场公开招标的项目，同时也降低整体项目融资成本及风险。

融资模式的变化，对国际工程承包商（投资商）的金融服务体系提出了新的要求。一是积极寻求银企合作的办法，通过企业与银行建立伙伴关系，或有合作基础的企业间相互进行资金合作，提高融资能力。二是应积极操作 BOT、EPC、PMC 等承包模式，通过“滚雪球”的办法提高自己的资金运作能力。资金是开展国际工程承包业务的保证，必须建立相应的金融服务体系，创新融资方式，加强联合，提高融资能力，增强企业获得大项目的承包能力。

5. 在理性竞争中合作，依法合规经营

从技术角度，随着“一带一路”深入建设，提高创新能力，加强技术标准的国际化互认；从项目融资角度，加强多元化资本联合，规避风险；从项目的招投标模式，强强联合，加强整体竞争力，在理性竞争中合作；未来的单打独斗已经不能适应国际工程竞争，建立拓展海外市场的中长期发展规划，准确定位，重点投入；建立海外市场发展规划，确定所投国际工程的行业、地区、规模、投入的资金和人力、产出及回报。从产业角度，推进投融资、国际工程模式多样化的发展，提高专有专利技术的能力，向项目的上下游链条延伸，以期开拓更多的国内外新市场。从监管角度，随着国际工程深入发展，对我国企业对外投资及承包项目的监管将进一步加强，对外投资质量和效益提升。在监管部门的引导下，承包行业的信用体系进一步完善，非理性对外投资行为进一步得到遏制，投资和整体战略的相关性增加，风险防控意识和跨国经营能力、依法合规经营不断加强。长远来看，我国的对外投资规模会进一步增长，而且整体投资结构将更加优化，投资质量和效益进一步提升，在全球范围内配置资源的能力将不断增强。

未来的国际工程市场，“单打独斗”的现象将一去不返，强强联合，在竞争中合作，在合作中共生共存，依法合规经营。大胆预测一下，未来我国国际工程承包商或投资商将回归理性竞争，优胜劣汰，仅剩下为数不多的几家大型国际承包商参与角逐。

6. 加强国际工程属地化经营管理

国际工程的市场区域布局变化、工程项目管理模式变化、融资服务体系变化，需要大力加强国际工程属地化经营管理。随着海外经营领域、市场份额的不断提升，海外工程项目实施管理模式也呈现多样化，属地化经营日益成为我国建筑企业应对海外市场竞争和优化资源配置的重要举措。加强文化融合、管理理念、人力资源、物资设备采购、分包商供应商管理、企业社会责任、HSE 管理、技术规范标准转化等属地化管理，解决“水土不服”，节约成本，提高经济效益，必须结合当地市场环境，推动项目风险的合理配置，实现风险共担，依法合规经营，着力调整结构和优化布局，推进做强做优做大，推进科技进步和创新，着力提升发展质量和效益。我国的国际工程项目管理总体水平向具有国际竞争力的世界一流企业目标迈进一大步，培育好自己的核心竞争力，在国际市场上与众多优秀的企业同台竞技，在深入挖掘国内市场的过程中把握好方向，赢得新发展。

7. 我国国际工程承包发展逐步企稳向好

2017 年世界经济表现良好，全球经济逐步回暖，全球经济进入上行周期，上行力度不断增强。美国和欧元区经济增速均超出预期。自 2016 年 2 月起，矿产品、原油等资源型大宗商品价格全线反弹，提振了非洲、拉美地区国家的经济。在国际工程市场出现复苏、“一带一路”倡议逐步走深走实的大背景下，国际工程承包市场逐步企稳向好。

（1）我国国际工程承包商参与国际市场竞争格局情况

据统计，美国《工程新闻记录》（以下简称“ENR”）发布 2018 年国际承包商 250 强和全球承包商 250 强两个榜单。2018 年度 ENR 全球最大 250 家国际承包商的国际营业收入总计为 4 824 亿美元，我国工程承包商的国际营业收入总额达到 1 140 亿美元。

从上榜企业国别和业务量来看，我国内地企业今年进入榜单的承包商达到 69 家，同比增加四家。上榜我国企业业务量以 1 140. 97 亿美元保持全球第一位，同比增长了 15. 6%，相比上年 5. 4% 的增长明显提速。在所有上榜企业国际营业总额的占比中达到 23. 7%，较上年提高 2. 6 个百分点；西班牙以 670. 6 亿美元排第二位，占比 13. 9%；法国以 368. 3 亿美元取代美国，上升至第三位，占比 7. 6%；美国则以 334. 6 亿美元排第四位，占比 6. 9%。

从前 10 名排名企业看，排名前十的企业中，我国内地企业占据 3 席，西班牙企业占据 3 席，其余 4 家企业来自欧洲。美、日、韩的承包商企业均在 10 强之外。我国内地企业在国际承包商 250 强排名中取得最佳排名位次的依旧是中国交通建设股份有限公司，该公司以 231. 02 亿美元海外营业收入稳居第 3 名，仅次于西班牙 ACS 集团和德国豪赫蒂夫公司（西班牙企业控股），中国建筑股份有限公司、中国电力建设股份有限公司分列第 8 位和第 10 位。

从市场格局看，2017 年，250 强所在市场的总体格局依然没有太大变化。我国承包商在除美洲以外的大陆都取得明显的增长，尤其是在亚洲（澳大利亚）、非洲、中东地区。在亚洲（澳大利亚）地区，在“一带一路”倡议的推动下，我国承包商成为该地区增长的最大贡献者。在亚洲（澳大利亚）地区，在“一带一路”倡议的推动下，我国承包商成为该地区增长的最大贡献者，增长额达到 100 亿美元。而 250 强整体在该地区业务收入只增长了约 73 亿美元。在中东地区，我国承包商在市场萎缩的状态下仍然实现了 22.5% 的增长。在非洲地区，尽管市场日益艰难，但我国承包商的营业额也实现了 8% 的增长。凭借着在这些市场的优异表现，我国内地 69 家入选承包商在 250 强中的市场份额占比达到 23.7% 的历史新高。

表 1-1　2018 年度 ENR 全球最大 250 家国际承包商前 30 强名单

排序		公司名称	国别	国际营业收入（百万美元）
2018	2017			
1	1	ACS	西班牙	36 389. 10
2	2	HOCHTIEF	德国	26 318. 00
3	1	中国交通建设集团有限公司	中国	23 102. 00
4	4	VINCI	法国	18 884. 00
5	9	STRABAG SE	奥地利	14 736. 50
6	7	TECHNIPFMC	英国	14 583. 00
7	6	BOUYGUES	法国	14 183. 00
8	11	中国建筑股份有限公司	中国	13 971. 70
9	8	SKANSKA AB	瑞典	13 282. 00
10	10	中国电力建设集团有限公司	中国	12 242. 70
11	13	FERROVIAL	西班牙	11 245. 20
12	5	BECHTEL	美国	10 018. 00
13	16	FLUOR CORP	美国	7 384. 90
14	23	中国铁建股份有限公司	中国	7 003. 00
15	18	SALINI IMPREGILO SPA	意大利	6 574. 20
16	14	HYUNDAI ENGINEERING & CONSTRUCTION CO. LTD.	韩国	6 521. 60
17	21	中国中铁股份有限公司	中国	6 098. 00
18	19	CONSOLIDATED CONTRACTORS GROUP	希腊	6 071. 30
19	22	TECNICAS REUNIDAS	西班牙	5 994. 80
20	15	PETROFAC LTD.	英国	5 755. 00
21	27	中国能源建设股份有限公司	中国	5 459. 30
22	25	JGC CORP.	日本	5 447. 00
23	20	SAMSUNG C&T CORP.	韩国	4 966. 30
24	24	ROYAL BAM GROUP NV	荷兰	4 826. 00
25	31	中国机械工业集团有限公司	中国	4 509. 40
26	* *	LENDLEASE CORP. LTD	澳大利亚	4 409. 50
27	30	OBAYASHI CORP	日本	4 334. 00
28	33	LARSEN & TOUBRO LTD	印度	4 217. 70

续表

排序		公司名称	国别	国际营业收入（百万美元）
2018	2017			
29	40	KAJIMA CORP	日本	3 989. 50
30	36	PCL CONSTRUCTION ENTERPRISES INC	美国	3 958. 60
31	51	ACCIONA INFRAESTRUCTURAS	西班牙	3 891. 70
32	* *	EIFFAGE	法国	3 761. 00
33	73	中国石油集团工程股份有限公司	中国	3 699. 60

在看到成绩的同时，也必须清醒地看到存在的差距，如与欧美承包商相比，我国企业平均国际化水平较低；在欧洲与北美等部分国家市场占有率偏低，竞争力仍显不足；业务发展不均衡等。希望我国承包商企业在回望过去一年取得成绩的同时，能总结经验，寻找差距，找准未来发展的目标和方向。

（2）我国工程设计企业参与国际设计行业竞争格局情况

2017 年 ENR 国际 225 工程设计企业的海外营业收入总计 645. 9 亿美元，较 2016 年的 641. 1 亿美元仅增长了 0. 7 个百分点，但仍然低于 2012 年的水平。ENR 全球工程设计企业 150 强排名榜单以排名企业在国内和国外市场的设计收入之和作为主要排名依据。我国企业在全球设计市场上总体表现平稳。ENR 国际工程设计企业 225 强排名以设计企业上年度在本国以外的海外工程业务总收入为依据，重在体现设计企业的国际业务拓展实力。在入围该榜单的前 10 强企业中，来自美国的雅各布斯公司由去年的第 4 名上升至第 1 名，据 ENR 报道，该公司去年收购了另一家大型设计公司，因此其国际业务增长显著。美国的艾亦康公司（AECOM）稳居第 2 位，紧跟其后的是来自加拿大的拉瓦林公司（SNC-LAVALIN），由去年的第 20 位一跃至第 3 位，同样也是去年完成了重要的收购业务。

表 1 –2　2018 年 ENR 全球 150 强工程设计企业前 10 强名单

2018 排名	2017 排名	企业名称及注册地	2017 年收入（亿美元）
1	3	嘉科公司，美国，加利福尼亚州，帕萨迪纳市	97. 6
2	2	中国电力建设集团有限公司，中国，北京	82. 7
3	1	AECOM 技术公司，美国，加利福尼亚州，洛杉矶	74. 2
4	4	中国能源建设集团有限公司，中国，北京	66. 8
5	6	中国交通建设集团有限公司，中国，北京	41. 1
6	5	WSP GLOBAL INC，Montreal，Quebec，Canada	40. 8
7	18	SNC-LAVALIN，Montreal，Quebec，Canada	40. 0
8	7	ARCADIS NV，Amsterdam，The Netherlands	35. 7
9	9	FLUOR CORP，Irving，Texas，USA	32. 6
10	10	STANTEC INC，Edmonton，Aiberta，Canada	30. 4
合计			541. 9
占据榜单营业收入比重			37. 1%

表 1－3　2018 年 ENR 全球 150 强工程设计企业中国内地企业情况

2018 排名	2017 排名	公司名称	2017 年收入（百万美元）	建筑	制造业	电力能源	给水	污水/废水	石油工业	交通运输	危险废物	电信	总体营收增长率
2	2	中国电力建设集团有限公司	8 266.1	743.9	0.0	5 786.3	826.6	82.7	0.0	330.6	0.0	248.0	13.2%
4	4	中国能源股份有限公司	6 681.6	133.6	0.0	6 414.3	0.0	0.0	66.8	0.0	0.0	0.0	7.9%
5	6	中国交通建设集团股份有限公司	4 113.7	0.0	0.0	0.0	0.0	0.0	0.0	4 113.7	0.0	0.0	-1.3%
12	14	中国铁路建设总公司	2 638.0	685.9	105.5	0.0	105.5	0.0	0.0	1 609.2	0.0	0.0	1.7%
16	25	中国中铁集团股份有限公司	2 100.6	189.1	0.0	0.0	0.0	0.0	0.0	1 512.4	0.0	0.0	9.6%
31	37	中国建筑工程有限公司	1 209.8	919.4	0.0	12.1	12.1	36.3	108.9	108.9	0.0	0.0	9.6%
42	75	苏交科集团股份有限公司	823.4	0.0	0.0	0.0	0.0	238.8	0.0	436.4	0.0	0.0	84.0%
46	47	中国石化工程（集团）有限公司	764.2	0.0	0.0	0.0	0.0	0.0	764.2	0.0	0.0	0.0	4.0%
56	65	中国机械工业总公司	676.1	338.1	54.1	135.2	27.0	6.8	60.8	33.8	0.0	0.0	14.4%
57	56	中国铁路设计总公司	673.0	0.0	0.0	0.0	0.0	0.0	0.0	673.0	0.0	0.0	1.6%
59	76	中国石油工程公司	662.3	0.0	0.0	0.0	0.0	0.0	662.3	0.0	0.0	0.0	50.2%
63	70	华东建筑集团股份有限公司	605.2	605.2	0.0	0.0	0.0	0.0	0.0	0.0	0.0	0.0	19.3%
66	59	中国冶金集团总公司	584.1	151.9	5.8	17.5	0.0	5.8	222.0	111.0	11.7	0.0	-8.4%
70	79	同济建筑设计（集团）有限公司	489.7	337.9	0.0	0.0	14.7	19.6	14.7	93.0	0.0	0.0	14.7%
72	91	北京城建集团有限责任公司	479.3	62.3	0.0	0.0	0.0	14.4	4.8	393.0	0.0	0.0	35.8%
84	N/A	长江勘测规划设计研究院	393.1	15.7	0.0	106.1	247.7	0.0	0.0	27.5	0.0	0.0	N/A
95	108	悉地国际	317.6										20.3%
99	121	中国铝业国际工程公司	286.4	28.6	28.6	0.0	0.0	0.0	28.6	14.3	0.0	0.0.	24.0%
116	103	中国成达工程有限公司	256.0	0.0	0.0	181.8	0.0	0.0	35.8	0.0	0.0	0.0	-9.2%
137	98	上海城建（集团）总公司	207.8	12.5	0.0	0.0	0.0	10.4	0.0	76.9	0.0	0.0	-32.0%

同样，由于全球经济逐步回暖，美国和欧元区经济增速均超出预期，国际工程市场出现复苏，“一带一路”倡议逐步走深走实，同时由于国内设计企业的国际化及本土化水平提高，国际工程设计企业的海外营收总体平稳，增速虽有下滑，但仍保持高速增长。但是从我国设计企业发展的空间看，在国际设计市场上我国内地设计企业海外营收占据比重仍有较大的提升空间，主要集中在建筑、交通运输、电力能源行业。另外，从发展的要求看，还需要进一步加强国际化和本土化，进一步提升设计质量，提高国际化设计水平。

1.2 国际工程招标分类与方式

1.2.1 国际工程招标分类

根据 FIDIC 及其他国际工程合同范本，国际工程根据其招标范围的不同可分为以下类型：

1. 全过程招标

这种方式通常是“交钥匙”工程招标，招标范围包括整个工程项目实施的全过程。这种方式适用于大型、技术比较复杂等类型的工程招标，目前正成为业主规避风险、广泛接受的一种招标方式，由承包商负责勘察设计、材料与设备采购、工程施工、生产准备、竣工、试车、交付使用与工程维修。适用于 FIDIC《设计采购施工（EPC)/交钥匙工程合同条件》（Conditions of Contract for EPC/Turnkey Project）等合同条件。

2. 工程施工招标

根据招标范围为完成工程建设的施工任务，可以根据工程施工规模专业不同及投资计划安排等，实行全部工程招标、单项工程招标、分项工程招标和专业工程招标等，也可以根据工程施工任务不同及投资计划安排等，划分为土建工程招标、安装施工招标（含竣工试验)、土建与安装工程招标等，适用于 FIDIC《施工合同条件》(Conditions of Contract for Construction ）等合同条件。

3. 生产设备及设计、施工招标

承包商根据业主的要求，设计并提供生产设备和其他土建或安装工程，国内一般称为机电设备供应及安装。适用于 FIDIC《生产设备和设计、施工合同条件》(Conditions of Contract for Plant and Design-Build ）等合同条件。

4. 设计、建造及运营服务招标

承包商根据业主的要求，完成工程设计、施工及安装、运营和维护，并提供生产设备和其他土建或安装工程。适用于 FIDIC《设计 - 建造 - 运营合同条件》(Conditions of Contract for design，build and operate projects ）等合同条件。

5. 全过程工程咨询招标

承包商根据业主的要求，完成投资前与可行性研究、设计、施工管理以及项目管理、项目后期运营咨询等全过程。目前，常用的协议范本有 FIDIC 白皮书 “White Book”。FIDIC “White Book” 是《FIDIC, CLIENT/CONSULTANT MODEL SERVICES AGREEMENT》的简称。通用于投资前与可行性研究、设计、施工管理以及项目管理。在设计与建造的采购时，白皮书既可用于客户主导的设计团队，也可以用于承包商主导的设计团队。

此外，根据招标范围划分，国际工程招标可分为勘察设计、材料设备等单项服务等招标方式。

1.2.2 国际工程招标方式

国际工程项目招标主要有国际竞争性招标、有限国际招标、议标和两阶段招标等四种方式。

1. 国际竞争性招标（ICB）

国际竞争性招标（International Competitive Bidding，ICB），也称公开招标、无限竞争性招标，是指招标单位通过国际性刊物公开发布招标公告，邀请所有符合要求的竞标方没有国籍限制参加投标，从而确定最低评标价的投标人为中标人，并与之签订合同的一种招标方式。国际竞争性招标是目前世界上最普遍采用的一种招标方式。这种方式可以为业主在国际市场上找到最有利于自己的竞标方，无论在价格和质量方面，还是在工期及施工技术方面都可以满足自己的要求。一般各国的政府采购、世界银行、亚洲开发银行的贷款项目大部分均要求采用国际竞争性招标。

2. 有限国际招标（IICB）

有限国际招标，该方式也称为邀请招标、有限竞争性选择招标（limited International Competitive Bidding，ICB），是一种有限竞争招标。较之国际竞争性招标，它有其局限性，即不是任何对发包项目有兴趣的竞标方都有资格投标。它是由业主根据自己积累的经验、资料或根据工程咨询公司提供的承包商情况或其他情况，选择若干家有实力的承包商，邀请其来参加投标的方式。有限国际招标包括一般限制性招标和特邀招标。

3. 议标（NB）

议标也称谈判招标（Negotiated Bidding）或指定招标，指业主直接选定一家或若干家竞标方进行协商谈判，确定承包条件及报价的方式。议标是一种非竞争性招标，关于专业咨询、设计和指导性服务或专用设备的安装维修以及标准化，处于紧急情况或急迫需求的项目，或是属于政府协议工程、秘密工程等情况下，可采用议标方式。某些情况下，工程项目的造价过低，不值得组织招标，属于研究、实验或实验有待完成的项目，已付诸招标，但没有中标者或没有理想的合作单位，由于其专业为某一家或几家垄断，或因工期紧迫不宜采用竞争性招标，也可采用议标方式。这种方式节约时间，可以较快地达成协议，开展工作，但由于竞争对手少，无法获得有竞争力的报价，议标项目的适用范围及特点如下：

（1）议标方式适用面较窄；（2）一对一谈判；（3）程序的随意性较大且缺乏透明度；（4）从形式上看，直接发包没有“标的”或提供项目参考预算价，而议标则有标，或者说有一定的参考标的。近年来，由于项目所在国的业主受财务状况或资金等限制，而一些大型央企具备较强的融资能力（如买方信贷、卖方信贷、过桥贷款、承包商或投资商垫资等多种形式），形成了附带融资性这一特殊性的议标，于是形成了企业自身独特的议标优势。

4. 两阶段招标（TSB）

两阶段招标（Two Stage Bidding），也称两阶段竞争性招标。实质上是将国际化公开招标和邀请招标结合起来的招标方式。招标单位先采用国际竞争性招标，在开标后再邀请某中几家条件好（一般报价也相对较低）的承包商进行第二阶段的报价，最后确定中标者。如果第一阶段开标后，最低报价过高，且经过减价之后，仍然不能低于标底价（或预算价格），也可邀请其中数家进行商谈，再进行第二阶段报价。

5. 双信封投（议）标

两阶段双信封投（议）标是亚行贷款项目特有的一种招标程序。

第一阶段双信封投（议）标是指投标人将投标报价、工程量清单和合同用款估算表单独密封在报价信封中，其他商务和技术文件密封在另一个信封中，在开标前同时递交招标人。首先，对商务技术标书的开标和评审。筛选复核达到招标文件要求的技术标准的潜在承包商，然后进行报价信封的开标和评审，按照评标办法有关规定，对通过商务、技术标书评审的投标人报价按百分制打分，以报价得分由高到低依次推荐中标候选人和后备中标候选人。

第 2 章　国际工程合同体系

2.1　国际工程合同

2.1.1　国际工程合同的定义

国际工程合同是指不同国家的有关法人或个人之间，为了实现在某个工程项目中的特定目的，所签订的确定相互权利和义务关系的协议。国际工程中常用 FIDIC 系列合同对合同的定义如下：

1. FIDIC 合同 1987 版合同定义

FIDIC 系列合同 1987 版中的《施工合同条件》对合同定义如下：合同指本条款（第一部分、第二部分）、规范、图纸、工程量表、投标书、中标函、合同协议书以及其他明确列入中标函或合同协议书中的此类进一步文件。

2. FIDIC 合同 1999 版合同定义

FIDIC 系列合同 1999 版中的《施工合同条件》对合同定义如下：合同指合同协议书、中标函、投标函、本条件、规范要求、图纸、资料单以及合同协议书或中标函列明的后续文件。

3. FIDIC 合同 2017 版合同定义

FIDIC 合同 2017 版合同定义基本同 1999 版合同定义。FIDIC 2017 条款从 1999 版的 167 款增加到 174 款，强化项目管理工具和机制的运用；加强工程师的作用；平衡各方风险分配；更加清晰化，增强透明性和确定性；使得 FIDIC 合同条件中相应的规定更加刚性化、程序化，对索赔、争议裁决、仲裁做出了更加明确的规定，给业主、承包商和工程师等项目干系人带来巨大的挑战，对承包商的项目管理和合同管理提出了更严格和更高的要求。

2.1.2　国际工程合同的组成

FIDIC 系列合同常用的合同文件的组成如下：

（1）土木工程方面的“红皮书”：《施工合同条件》（Conditions of Contract for Construction）；

（2）机电工程方面的“黄皮书”：《生产设备和设计 - 施工合同条件》（Conditions of Contract for Plant and Design-Build）；

（3）EPC 交钥匙工程方面的“银皮书”：《设计采购施工（EPC）/交钥匙工程合同条件》（Conditions of Contract for EPC/Turnkey Projects）；

（4）标价相对较低的小型工程的“绿皮书”：《简明合同格式》（Short Form of Contract）。

除了这几个常用的合同条件之外，还有用于 EPC 交钥匙项目的“橙皮书”：《设计、施工及交钥匙合同条件》（Conditions of Contract for Design – Build and Turnkey，1995）；用于建设项目业主同咨询工程师签订服务协议书时参考使用的“白皮书”：《客户/咨询工程师（单位）服务协议书范本》（Client/Consultant Model Services Agreement）；用于 DBO 或 BOT 项目的“金皮书”：《设计、建造和运营合同条件》（Conditions of Contract for Design，Build and Operate Projects）。以 FIDIC（红皮书）为例介绍国际常用的合同条件组成。

1. 1987 版 FIDIC（红皮书）合同文件

1987 版 FIDIC《施工合同》（红皮书）规定的合同文件组成如下：

（1）合同协议书（the contract agreement）；

（2）中标函（the letter acceptance ）；

（3）投标书（the tender documents）；

（4）本合同条款的第二部分（the part II of the conditions）；

（5）本合同条款的第一部分（the part I of the conditions）；

（6）构成合同的任何其他文件（any other document form part of the contract）。

2. 1999 版 FIDIC（新红皮书）合同文件

1999 版 FIDIC《施工合同》（新红皮书）规定的合同文件组成如下：

（1）合同协议书（the contract agreement）；

（2）中标函（the letter acceptance ）；

（3）投标函（the letter of tender documents）；

（4）专用条件（the particular conditions）；

（5）通用条件（the general conditions）；

（6）规范（the specification）；

（7）图纸（the drawings）；

（8）资料以及构成其他合同文件的一部分文件（the schedule and any other documents from part of the contract）。

3. 2017 版 FIDIC（红皮书）合同文件

2017 年 12 月 FIDIC 正式发布了与 1999 版相对应的三本新版合同条件。2017 版

FIDIC 合同条件组成基本与 1999 版合同条件保持一致，而合同条件结构略有调整；通用条件总体结构和条款的排列顺序基本不变，有些条款的名称略有调整但所涵盖的内容范围基本不变；2017 版系列合同条件的通用条件篇幅均大幅增加。

2017 版系列合同条件在一些通用条款上进行了完善修订，主要为：

（1）合同条件的结构调整变化

2017 版专用条件为 A、B 两部分，A 部分是 1999 版原来的“投标书附录”（Appendix to Tender），在此被命名为“合同数据”（Contract Data），1999 版原来的专用条件作为 2017 版专用条件的 B 部分。

（2）修订的主要条款变化

① 强调项目管理人员对工程合同的使用。借鉴国际工程界有关项目管理的最佳实践做法，在通用条件各条款中增加了很多更加详细明确的项目管理方面的相关规定，增加了更多项目管理思维。

② 加强和拓展了工程师的地位和作用。工程师在处理合同事务时使用“商定或决定”条款，尤其是处理索赔问题时要保持中立，并强调此时工程师不应被视为代表业主行事。

③ 将索赔与争端区分开，并增加了争端预警机制。将索赔与争端作为重要议题来考虑，期望合理、及时地处理索赔问题，以尽量避免索赔升级为争端。

④ 更强调合同双方的对等关系。更加强调业主和承包商之间在风险与责任分配及各项处理程序上的相互对等关系。

⑤ 其他重点修订与调整。其他调整的地方如定义的数量大大增加，合同终止条款中增加了一些新的触发条件，将有经验的承包商不可预见（Unforeseeable）的时间点提前到了基准日期（Base Date），而不是原来的投标截止日期等等。

除 1987、1999、2017 版 FIDIC 合同文件规定的组成外，还应该包括隐含在所在国的法律法规、国际通行的法律法规、招标文件及澄清答疑、合同执行过程中一切来往信函、设计变更、电传、电报等文件，这些均组成合同文件的一部分。

2.1.3　国际工程合同的类型

由于承包的方式多种多样，其合同类型颇为复杂，其合同类型的不同划分方法决定了合同的归类。

1. 按工作内容分类

（1）工程咨询/设计服务合同：主要包括勘察合同、设计合同、监理合同、项目管理合同、造价咨询合同等；

（2）工程总承包合同：包括不同发包模式下的项目合同；

（3）采购合同：包括机械设备采购合同、材料采购等供应合同。

2. 按承发包模式范围分类

（1）设计 - 建造（EC）合同、设计 - 招标 - 建造合同；

（2）EPC及交钥匙合同；

（3）施工总承包C合同；

（4）工程管理CM合同；

（5）项目管理承包PMC、PM合同；

（6）BOT、PPP、PFI合同；

（7）其他模式合同。

3. 按计价方式分类

按合同规定的计价方式分类，国际工程承包合同有总价合同、单价合同、成本加酬金合同、临时价合同、极限值合同。

（1）总价合同

总价合同是指根据合同规定的工程施工内容和有关条件，业主应付给承包商的款额是一个规定的金额，即明确的总价。总价合同也称作总价包干合同，即根据施工招标时的要求和条件，当施工内容和有关条件不发生变化时，业主付给承包商的价款总额就不发生变化。主要分为不可调值和可调值两种类型。

① 不可调值总价合同

这种合同的价格计算是以图纸及有关规定、规范为基础，合同总价不能变化。承包商在报价时对一切费用的上升因素都已做了估计并已包含在合同价格之中。采用这种合同时，在图纸和规定、规范中应对工程做出详尽的描述。合同总价只是在设计和工程范围发生变化时才能更改。这种合同适用工期较短（一般不超过半年）的工程项目。签订这种合同，承包商必须承担一切风险。

② 可调值总价合同

变动总价合同又称为可调值总价合同，合同价格是以图纸及规定、规范为基础，按照时价（Current Price）进行计算，得到包括全部工程任务和内容的暂定合同价格。它是一种相对固定的价格。在合同执行过程中，由于通货膨胀而使所用的人、材、机等工料成本增加，因而对合同总价进行相应的调值，但总价依然不变，只是增加调值金额。这种合同称为可调值不变总价合同。国际工程调价一般按照调价公式进行调价，在合同谈判时对相关调价因子及其权重、调价的基准时间进行确定，同时对有关涉及的调价的价格指数也应进行明确规定。

③ 管理费总价合同

管理费总价合同是指发包单位雇用某一承包公司（或服务公司）的管理专家对发包工程项目的施工进行管理和协调，由发包单位向负责管理的承包商付给一笔总的管理费用。

（2）单价合同

单价合同亦称“单价不变合同”。由合同确定的实物工程量单价，在合同有效期间原则上不变，并作为工程结算时所用单价；而工程量则按实际完成的数量结算，并按照合同约定的时间及工程量计算规则进行计量结算和支付。即量变价不变合同。发承包双方约定以工程量清单及综合单价进行合同价款计算、调整和确认的建设工程施工合同。单价合同也可以分为固定单价合同和可调单价合同。单价合同包括：

① 固定单价合同。在每月（或每阶段）工程结算时，根据实际完成的工程量乘以固定单价进行结算。

② 可调单价合同。根据合同约定的条款，如在工程实施过程中物价发生变化等，可作调整。有的工程在招标或签约时，因某些不确定因素而在合同中暂定某些分部分项工程的单价，在工程结算时，再根据实际情况和合同约定单价进行调整，确定实际结算单价。有的工程项目在招标时，明确了当某一个价项的实际数量超过或少于工程量清单数量的某一百分比时，然后按照一定的方式调整单价。

（3）成本加酬金合同

成本加酬金合同，是由业主向承包人支付工程项目的实际成本，并按事先约定的某一种方式支付酬金的合同类型。即工程最终合同价格按承包商的实际成本加一定比例的酬金计算，而在合同签订时不能确定一个具体的合同价格，只能确定酬金的比例。其中酬金由管理费、利润及奖金组成。成本加酬金合同包括以下几种形式：

① 成本加百分比酬金合同。酬金按可接受的工程成本的一定百分比计算。

② 成本加固定酬金合同。酬金通常是以双方协议的估算成本为依据计算出来的一笔固定金额。

③ 成本加浮动酬金合同。酬金以可接受的工程成本为基础，参照某些浮动比率而进行调整。

④ 最高限额成本加固定数目的酬金合同，即规定工程造价的最高限额，再加上一笔固定的酬金。

2.2　国际工程发包模式

工程建设项目是一个系统工程，具有一次性、不可逆性和目标要求的约束性等特点。项目成功的关键，是通过组成的项目管理团队，利用专业化项目管理承包商的管理技术，采用合理的价值优化技术，控制项目投资，严格规划和实现项目各个环节的控制，通过严格的进度和费用控制手段，达到进度和费用控制目标，共同识别和管理项目风险，综合协调，确保项目总体目标的实现。为适应项目建设大型化、一体化以及项目大规模融资和分散项目风险的需要，国际工程量项目管理模式逐渐发展形成多种成熟的项目管理方式。国际上常采用的工程发包模式有：传统发包模式（Design-Bid-Build）、建筑工程管理发包模式（Construction Management approach，CM）、设计－建造发包模式（Design-Build Method）、）设计－管理发包模式（Design-Manage）、PPP 模式（Public-private-partnership），包括 BT（Build-Transfer）、BOT 发包模式（Build-Operate-Transfer）及其衍生模式等多种模式。在国际上，各个国家、国际组织、学会、协会以及专家学者对工程项目管理模式分类不尽相同，本节从工程项目的合同关系、组织管理关系、融资方式等角度，梳理介绍国际上比较成熟和一些新发展的工程项目的管理模式。

2.2.1 按照工程项目的合同关系分类

1. 设计－招标－建造模式（DBB 模式）

国际工程的传统发包模式（Traditional Procurement System）又称“设计－招标－建造”模式（Design-Bid-Build Method），简称 DBB 模式。它是一种在国际上比较通用且应用最早的工程项目发包模式之一。是指由业主委托建筑师或咨询工程师进行前期的各项工作（如进行机会研究、可行性研究等），待项目评估立项后再进行设计。在设计阶段编制施工招标文件，随后通过招标选择承包商；而有关单项工程的分包和设备、材料的采购一般都由承包商与分包商和供应商单独订立合同并组织实施。在工程项目实施阶段，工程师则为业主提供施工管理服务。这种模式最突出的特点是强调工程项目的实施必须按照 D—B—B 的顺序进行，只有一个阶段全部结束另一个阶段才能开始。该模式将设计、施工分别委托给不同的单位承担，其最大的一个特点是工程项目实施的顺序不可改变，必须按照设计—招标—建造的顺序线性前进，一个阶段的工作完成，另一个阶段才能开始。DBB 管理模式如图 2－1 所示。

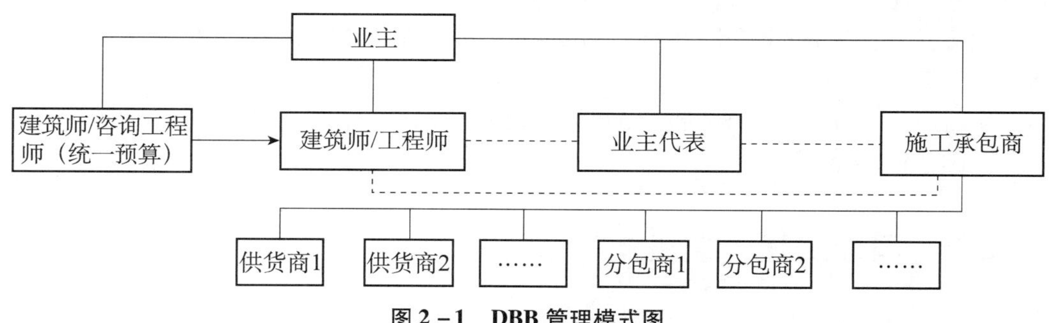

图 2－1 DBB 管理模式图

DBB 模式在国际上应用非常广泛，世界银行、亚洲银行贷款项目，以及以 FIDIC 合同条件为依据的项目均采用这种模式。在我国，这种工程项目管理模式已经被大部分人所接受并实际应用，国内建筑市场上普遍采用的“招投标制”、“项目法人制”、“合同管理制”、“建设监理制”等基本上都是参照这种模式发展起来的。

2. 设计－建造模式（DB 模式）

（1）通用的设计－建造模式（DB 模式）

设计－建造（Design-Build）模式，简称 DB 模式，当业主确定项目的建设规模、原则之后，选定一家公司负责项目的设计和施工（设计－建造承包商或总承包商），与业主所签订的合同是总价合同，负责项目的设计与施工安装全过程，并对工程项目的安全、质量、工期、造价全面负责。总承包商要选择建筑师/咨询工程师进行工程设计，然后采用招标的方式选择材料、设备供应商、施工分包商，有条件的总承包商当然也可以利用本公司的建筑师/咨询工程师及分包商。在设计 – 建造模式（Design-Build）中，业主必须与设计 – 建造承包商密切配合。共同完成现场勘察、项目规划、融资、设计、成本控制、进度计划等。一个总承包商的最大优势在于避免了设计、施工之间的矛盾，降低了项目建设周期和成本，可以保证业主得到高质量、合理造价的工程项目。DB 模式管理图如图 2 – 2 所示。

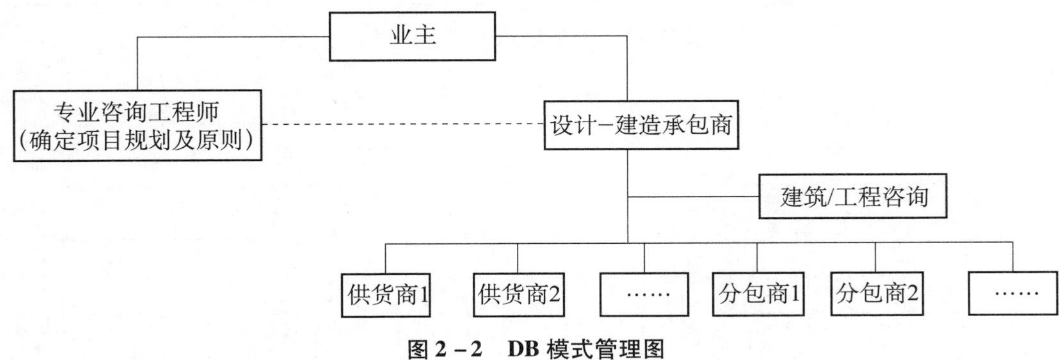

图 2 – 2　DB 模式管理图

设计 – 建造模式可分两种情况：

① 政府公共项目。政府公共项目采用竞标的招标方式选择承包商。招标时，业主明确项目的功能、设计要求、质量标准等，必要时对承包商的专业工程经验、设计 – 建造承包能力、财务能力等进行资格审查。

② 私营项目。私营项目业主可采用竞标、邀请等方式选择具有设计 – 建造经验的承包商。

（2）设计 – 管理发包模式（DM 模式）

设计 – 管理（Design-Manage）模式，简称 DM 模式，是指同一企业或实体向业主提供设计，并进行施工管理服务的工程项目的管理模式，业主只签订一份既包括设计也包括管理服务在内的合同，设计公司与管理机构为同一实体，此实体也可以是设计机构与施工管理企业的联合体。设计 – 管理模式类似于 CM 模式，在 CM 模式中，业主是分别就设计服务和施工管理服务签订合同。设计 – 管理有两种形式：

形式一：业主与设计 – 管理公司和施工总承包商分别签订合同，由设计 – 管理公司负责设计并对项目实施进行管理。其管理模式如图 2 – 3 所示。

形式二：业主只与设计 – 管理公司签订合同，由设计 – 管理公司分别与各个单独的分包商、供应商签订分包合同，由分包商分别负责施工和供应材料、设备等。其管理模式如图 2 – 4 所示。

（3）更替型合同模式（NC 模式）

更替型合同（Novation Contract）模式，简称 NC 模式，即业主首先委托咨询设

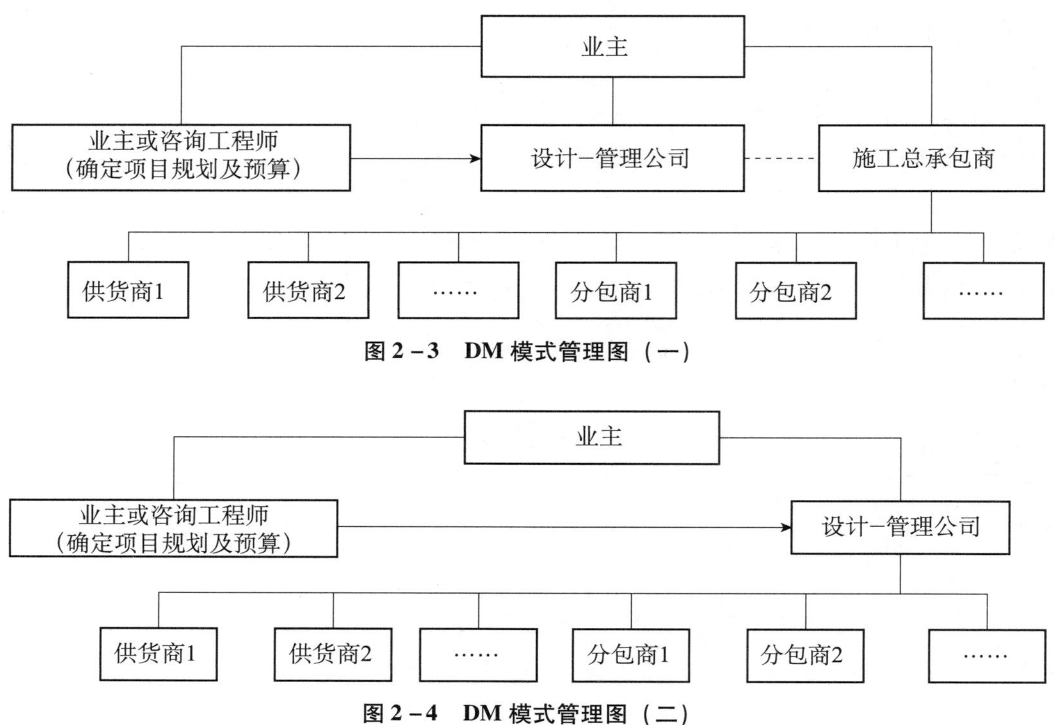

图 2－3　DM 模式管理图（一）

图 2－4　DM 模式管理图（二）

计公司进行项目的初步设计（或更深的设计），当设计工作完成到一定的深度（根据不同类型的建筑物、项目复杂程度或受资金及工程进度的影响，可能达到全部设计要求的 30% ~80%）时，业主招标选择承包商，承包商除承担施工任务外，还承担全部未完成的设计工作，并规定原咨询设计公司成为设计分包商，对承包商负责，由承包商对设计进行支付。NC 模式下，设计咨询公司与承包商在签订新合同时，要仔细研究新旧设计合同更替过程中的责任和风险的重新分配，以尽量减少以后的纠纷。组织结构如图 2－5 所示。

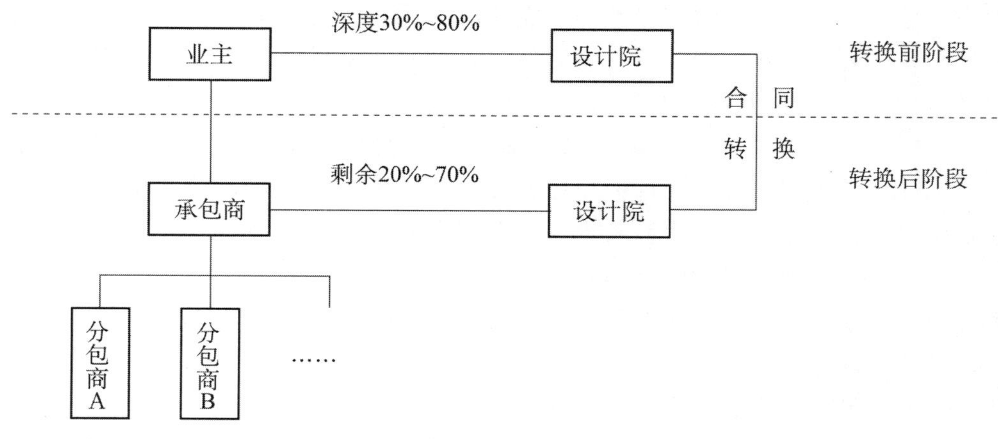

图 2－5　NC 模式管理图

3. EPC 总承包与交钥匙发包模式

工程总承包（Engineering Procurement Construction）模式，又称设计 - 采购 - 施工一体化模式。是指在项目决策阶段以后，从设计开始，经招标，委托一家工程公司对设计 - 采购 - 建造进行总承包。有时还包括融资方案的建议。国际上称交钥匙模式（Turn-Key-Operate），一般还包含项目的前期勘探、试运行等内容。设计、采购、施工（EPC）/交钥匙总承包，是指工程总承包企业按照合同约定，承担工程项目的设计、采购、施工、试运行服务等工作。

在国际工程 EPC 总承包模式下，在以大型装置或工艺过程为主要核心技术的工业建设领域，如通常包括大量非标准设备的大型石化、化工、橡胶、冶金、制药、能源等项目工艺设备的采购与安装和工艺的设计紧密相关，成为投资建设的最重要、最关键的过程。FIDIC 分别推出了 1999 版《生产设备和设计 - 建造合同条款》（新黄皮书）及《EPC/交钥匙项目合同条款》（银皮书）以此来分别适应两种总承包模式。这种模式与前面所述的通用的设计 - 建造模式类似，但承包商往往承担了更大的责任和风险，由业主代表对项目进行直接的较宏观的管理。组织结构如图 2 - 6 所示。

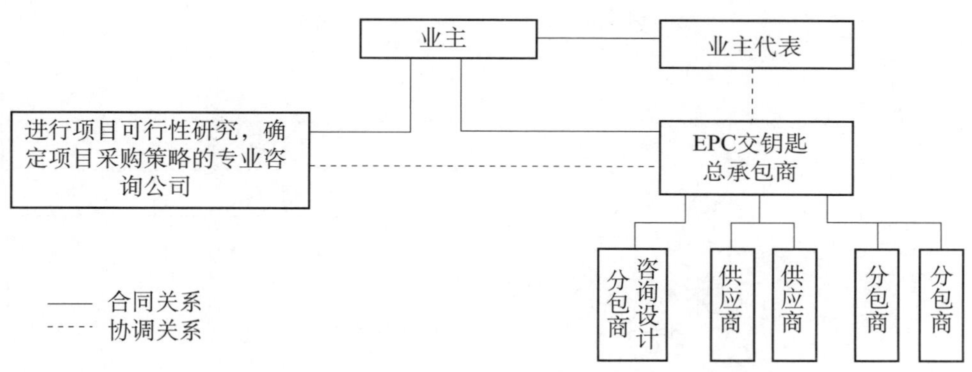

图 2 - 6　EPC/Turkey 项目管理模式组织结构图

按照承包合同规定的总价或可调总价方式，由工程公司负责对工程项目的进度、费用、质量、安全进行管理和控制，并按合同约定完成工程。EPC 有很多种衍生和组合，例如 EC + P、EP + C、E + P + C、EPCM 等。在 EPC 模式中，工程款支付既可以按月进行，也可以按阶段支付（即里程碑式支付），在合同中可以规定每次工程款支付款的具体数额，也可以规定每次支付款占合同价的百分比。

2.2.2　按照工程项目的组织管理关系分类

1. 建筑工程管理发包模式（CM）

1968 年，美国汤姆森（Charles B. Thomson）等人在研究关于如何加快设计和施工进度及改进管理控制方法时提出了 CM（Construction Management）模式，又称快速路径施工管理方法（Fast Track Construction Management）。有学者将其译为快速轨道法、快速路径法或阶段施工法（Phase Construction Method）。CM 模式是由业主委托 CM 单位，以一个承包商的身份，采取有条件的“边设计、边施工”、分阶段发包方式或快速轨道方式，着眼于加快设计进度、缩短项目周期、改进项目控制方法的项目管理模式。CM 管理模式特点是由业主和业主委托的工程项目经理与工程师组成一个联合小组共同负责组织和管理工程的规划、设计和施工。完成一部分分项（单项）工程设计后，即对该部分进行招标，发包给一家承包商，无总承包商，由业主直接按每个单项工程与承包商分别签订承包合同。CM 模式的工程实施示意图及组织结构图见图 2－7 所示。

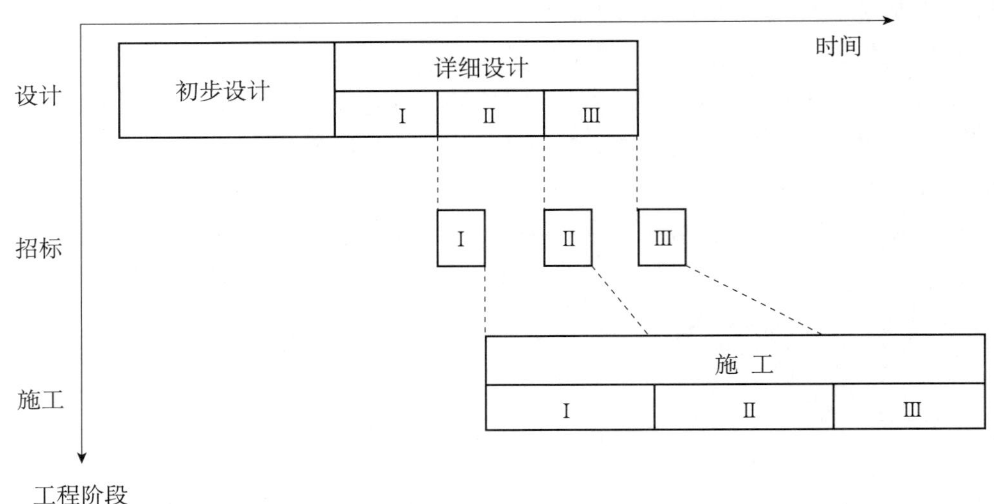

图 2－7　CM 模式组织工程实施示意图

CM 模式主要适用于以下类型的工程项目：（1）项目组成或参与单位复杂，对变更的灵活性要求较高，各方面技术不够成熟的项目；（2）建设周期长、工期要求紧，不能等到设计全部完成后再招标的项目；（3）投资量大、规模大的项目，如现代化的群体高层建筑或智能化大厦；（4）由于工作范围和规模不确定而无法准确定价的项目。

下列项目则一般不宜采用 CM 模式：（1）规模小、工期短的小型项目；（2）设计已经标准化的项目（如普通宿舍、多层住宅等）；（3）施工图设计已经完成的项目；（4）设计简单、技术成熟的项目。

CM 模式根据合同关系的不同，分为代理型（CM/Agency）和非代理型（CM/Non-Agency）两种模式。

（1）代理型 CM（CM/Agency）

CM 单位是业主的咨询单位，业主与 CM 单位签订咨询服务合同，CM 合同价就是 CM 费，其表现形式可以是百分率（以今后陆续确定的工程费用总额为基数）或固定数额的费用；业主分别与多个施工单位签订所有的工程施工合同。代理型 CM 模式中的 CM 单位通常是由具有较丰富施工经验的专业 CM 单位或咨询单位担任。

代理型 CM 管理模式见图 2－8。

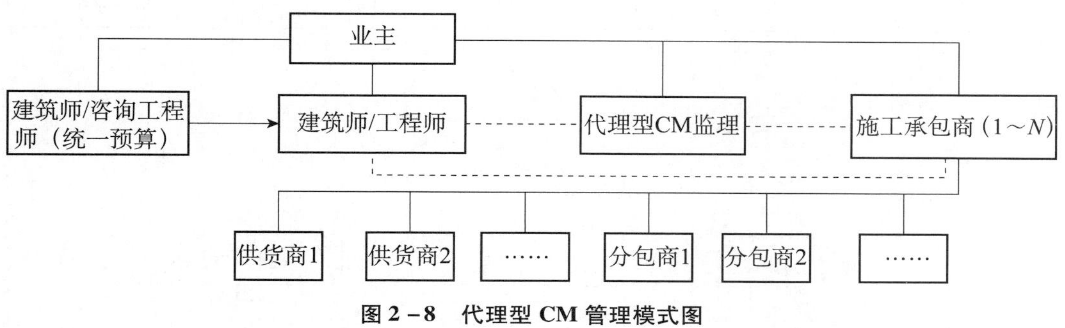

图 2－8　代理型 CM 管理模式图

（2）非代理型 CM（CM/Non-Agency）：

业主一般不与施工单位签订工程施工合同，但也可能在某些情况下对某些专业性很强的工程内容和工程专用材料、设备，业主与少数施工单位和材料、设备供应单位签订合同。业主与 CM 单位所签订的合同既包括 CM 服务的内容，也包括工程施工承包的内容；而 CM 单位则与施工单位和材料、设备供应单位签订合同。

非代理型管理模式见图 2－9。

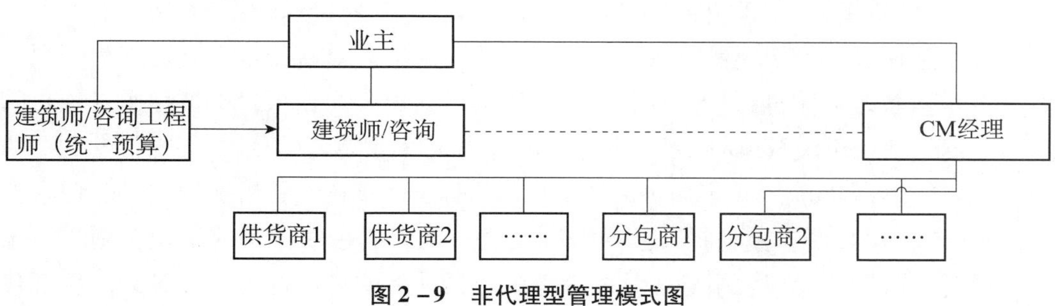

图 2－9　非代理型管理模式图

2. 项目管理承包模式（PMC 模式/MC 模式）

项目管理承包（Project Management Contracting）模式，简称 PMC 模式，是指由业主通过招标方式聘请有实力的项目管理承包商（公司或公司联营体），对项目全过程进行集成化管理。PMC 在国外也常简称为管理承包（Management Contracting，

MC）。该模式下，PMC承包商需与业主签订合同，并与业主聘用的咨询单位、专业咨询顾问密切合作，对工程进行计划、管理、协调和控制。业主一般不与施工单位和材料、设备供应商签订合同，但对某些专业性很强的工程内容和工程专用材料、设备，业主可直接与施工单位和材料、设备供应商签订合同。业主与PMC承包商所签订的合同既包括管理服务的内容，也包括工程施工承包的内容。PMC模式的组织结构图如图2－10所示。

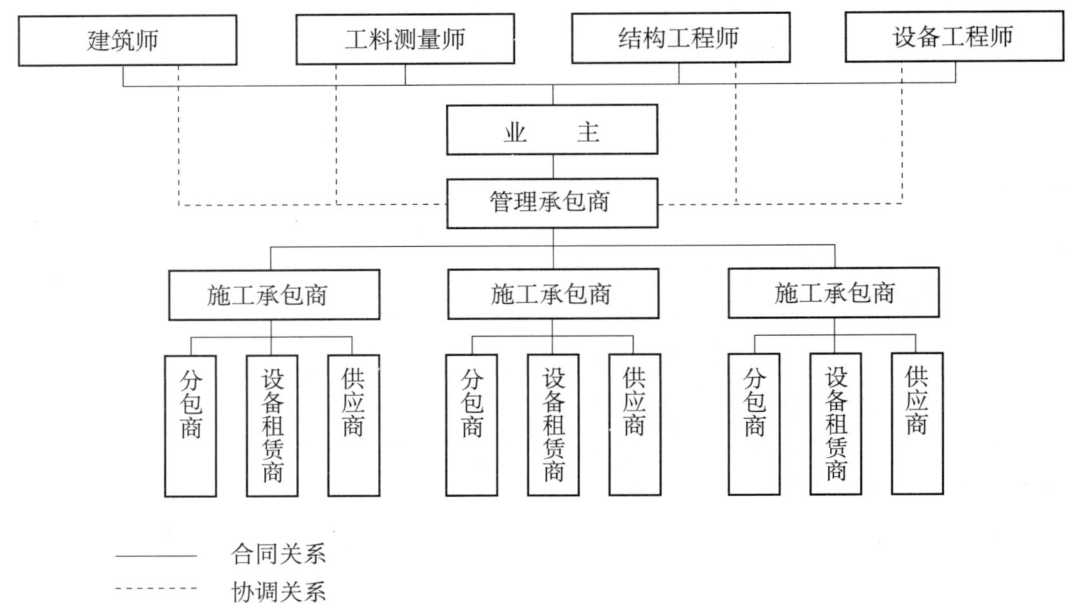

图2－10　PMC模式的组织结构图

3. 项目管理模式（PM模式）

项目管理模式是指项目业主聘请一家公司（一般为具备相当实力的工程公司或咨询公司）代表业主进行整个项目过程的管理，这家公司在项目中被称作“项目管理承包商”（Project Management Contractor），简称为PMC 。

项目管理（Project Management）模式，简称PM模式，是指工程项目管理企业（简称PM公司）受业主委托，按照合同约定，代表业主对项目的组织实施进行全过程或若干阶段的管理和服务。其职责范围包括项目的可行性分析和策划、招标代理、设计管理、采购管理、施工管理以及竣工验收和试运行等各项工作，PM合同是委托合同，业主可以随时根据情况调整对PM公司的委托范围，PM公司依照合同约定在职责范围内开展工作，并承担相应的管理责任。PM模式的组织结构如图2－11所示。

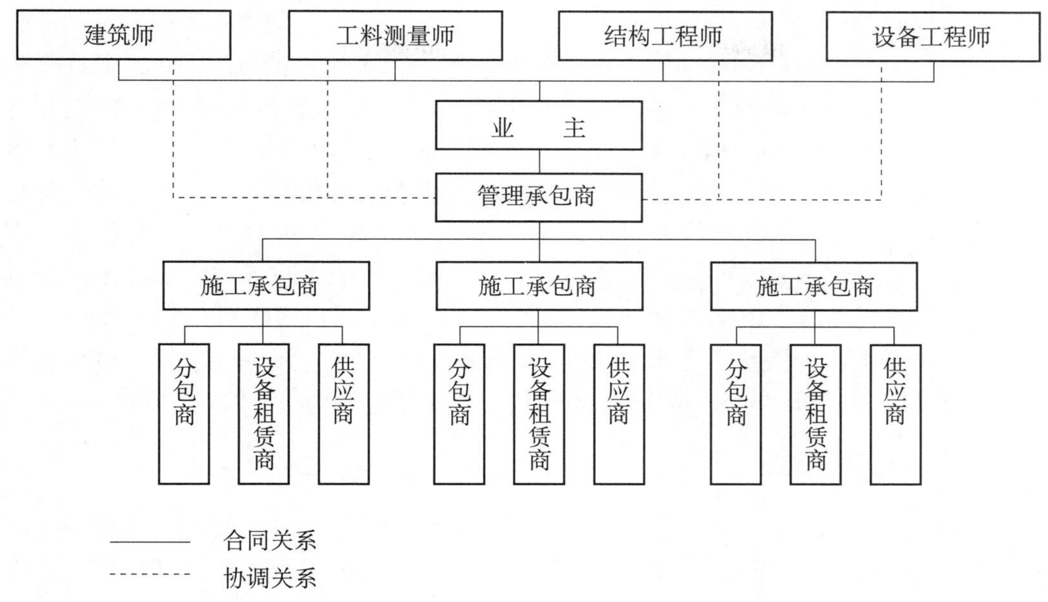

2.2.3　按照工程项目的融资方式分类

1. BOT 模式

建造—运营—移交方式（Build Operate Transfer）简称 BOT 方式，是一种依靠私人资本进行国有基础设施建设的一种融资和建造的项目管理模式。指一国财团或投资人作为项目的发起人从一个国家的政府获得某项基础设施的建设特许权，然后由其独立或联合其他方组建项目公司，负责项目的融资、设计、建造和运营，整个特许期内项目公司通过项目的运营来获得利润，并用此利润来偿还债务。在项目特许期满时，承建商应将工程移交给项目所有国或项目所有政府。此外，BOT 出现了一些更新颖的合同模式：BOT（建造—运营—转让）、BOOM（建造—拥有—运营—管理）、BOO（建造—拥有—运营）、BOOT（建造—拥有—运营—转让）、BT（建造—移交）等方式。

2. PPP 模式

PPP，即 public-private partnership 的缩写，通常翻译为“公私合伙/合营”，是指政府与私人组织之间，为了合作建设城市基础设施项目，或是为了提供某种公共物品和服务，以特许权协议为基础，彼此之间形成一种伙伴式的合作关系，并通过签署合同来明确双方的权利和义务，以确保合作的顺利完成，最终使合作各方达到比预期单独行动更为有利的结果。但是在我国，因为国有企业是公有的，但都是按照独立法人以企业的形式参与 PPP 的，因此 PPP 似乎翻译成“政企合伙/合营”更为准确一些。狭义的 PPP 可以理解为一系列项目融资模式的总称，包含 BOT、TOT、DBFO 等多种模式。狭义的 PPP 更加强调合作过程中的风险分担机制和项目的衡工量值（Value For Money）原则。广义 PPP 可以分为外包、特许经营和私有化三大类。

3. PFI 模式

PFI（Private Finance Initiative），英文原意为“私人融资活动”，是英国政府于1992 年提出的，在一些西方发达国家逐步兴起的一种新的基础设施投资、建设和运营管理模式。PFI 是对 BOT 项目融资的优化，指政府部门根据社会对基础设施的需求，提出需要建设的项目，通过招投标，由获得特许权的私营部门进行公共基础设施项目的建设与运营，并在特许期（通常为 30 年左右）结束时将所经营的项目完好地、无债务地归还政府，而私营部门则从政府部门或接受服务方收取费用以回收成本的项目融资方式。根据资金回收方式的不同，PFI 项目通常可以划分为如下三类：（1）向公共部门提供服务型（Services Sold to the Public Sector）；（2）收取费用的自立型（Financially free-Standing Projects）。（3）合营企业型（Joint Ventures）。

2. 2. 4 其他模式

合伙（Partnering）模式是于 20 世纪 80 年代中期首先出现在美国，在充分考虑建设各方利益的基础上确定建设工程共同目标的一种先进工程项目管理模式。工程项目的各个参与方改变了以往的对立局面，通过签订 partnering 协议做出承诺和组建工作团队，在项目实施的过程中，以实现项目各参与方的整体利益为目标，建立完善的协调和沟通机制，强调合作与信任，合理分担风险、友好解决矛盾。Partnering 模式要求业主与参建各方在相互信任、资源共享的基础上达成一种短期或长期的协议，通过建立工作小组相互合作，及时沟通以避免争议和诉讼的产生，共同解决建设工程实施过程中出现的问题，共同分担工程风险和有关费用，以保证参与各方目标和利益的实现。相对于传统的管理模式，Partnering 模式对于业主在投资、进度、质量控制方面有着非常显著的优越性。Partnering 模式改善了项目的环境和参与工程建设各方的关系，明显减少了索赔和诉讼的发生。

2. 3 基于营改增国际工程项目 BOT 模式下 EPC 项目合同管理架构拆分研究案例

“一带一路”战略的全面推进，扩大了我国企业的海外投资和产能“走出去”的规模，带动产业链国际化。在国内营改增试点税制改革全面实行的背景下，选择合适的国际 EPC 合同模式，成为国际投资商面临的现实问题。从现有的文献资料来看，基于营改增模式下，国内学者研究限于国内项目较多，对于国际工程项目研究很少。因此，本书特以巴基斯坦私人投资水电工程 BOT 模式下的 EPC 总承包合同报价组成为例，一方面，结合国内营改增的全面实行，分析营改增前后 EPC 总承包商报价组成部分适用税率的变化；另一方面，结合国际 EPC 合同模式，对比分析、研究营改增前后总承包商投标报价体系的变化，并提出我国投资商在 EPC 项目合同模式选择、项目管控模式、主体合同架构拆分等方面的应对策略及建议。

2.3.1　BOT 模式下国际 EPC 项目合同模式

根据签订合同主体，国际工程 EPC 工程总承包主要分为：（1）我国承包公司 A 在当地注册分公司（或子公司）B 与当地政府部门 C（项目业主单位）签订的 EPC 总承包，EPC 项目实施模式分为：外部专业分包、内部专业分包、外部联营等主要模式。（2）我国投资公司 D 在当地注册子公司 E（或私人水电投资开发模式下，当地项目业主公司）与中资公司 F 或公司 H（为 F 公司在当地注册公司 H）签订的 EPC 总承包。

以巴基斯坦某私人投资水电项目公司为例，明确 BOT + EPC 组合模式的合同管理模式及定义如下：（1）内部专业分包模式下，施工、设计、供货分包合同模式简称为 CF1、EF1、PF1。（2）外部分包模式下，施工、设计、供货分包合同模式简称为 CF2、EF2、PF2。

2.3.2　营改增影响总承包商对外报价的组成

1. 营改增前后工程报价组成

巴基斯坦电力监管委员会（NEPRA）为电力投资项目电价审查和批准的政府权威机构，电价审查批准中最为关注投资人的实际投资成本（主要包括 EPC 合同价格、融资成本、保险和税收等）。巴基斯坦政府对电力项目的 EPC 合同税收主要有：所得税、销售税（增值税）、关税等。

营业税是价内税。营业税模式下，含税工程造价包括不含工程造价（税前造价）与税金（营业税）。其中不含税工程造价 = 直接费 ×（1 + 其他直接费%）+ 间接费 + 利润。

增值税是价外税。增值税模式下，含税工程造价包括除税造价（税前造价）与税金（增值税）。除税造价 = 直接费 ×（1 + 其他直接费%）+ 间接费 + 利润。

两种模式不同在于营业税模式下人工、材料、机械设备构成不含税金。营改增前后工程造价体系变化如图 2 – 12、图 2 – 13。

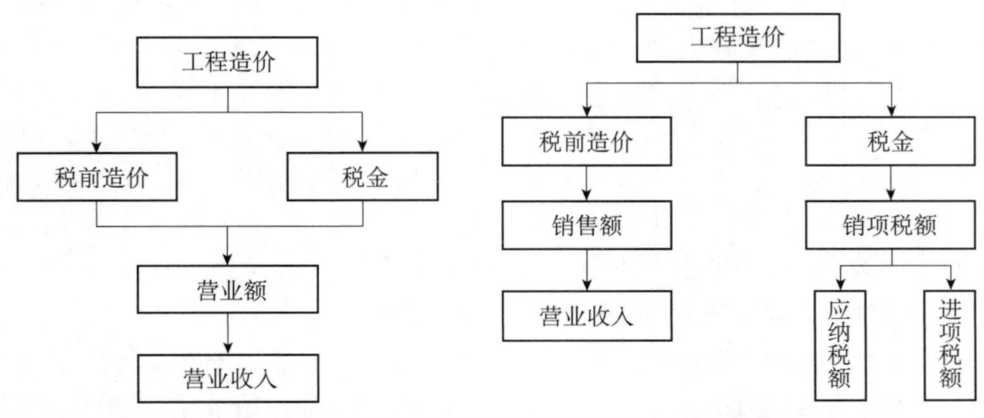

图 2 – 12　营改增前工程造价体系　　图 2 – 13　营改增后工程造价体系

2. 营改增前后分包商的报价构成

（1）内部分包商报价构成

① 营改增前内部分包商报价体系

EPC 工程国内分包商报价 =［EF1（含税）+ PF1（含税）+ CF1（人工、设备、材料均含税）+ 间接费（含税）+ 利润）］×（1 + 营业税率） （2－1）

② 营改增后内部分包商报价体系

“营改增”后，国内分包商简单的计价模式为：

EPC 工程国内分包商报价 =［EF1（不含增值税）+ PF1（不含增值税）+ CF1（人工、材料及施工机械设备等费用均不含增值税）+ 间接费（不含增值税）+ 利润］+ EF1（不含增值税）×6% + PF1（不含增值税）×11% + CF1（不含增值税）×11% （2－2）

根据《跨境应税行为增值税零税率和免税政策的规定》的规定，对于境内单位向境外单位提供的完全在境外消费的服务适用零税率。简单的计价模式为：

EPC 国内分包商工程报价 =［EF1（不含增值税）+ PF1（不含增值税）+ CF1（不含增值税）+ 间接费 + 利润］+ EF1（不含增值税）×0% + PF1（含增值税）×15% + CF1（不含增值税）×0% （2－3）

从公式 2－1、2－2、2－3 对比分析可知，以总承包商（投资商）名义出口 PF1 合同模式下的设备、物资等均是含增值税的，存在双边重复征税的可能性。如项目所在国与我国签订了结算双边协定，PF1 则可以申请出口退税。

（2）营改增前后国际总承包商对外投标报价组成变化

① 营改增前对外报价体系

EPC 工程国际总承包商对外报价 =［EF1（含税）+ EP1（含税）+ CF1（含税）+ 间接费（含税）+ 利润］×15% （2－4）

② 营改增后对外报价体系

内部分包模式下 EPC 工程国际总承包商对外报价 =［EF1（不含税）+ PF1（不含税）+ CF1（不含税）+ 间接费（不含税）+ 利润］+ EF1（不含税）+ PF1（不含税）+［CF1（不含税）×A% + PF1（不含税）×B% + EF1（不含税）×C%］×15% （2－5）

外部分包模式下 EPC 工程国际总承包商对外报价 =［EF2（不含税）+ PF2（不含税）+ CF2（不含税）+ 间接费（不含税）+ 利润］+ EF2（不含税）+ PF2（不含税）+［CF2（不含税）×0% + PF2（不含税）×B% + EF2（不含税）×0%］×15% （2－6）

对比公式 2－5、2－6，B 分别取值为 15、0。采用供货商 P 与项目公司签订外部供货合同模式，适用免征增值税政策，外部供货商可以申请出口退税。

3. 营改增对 EPC 投资商静态工程价格的影响

EPC 总承包商的上游企业设计、供货、分包商的税率适用于免收增值税。分包商报价中直接费构成均不含税，直接降低了对 EPC 总承包商的报价，进而间接降低 BOT 项目模式总承包商对外报价。

内部分包模式下，营改增对总承包商报价有一定的影响，报价构成中减少税费的取费及相关税费票据。外部分包模式下，设计、机电供货商采取适当的合同模式，以合理方式规避税费，降低工程成本。

2.3.3　营改增带来的EPC合同模式变化

1. 营改增后EC+P合同模式

巴基斯坦税法规定，对于离岸合同可以免缴预扣所得税。总承包合同中机电设备一般是在巴境外采购，属于离岸合同，可以在巴基斯坦内免除预缴所得税责任。营改增后，对于CF2、EF2及其组合合同模式，需要分包单位在境外注册法人项目公司，以项目公司名义直接与BOT投资业主的项目公司签订合同。供货单位适用于境外合同的增值税为15%，但根据中国与巴基斯坦的双边税收协定，适用于免税情况，避免了双重征税，还可获得出口退税收入。

通过合同拆分模式进行一定的税收筹划，可用减免在项目所在国的税收。在合同拆分后，可由EPC总承包商设在避税港或与项目所在国签订避免双重征税协定的国家设计或采购平台公司，来负责签订设计或采购合同和进行设计或采购。根据我国税法，销售货物是按照销售活动发生地划分收入来源的原则，那么这部分收入就有可能作为境外收入而被免除缴纳我国境内的所得税。而如果没有进行合同拆分的话，这部分交易将作为EPC总承包商工作内容的一部分，EPC总承包商将作为物资的进口方采购物资，将会被认定为在境内完成的销售行为，从而需要按照“源地管辖权”的原则征收所得税。这样就导致了双重征税。

2. 主体合同架构拆分

（1）营改增前，在巴基斯坦目前已经实施的私人电力投资项目中，大多数投资人采用（EF2+CF2）+PF2的组合总承包合同模式，即设计和施工为在岸合同（Onshore Contract）、设备采购和供货为离岸合同（Offshore Contract）。

（2）营改增后，在（EF2+CF2）+PF2总承包模式下，国内（EF2+CF2）承包商必须在EC合同中分别注明勘探、设计、建筑安装（含设备材料）费用，否则会从高适用税率，使上、下游企业缴纳更多的税收。国际货物运输和国内货物运输代理分开签订合同，或者在一个合同中分开列示，既可保持国内段增值税链条的完整，也可享受国际段的免税。

（3）合同主体双方尽量提高税率低或免税的E和P的额度，降低C部分的额度，分开签订E、P、C合同。其中E合同勘察、可研、设计合同分开签订，以便适应不同的增值税率。对于水电站项目，设备供货合同额较大，而服务合同额较少，从而拆分合同就可以达到降低整个项目税务成本的目的。

3. 是否含税合同

为了合理规避税务风险，应争取与业主签订不含税的总包合同，即除了在当地采购或分包应交的部分税费和个人所得税之外，其他任何税费都由业主来承担。如果必须是含税的合同价格的招标项目，合同谈判时要求增加税款补偿条款。

内部分包模式下合同应当明确不含税价格、增值税额及价外费用。采购中可能会发生各类价外费用，有必要在合同中约定价外费用以及价外费用金额是否包含增值税。

4. 应税行为发生变化

EP总承包合同进行拆分后，应税行为变得更加复杂，主要体现在两方面：一是在间接税方面，EPC总承包合同是包含了设计、采购、施工和技术服务的复杂合同综合体，既包括应缴纳增值税的货物贸易，也包括应缴纳营业税的劳动服务，是一种混合销售行为；二是在直接税方面，EPC总承包合同的各项活动中，既包括发生在项目所在国的服务，也包括发生在项目所在国境外的服务，也可能发生在第三国，因此在同一合同中可能出现税收管辖权的区分。项目业主和承包商可根据项目所在国和设备采购国的相关税收规定，通过合同拆分的方式进行税收筹划，合理纳税，达到降低造价的目的。

5. 建议的项目管控模式

营改增后，基于“成本+报酬”的私人投资报价模式下，建议采取EF2+CF2+PF1或（EF2+CF2）+PF1管控模式，以合理避税，提高竞争力。投资项目管控模式发生了变化，业主将风险整体转移变成了分散转移。业主与承包商之间的合同关系发生了变化。通常由EC或C合同承包人作为牵头人并承担和联营体成员协调和履约责任。联营体合同主体对业主相互承担连带责任，业主有权据此对其余成员合同主体进行索赔。

2.3.4 风险规避建议

营改增带来总承包合同管理模式变化，给投资人的合同管理模式带来变化和挑战，增加了合同主体和合同管理难度，合同执行中的沟通协调和索赔关系更加复杂，需注意采取相关的风险防控措施。

规避合同责任义务风险。在EPC总承包合同的拆分架构中，各个独立的合同产生了各个里程碑，例如开工时间、调试时间、竣工时间等，造成了合同的工期责任，同时又不会影响总承包商对工期承担统一责任，是工期安排和拆分最为重要的责任。营改增模式下，由EPC合同总目标进行拆分合同单独的合同工作，这些单独合同范围共同组成了整个合同的工作范围，但是要注意各拆分合同之间工作界面清晰，应互为补充和解释，不应存在EPC合同目标控制管理的空隙。

规避合同终止风险。在拆分后合同中，某一个合同终止只是该合同终止，与其他合同无关，不会导致其他合同及整个EPC总承包合同的终止。因此，在合同条款中明确，拆分后的任一合同的终止，将自动使得其他合同也终止。

2.3.5 结论及建议

通过研究营改增税制改革对投标报价组成体系的影响，从而为投资商（总承包商）合理选择 EPC 项目合同管理模式提供了思路。

营改增模式下，在满足项目投资业主总的合同目标前提下，不违背原应由总承包商作为单一责任人承担的责任，通过将 EPC 主合同拆分为离岸合同和在岸合同两部分，分解为单个项目合同责任。通过合理的签订合同模式，通过合理纳税，顺利完成项目履约，实现业主与 EPC 总承包商双赢的目的。

建议提前做好税务规划，避免合同拆分后引起的各类风险。同时加强财务人员、合同管理人员及报价人员的专业融合。

2.4 国际建设工程合同条件与合同文本格式

2.4.1 国际通用标准合同条件

合同条件（Conditions of Contract）是招标文件中的一个主要组成部分，它是工程业主（发包方）提出的供投标者中标后与业主谈判签订合同的依据。投标者在投标期间应仔细分析招标文件发出的合同条件。如有对招标文件中合同条件的不同意见时，可致函业主进行申明或在中标后谈判合同时提出商榷，以便在合同中进行明确，但不得私自在投标前更改或不遵守合同条件的规定，否则业主可取消其投标资格。“合同条件”习惯上也称为合同条款。国际上，不同的项目所处的国家或地区、项目规模及项目特点形成若干国际上通行或适用地区标准的“国际通用合同条件”。

在国际通用合同条件的基础上，并结合国家或地区的国情，许多国家和地区制定有自己的合同条件。有时，项目业主也为特定的工程项目本身制定特定的合同条件，作为招标文件一部分，或写入项目合同。目前国际上通用的标准招标文件有国际工程师协会 FIDIC 的合同条款、ICE 土木工程标准合同条件、世界银行标准合同条件、AIA 合同条件、国际金融组织世界银行、亚洲开发银行等多边开发银行（Multilateral Development Bank，简写为 MDB）的标准招标文件（Standard Bidding Document，简写为 SBD）、EDF 合同条件及地区合同条件等。

1. FIDIC 施工合同条件

FIDIC《土木工程施工合同条件》国际上简称为 FIDIC 合同条件。它是由国际咨询工程师联合会（FIDIC）和欧洲建筑工程国际联合会（FIEC）负责编订，并经此二组织以及美国总承包商协会（AGCA）、泛美建筑业联合会（FIIC）和美洲及西太平洋承包商协会国际联合会（IFAWPCA）核准，并由上述各组织推荐，供该类工程的国际性承包合同使用。主要用于土木工程，包括一般条件（第一部分）和专用条件（第二部分），适用于工业与民用建筑、水利水电、铁路、公路交通等各类工程施工承包活动，还包括专门适用于疏浚和填筑工程的合同条件。

2. ICE 土木工程标准合同条件

ICE（The Instituion of Civil Engineers）是指英国土木咨询工程师学会，该学会是一个在土木工程建设合同方面具有高度权威的组织。由英国土木工程学会（ICE）制订合同条件，又称 ICE 合同条件。ICE 合同是 FIDIC 合同鼻祖，FIDIC 合同是从 ICE 合同演变来的。FIDIC 第一版合同条件就是以 ICE 合同条件为蓝本的。两个合同条件既有自身的某些特点，也有很多相同之处。此合同条件主要适用于道路、桥梁、水利工程和大型土木工程构筑物。它是 FIDIC 合同条件的编制依据，主要用于英国和英联邦以及历史上与英国关系密切的国家。它的内容与 FIDIC 合同类同，使用中应注意的问题也与 前节中所述者相似。英国麦克斯·W·阿布莱汉森所著《工程法律与 ICE 合同》一书，对此合同条件逐条逐句从英国现行法律角度进行了注释，并列举了众多的案例，可供参考。

3. 世界银行标准合同条件

世行的工程采购标准招标文件 2005 年以前采用了 FIDIC 的施工合同条款（红皮书）1988 年第四版（之前曾用过 FIDIC 施工合同条款 1977 年的第三版）作为世行工程招标的通用合同条款。进入 21 世纪以来，世行与亚行等其他多边开发银行（MDB）共同编制了多边开发银行共同采用的标准招标文件多边开发银行协调版，从 2005 年起逐步推广使用。世界银行强制要求其贷款项目采用世界银行编制的标准招标文件和评标报告格式。

标准文件中属于工程类的有资格预审文件和两种土建工程招标文件，属于货物采购的有普通货物采购招标文件、设备供货与安装招标文件、计算机信息系统招标文件和其他行业的招标文件。有 5 种招标文件（即工程采购、小合同工程采购、货物采购、成套设备供货与安装标准招标文件）在各行业中广泛使用。世行标准招标文件的主要内容为招标文件的商务部分，如投标须知（包括投标资料表或前附表）、合同条款（包括通用条款和专用条款）和各种格式（投标函格式及其附录或投标书格式，合同格式，投标保证金格式，履约保证金格式，预付款保证金格式和资格证明格式等）。

4. AIA 美国合同条件

AIA 是美国建筑师学会（The American Institute of Architects）的简称。该学会作为建筑师的专业社团，成立于 1857 年，成员遍布美国及全世界。AIA 出版的系列合同文件在美国建筑业界及国际工程承包界，特别在美洲地区具有较高的权威性，应用广泛。

AIA 标准合同文本涵盖面非常广，合同协议书和合同条件仅仅是其中的一部分，此外还包括招投标、资质审查、合同签订、项目实施等工程建设各阶段所需的各种文书，甚至包括建筑师在日常项目管理中需要的各种表格。AIA 编制的正在使用中的合同文本有 90 余个，基本涵盖了各种工程建设模式和建设各个方面。AIA 系列合同文件按照两种方式划分。第一种按照“系列”（series）划分，分为 A、B、C、D、G 等系列。第二种方式是按照“族”（family）划分，合同文本所适用的工程建设模式，共可分为八族，分别为：传统模式项目、小型项目、咨询型建设管理项目（CMa）、承包型建设管理项目（CMc）、内部装修项目、国际项目、设计施工项目（DB）以及合同管理和项目管理表格。其中第八族“合同管理和项目管理”族的范围和上文提到的 G 系列基本相同。

5. EDF 合同条件

EDF 为 European Development Fund（欧洲发展基金会）的缩写。欧洲发展基金会大多向政府或政府的代理机构提供贷款。EDF 合同条件是由欧洲发展基金会资助订立的 EDF 通用规则、通用条件、工程调解与仲裁规则、供货与服务合同等，是一套复杂的合同体系。其版本主要依据法国行政管理传统编写，主要使用于由欧洲发展基金会向政府或政府的代理机构提供贷款的项目。EDF 合同条件包括以下几个附件：（1）工程、供货和服务合同的通用规则。（2）工程合同通用条件。（3）供货合同通用条件。（4）服务合同通用条件。（5）调解与仲裁程序规则。

2.4.2　其他地区合同条件

1. 中亚地区模式合同条例及参考合同模式

虽然是国际咨询工程师联合会制定的 FIDIC 合同条款，但在非洲的法语国家，由于历史原因，与法国在政治、经济和文化上保持着特殊的关系。非洲的法语国家，一般以通用行政条款（CCAG）和专用行政条款（CCAP）作为业主对承包人在管理方面的基本要求，以专用技术条款（CCTP）作为对项目本身的具体技术要求，形成合同的主要文件。通用行政条款多见于世行、非行提供贷款的施工合同，以法文为主要语言。通用行政条款主要以业主义务、承包人义务、工程变更和索赔为主线，内容包括综述、价格和结算、工期、工程实施、验收和保证金、合同撤销和工程中断、强制措施和解决争端及诉讼、合同生效 7 个部分，共计 52 个合同条款。

2. 日本国际协力银行官方发展援助贷款项目合同条件

日本国际协力银行官方发展援助贷款项目合同条件包括土建合同条件、材料与设备采购合同条件。土建合同条件使用的是 FIDIC 制定的土木工程施工合同条件。该文件第一部分为合同通用条款。第二部分特别合同条款被替换为更适于 JBIC 官方发展援助贷款项目。设备与材料采购依据 1999 年 10 月版的“日本国际协力银行官方发展援助贷款采购导则”（协力银行官方发展援助贷款采购导则）的总原则及程序进行。

3. 拉美地区合同条件

拉美地区不同国家有不同合同体系，合同条件也有不同程度的差别，总体上拥有法律制度较为健全，合同模式较为完整、系统且较严苛的招标模式。虽然部分南美洲国家在项目执行时以 FIDIC 合同条款为依据，但在签订的合同文件中，一些条款会被随意改动。在项目投标阶段，一般提供项目合同模板，部分合同条款需要在合同谈判阶段进一步商谈。有些项目在招标时，业主提供合同参考模板，但在后期基本无谈判的可能性，所以在项目投标阶段，承包商一定要根据项目所在国的特点充分识别合同风险。

4. 香港特别行政区标准合同条件

香港政府投资工程合同文本主要包括土木工程标准合同和建筑工程标准合同两个标准合同文本，而私人投资工程则采用英国皇家特许测量师学会（香港分会）的标准合同，并考虑了香港的具体条件。香港特别行政区采用的合同条件主要有：（1）《建筑工程合同标准格式》，包括协议书及合同条件，共 36 条，其主要内容适用于土木和房屋建筑工程。（2）《香港房屋署建筑工程协议及合同条件》，包括协议书和合同条件，共 117 条，适用于房屋建筑工程。

5. 德国建筑招标承包条件

德国编制了适用于建筑工程的招标承包条例，简称 VOB，一般只适用于原联邦德国国内。此招标承包条例不是建筑法，不属正式法律，只是一种条例或规定。但招标承包条例规定，一切国家投资的工程项目必须严格遵照此条例。至于私人兴建的房屋或工厂，则不一定按此条例，可由私人商定 。其由以下三个部分组成：

（1） VOB 第 A 部分《建筑工程招标一般规定》；

（2） VOB 第 B 部分《建筑工程施工一般合同条件》；

（3） VOB 第 C 部分《建筑工程一般技术规范》。

2.4.3 国际工程合同文本

国际工程中，不同国家和地区适用不同的合同范本，以界定工程参与方的权利、义务，指导和规范国际工程项目执行。国际上，国际咨询工程师联合会（FIDIC）、英国土木工程师学会（ICE）、英国合同审定联合会（JCT）、美国建筑师学会（AIA）、美国设计建造学会（DBIA）以及美国承包商联合会（AGC）等多个知名的工程管理专业机构都针对工程总承包模式出版了合同范本。另外，拉美一些国家根据美国、FIDIC 合同范本制定了本国的合同文本。

本书对国际工程合同文本进行了系统梳理，常见的国际工程常用的合同文本范本分为六类，主要有 FIDIC 合同文本、IBRD 世界银行合同文本、英国合同（ICE、JCT、NEC）、欧洲合同（EDF、EIC）、美国合同（AGC、EJDC、AIA、DBIA）及其他地区合同文本。国际工程合同文本体系见表2－1所示。

表 2－1　国际工程合同文本体系表

序号	合同文本	说明
一	FIDIC 合同文本	国际咨询工程师联合会
1	the Conditions of Contract (international) for works of civil engineering construction 1957	土木工程施工（国际）合同条件 1957 红皮书第 1 版
2	the Conditions of Contract (international) for works of civil engineering construction 1969	土木工程施工（国际）合同条件 1969 红皮书第 2 版
3	the Conditions of Contract (international) for works of civil engineering construction 1977	土木工程施工（国际）合同条件 1977 红皮书第 3 版
4	the Conditions of Contract for works of civil engineering construction 1987	土木工程施工（国际）合同条件 1987 彩虹族版合同
5	the Conditions of Contract for Electrical and Mechanical Plant 1987	《电气与机械设备合同》1987 彩虹族版合同
6	The Conditions of Contract for Plant and Design-Build (1995)	设计－建造和交钥匙合同（橘皮书）彩虹族版合同 1995
7	Client/consultant model services agreement 1998	客户/咨询工程师标准服务协议彩虹族版
8	Conditions of subcontract for works of civil engineerings construction 1994	土木工程施工分包合同条件 1994 彩虹族版
9	The tendering procedure	招标程序 1992
10	The joint venture (consortium) agreement 1992	联营体协议 1992
11	The sub-consultancy agreement 1992	咨询服务分包协议 1992
12	the Conditions of Contract Building and Engineering Works, Designed by the employer 1999	施工合同条款 1999
13	the Conditions of Contract for Electrical and Mechanical Plant, and Building and Engineering Works , Designed by the contractor 1999	生产设备和设计－施工合同条件（新黄皮书）
14	Conditions of Contract for EPC Turnkey Projects (1999)	设计采购施工 EPC/交钥匙工程合同条件（银皮书）
15	The short form of contract 1999	简明合同（绿皮书）1999
16	The harmonized edition of conditions of contract for construction the MDB edition 2005	施工合同条件协调版 2005
17	The conditions of contract for design, build and operation projects 2008	设计－建造和运营项目合同条件 2008
18	The conditions of sub-contractor for construction, test edition 2009	施工分包合同条款测试版
二	IBRD 合同文本	国际复兴开发银行文本
1	Model Form of International Contract for Process Plant Construction	生产设备国际施工合同范本
2	标准招标文件－工程采购（小型合同）	
三	英国合同文本	

续表

序号	合同文本	说明
(一)	ICE 合同文本	英国土木工程师学会(INSTITUTION OF CIVIL ENGINEERS)合同体系中的设计-施工合同格式
1	ICE conditions of contract for design and construction	ICE 设计-施工合同条件
2	ICE conditions of contract for measurement version	计量合同条件
3	ICE conditions of contract for minor works	小型工程合同条件
4	ICE conditions of contract, partnering addendum	伙伴模式合同条件
5	ICE conditions of contract, ground investigation version	地质勘察合同条件
6	ICE conditions of contract, archaeologicial investigation	地质勘察合同条件
7	ICE conditions of contract, target cost version	目标成本合同条件
8	ICE conditions of contract, term version	定期模式合同条件
(二)	JCT 合同文本	英国联合合同委员会(JOINT CONTRACTS TRIBUNAL)合同条件
1	JCT design and construction contract	设计-施工合同
2	Guidelines for design and construction contract	设计-施工合同指南
3	JCT design and Construction Subcontract agreement	设计-施工分包合同协议书
4	JCT design and construction conditions of contract	设计-施工分包合同条件
5	JCT Guidelines for design and sub-construction contract	设计-施工分包合同指南
6	Minor works building contract (MW)	小型工程建设合同
7	Intermediate building contract (IC)	中型工程建设合同
8	The standard form of building contract	标准建设合同
9	Constructing excellence contract	高效伙伴合同
10	Constructing management trade contract	施工项目管理合同
11	Management building contract	管理建筑合同
12	Housing grant works buildings contract	住宅许可工程建筑合同
13	Measured term contract	测量条件合同
14	Prim cost buildings contract	准备金建筑合同
15	Repair and maintenance contract	修复和维护合同
(三)	NEC 合同文本	英国土木工程师联合会新工程合同(NEW ENGINEERING CONTRACT)设计-施工合同格式
1	The Engineering and contruction contract (ECC)	工程设计与施工合同条件(黑皮书)
2	Engineering and Construction Contract Option A: Priced Contract with activity schedule	设计和施工合同选项 A:带活动一览表的定价合同
3	Engineering and Construction Contract Option B: Price Contract with Bill of Quantities	设计和施工合同选项 B:带工程数量清单的定价合同

续表

序号	合同文本	说明
4	Engineering and Construction Contract Option C: Target Contract with activity schedule	设计和施工合同选项 C：一览表的目标成本合同
5	Engineering and Construction Contract Option D: Target Contract with Bill of Quantities	设计和施工合同选项 D：带工程数量清单的目标成本合同
6	Engineering and Construction Option E: Cost Reimbursable Contract	设计和施工合同选项 E：成本补偿合同
7	Engineering and Construction Contract Option E: Management Contract	设计和施工合同选项 F：管理合同
8	The professional service contract (PSC)	专业服务合同
9	The Engineering and contruction short contract (EC-SC)	工程设计与施工简明合同条件
10	The Engineering and contruction sub-contract (EC-SC)	工程施工分包合同
11	Adjudicator's service contract	合同争议评判员合同
12	Term Service Contract	定期服务合同
13	Framework contract	框架合同
四	欧洲合同文本	
(一)	EDF 合同文本	欧洲发展基金
1	Engineering and Purchase & Service General Contract	工程、供货和服务合同的通用规则
2	Engineering General Conditions Contract	工程合同通用条件
3	Purchase General Conditions Contract	供货合同通用条件
(二)	EIC 合同文本	欧洲国际承包合同商会 (Europe international contract)
1	EIC bule book on sustainable procurement	持续采购合同
2	EIC white book on BOT/PPP	BOT/PPP 项目合同
3	EIC Turnkey contract	交钥匙合同
四	美国合同文本	
(一)	AGC 合同文本	美国承包商总会 (the associated general contractors of American) 合同体系设计 - 施工合同格式
1	AGC 200 Series for general contracting , including general condtions	AGC200 系列施工总承包及其通用合同条件
2	AGC 300 Series collaborative /intergrate project delivery	AGC300 系列合作/一体化项目建设模式
3	AGC 400 Series design-bulid contract (1 - 18)	AGC400 系列设计 - 建造总承包合同 (1 - 18)
4	AGC 500 Series agreement and gergenal between owner and construction manger (GMP with option for preconstruction services)	AGC500 系列业主与工程管理者的协议书及通用条件（保证最高价模式，并可包括施工前服务）

续表

序号	合同文本	说明
5	AGC 510 Series agreement and gergenal conditons between owner and construction manger (cost of work with option for preconstruction services)	AGC510 系列业主与工程管理者的协议书及通用条件（工作成本模式，并可包括施工前服务）
6	AGC 700 Series for sub-contracting	AG700C 系列分包合同条件
7	AGC800 Series program mangment agreement and gergenal conditons between owner and program manger	AGC800 系列业主与项目经理之间的管理及其通用合同条件
（二）	EJDC 合同文本	美国工程师联合会合同文件委员会（Engineers joint contract documents committee）合同
1	Construction famlily of documents	施工文件家族
2	Engeer famlily of documents	工程设计文件家族
3	Engeer subcontract famlily of documents	工程设计分包咨询文件家族
4	Environmental remediation famlily of documents	环境整治家族
5	Procurement famlily of documents	采购文件家族
6	Design-build famlily of documents	设计建造文件家族
（三）	AIA 合同文本	美国建造师学会（American Insititute of Architect）合同体系中的设计－施工合同格式
1	AIA A Series	A 系列业主与承包商、供应商、总承包商与分包商之间的合同文件
2	AIA B Series	B 系列业主与建筑师之间的合同文件
3	AIA C Series	C 系列建筑师与提供专业服务的顾问之间的合同文件
4	AIA D Series	D 系列建筑师行业内部的合同文件
5	AIA F Series	F 系列财务管理表格
6	AIA G Series	G 系列建筑师合同及项目管理中使用的表格
（四）	DBIA 合同文本	美国设计建造协会（the design-build institute of American ）合同范本
1	520 standard form of preliminary agreement between owner and designer-bulider	业主与 DB 承包商前期合约标准格式
2	525 standard form of agreement between owner and designer-bulider	业主与 DB 承包商合同合约标准格式
3	535 standard form of general condtions of contract between owner and designer-bulider	业主与 DB 承包商一般合同条件
4	540 standard form of agreement between designer-bulider and designer	DB 承包商与设计合同合约标准格式
5	550 standard form of agreement between designer-bulider and general contractor	DB 承包商与一般承包商合约标准格式

续表

序号	合同文本	说明
6	560 standard form of agreement between designer-bulider and designer-bulider subcontractor	DB 承包商与 DB 分包商合约标准格式
7	570 standard form of agreement between designer-bulider and subcontractor (where subcontractor does not provide design services)	DB 承包商与 DB 分包商（分包商不提供设计服务）合约标准格式
五	其他地区合同文本	
(一)	ABIC 合同文本	澳大利亚建筑工程美国设计建造协会(the Australian building industry contract)
1	ABIC MW – 12003 for major work contract	大型工程合同
2	ABIC MW – 12002 for simple work contract	一般工程合同
3	ABIC MW – 12003 for early work contract	前期/临时工程合同
4	ABIC MW – 12002 for basic work contract	住宅/商业建筑合同
5	ABIC CP – 2014 C commercial costplus contract	成本加酬金合同
(二)	CCAG 合同文本	法国及法语国家和地区应用合同文本(Cahier des clause administrative General)
1	General administrative trems and condtions of standard government supplies and services contracts	合同通用条款
(三)	SIA 合同文本	新加坡建筑师学会（Singapore institute of architects）
1	Main contract-minor works	小型合同
2	Main contract-measurement	重新计量合同
3	Main contract-lump sum	固定总价合同
4	Sub-contract	分包合同文本
(四)	HK 合同文本	香港合同范本
1	HK government forms (general conditions of building works)	香港政府建筑工程合同范本
2	HK government forms general conditions of contract for civil engineering works	香港政府土木工程合同
3	HK government forms general conditions of contract for electrical and mechanical engeering works	香港政府电气与机械工程合同条件
4	general conditions for design and build	香港政府设计与施工总承包合同条件
5	HKIA forms agreement and schedule of conditons of building contract for use in HK, private edition (with quantities)	香港建筑师协会建筑工程合同条件（有工程量）
6	HKIA forms agreement and schedule of conditons of building contract for use in HK, private edition (without quantities)	香港建筑师协会建筑工程合同条件（无工程量）
7	HKIA forms agreement and schedule of conditons of norminate contract for use in HK	香港建筑师协会指定供应合同
8	HKIA forms agreement and schedule of conditons of norminate sub-contract for use in HK	香港建筑师协会指定分包合同

续表

序号	合同文本	说明
9	HKIA forms agreemet between client and architect & scale profession charge（English）	香港建筑师协会建筑师职业协议
（五）	ENAA 合同文本	日本工程学会（the engineering advancement association of Japan）合同范本
1	ENAA model form international contract for process plant construction 1992	工艺设备施工国际合同范本
2	ENAA model form international contract for power plant construction 1996	电站设备施工合同范本
（六）	VOB 合同文本	德国建筑招标承包条例简介
1	The general conditions of contract conditions for civil construction part B	VOB 第 B 部分《建筑工程施工一般合同条件》
2	The general specifications of contract conditions for civil construction part C	VOB 第 C 部分《建筑工程一般技术规范》
（七）	拉美地区合同文本	
1	玻利维亚合同文本	
2	厄瓜多尔合同文本	
3	秘鲁合同文本	
4	委内瑞拉合同文本	
5	阿根廷合同文本	
6	巴西地区合同文本	
7	……	

第3章　国际工程技术及设计管理体系

3.1　国际工程技术标准体系

随着国家“走出去”实践，深度参与“一带一路”建设，我国国际工程承包商（投资商）所面临的技术难题主要为技术规范和标准的对接与适应性问题：一是中国工程技术标准的输出；二是适用国际工程标准，不断完善国内工程技术标准；三是中国国际标准本土化与国际工程标准的对接。工程技术规范和标准往往成为我国国际工程承包商本土化经营的技术“瓶颈”。一些国际工程承包商（含设计单位）对海外技术标准体系缺乏了解和应用能力，在投标阶段导致了对合同条件的理解偏差和判断准确性不足，对今后项目经营带来了潜在的风险。

由于对招标文件中采用的技术标准“水土不服”，导致投标报价不准确、造成施工经济损失的案例屡见不鲜，因此有必要全面了解和掌握国际工程技术标准体系的相关知识。国际工程技术标准体系主要内容包括：国际工程常用的规范体系、工程项目编码体系。

按国际工程技术标准体系制定层级分，包括国际标准、区域标准、行业或专业标准、地区标准及企业标准等4个级别。国际工程技术标准体系总体分类如表3－1。

表3－1　国际工程技术标准体系表

序号	技术标准体系	说明
一	美国体系	
（一）	AASHTO	美国国家公路与运输协会标准
（二）	AREMA	美国铁路工程和道路维修协会标准
（三）	FRA	美国联邦铁路署标准
（四）	ASTM	美国材料与试验协会
（五）	API	美国石油学会

续表

序号	技术标准体系	说明
（六）	ASME	美国机械工程师协会
二	英国体系	
	BS	英国标准协会
三	欧洲体系	
（一）	EURO CODE	欧洲设计规范
（二）	EN	欧洲规范
四	法国体系	
（一）	CCTG	法国工程通用技术条款
（二）	SETRA	法国公路和高速公路研究所
（三）	NF	法国国家标准
五	德国体系	
	DIN	德意志系列标准
六	UIC	国际铁路联盟标准
	UIC 标准	
七	日本体系	
	JIS	日本工业标准
八	ISO 体系	国际标准化组织

3.1.1 美国标准体系

美国标准体系是一个动态发展的进程，私营领域为主与政府干预是其基本特征，是由美国自由的政治体制和完全的市场化经济体制所决定的。长期以来，美国推行的是民间标准优先的标准化政策，鼓励政府部门参与民间团体的标准化活动，调动了各方面的积极因素，形成了相互竞争的多元化标准体系。具有自愿性和分散性两大特点。美国大约有 700 个机构在制订各自的标准，其中既包括政府机构，也包括非政府机构，诸如标准化机构、科学和专业协会、工贸协会、其他社团组织，以及非正式标准制订机构等。

现行的美国标准体系，一般由 3 个子体系组成，即以美国国家标准学会（ANSI）为协调中心的国家标准体系；联邦政府机构的标准体系；非政府机构（民间团体）的标准体系。目前，美国全国大约有 9.3 万个标准，其中 4.9 万个标准是由 620 个民间组织制订的，其余标准则为联邦及各州政府机构制订的标准。

（1）美国国家标准学会标准

美国国家标准学会（ANSI）建立于 1918 年，是美国自愿性标准体系的管理者和协调者，是一个非赢利性质的民间标准化组织。自身虽然并不参与标准制定，但负责标准制定者的资格认定和美国国家标准的审核批准，实质上已经成为美国国家标准化活动的中心。以 ANSI 为代表，美国私营领域为主的自愿性标准体系，完全是以市场运作的方式逐步建立起来的。

ANSI与美国政府又具有密切的合作关系。在其创始之初，美国政府的商务部、陆军部和海军部三个部门参与了筹备工作。随着ANSI的发展与权威的建立，美国政府对其帮助也日益增加。ANSI承担了越来越多的公共事业职能，协调并指导全国标准化活动，起到了联邦政府和私营领域标准化系统之间的桥梁作用。美国标准技术研究院（NIST）是美国标准化领域唯一的官方机构，在协调管理各类组织的标准化工作方面发挥着重要的作用，同时也为美国的标准化工作提供了坚实的技术基础。

（2）美国政府

美国政府在美国标准体系中不处于主导地位，但其作用至关重要。美国政府在制定国家技术法规体系时，一方面，在集中国家力量的重大领域制定强制性标准（法规）；另一方面，在立法中采用自愿性标准，使之具有强制执行力。美国标准技术研究院（NIST）作为美国政府中唯一的标准化官方机构，集中体现了政府对美国标准化进程提供的巨大技术支持。

（3）美国民间团体标准

美国民间标准制定机构主要包括：美国试验与材料协会（ASTM）、美国机械工程师协会（ASME）、汽车工程师协会（SAE）、电气工业协会（EIA）、电气和电子工程师研究院（IEEE），以及美国保险商实验室（UL）、美国全国防火协会（NEPA）、美国印刷电路学会（IPC）、FM公司等认证和测试机构。

3.1.2　英国标准体系

英国标准协会（BSI）成立于1901年，当时称为英国工程标准委员会，是集标准研发、标准技术信息提供、产品测试、体系认证和商检服务五大互补性业务于一体的国际标准服务提供商，面向全球提供服务。作为全球权威的标准研发和国际认证评审服务提供商，下设300多个技术委员会和分委员会。BSI倡导制定了世界上流行的ISO9000系列管理标准，在全球多个国家拥有注册客户，注册标准涵盖质量、环境、健康和安全、信息安全、电信和食品安全等几乎所有领域。

在正式的国际标准组织中，BSI代表英国，是国际标准组织、国际电工委员会、欧洲标准化委员会（CEN）和CLC所有高级管理委员会的常任成员，是国际标准组织秘书处五大所在地之一（其他四个为：美国的ANSI、日本的JISC、德国的DIN和法国的AFNOR），共有245个国际和欧洲标准组织秘书处设在BSI。BSI属于非营利机构，BSI是通过测试、认证、标准技术信息服务等具有商业性质的活动收入再投资于标准研发的模式实现了自我滚动发展，实现了标准体系的科学化、市场化和国际化。

3.1.3 欧洲技术标准

欧洲标准化委员会（CEN）是欧盟按照第83/189/EE 号指令正式认可的欧洲标准化组织，专门负责除电工、电信以外领域的欧洲标准化工作。按照欧盟规定，欧洲标准（EN）必须以 CEN 确定的三种官方语言，即英语（BS EN ）、法语（NF EN）、德语（DIN EN）同时出版，各国在实施欧洲标准时可视本国需要将其翻译成本国语言，但必须完全等同，不能有任何偏差。根据 CEN 的内部规则要求，该组织的所有成员国“应无条件地给予欧洲土木工程技术标准以本国国家标准的地位，并在规定的期限内废止与欧洲建筑和土木工程技术标准相抵触的本国国家标准”。欧洲建筑和土木工程技术标准均以英语、法语和德语三种官方版本发布，各成员国必须在规定的期限内翻译为本国语言并在管理中心登记，从而取得与官方版本同等的地位。

欧洲标准（EN）是 CEN 各类标准中执行力最强的一种，欧盟各国必须将欧洲标准等同转化为国家标准，并撤销相悖的国家标准。但是欧洲标准的属性是自愿性的，即对于生产商来说是自愿执行的，生产商在产品制造过程中可以不遵守欧洲标准。从这个意义上来说，欧洲标准相当于我国的推荐性标准（GB/T）。标准的代号放在欧洲标准编号的前面，如：英国/欧洲国家标准 BS EN71：2003、法国/欧洲国家标准 NF EN71：2003、德国/欧洲国家标准 DIN EN71：2003。

3.1.4 法国技术标准

1941 年 5 月 24 日，法国政府颁布法令，确认 AFNOR 为全国标准化主管机构，并在政府标准化管理机构——标准化专署领导下，按政府指示组织和协调全国标准化工作，代表法国参加国际和区域性标准化机构的活动。法国共有 31 个标准化局（最多时达 39 个），承担了 AFNOR 的 50% 的标准制修订工作。

法国标准分为正式标准（HOM）、试行标准（EXP）、草案标准（ENR）和标准化参考文献（RE）4 种。现阶段研究上述法国标准（NF）中的部分设计、实验和施工规范。法国建筑和土木工程技术标准（NF）主要应用在法国及非洲法语区国家，包含原法国标准中没有录入到欧洲土木工程技术规范主体的大量内容。法国标准使用的地区包括：（1）法语为母语的国家；（2）法语为官方语言的国家；（3）法语为主要语言的国家；（4）小部分人群说法语的国家。上述大部分国家在土木工程领域使用的规范都以法国标准规范为主，世界其他各国的标准规范为辅，上述清单之外的许多国家在很多技术领域也都采用法国规范，例如钢筋混凝土规范。

3.2 国际工程设计管理体系

国际工程设计管理是国际 EPC 总承包项目的重要组成部分，也是投标阶段重要关注问题之一。设计工作滞后或设计质量不高将直接影响到工程建设项目开工建设、采购、交付验收等工作的正常开展。国际工程项目适用的技术标准的选择对工程实施的难度以及工程造价的影响很大，特别是设计施工总承包类型的项目，合同约定的技术标准是主要设计依据之一，而设计工作对工程质量、费用以及进度起着制约性作用。设计管理的工作量相比 EPC 项目全过程的整个管理工作量来说，虽然数量权重占比相对较小，但是对项目工程造价、质量、性能、工期等的影响却是最大的，应该说效率权重占比相对较大。设计阶段是工程造价控制的首要环节、关键环节，设计贯穿项目建设的全过程。有关资料表明，在工程项目投资决策阶段，影响项目投资的可能性是75% ~95%；在规划设计阶段，影响项目投资的可能性是 35% ~75%；在施工阶段，影响项目投资的可能性是 5% ~35%；在项目的竣工结算阶段，影响项目投资的可能性是 0 ~5%。可见，控制项目投资的关键在于施工之前的初步设计和项目实施过程中的设计管理。EPC 总承包是否成功，在一定程度上取决于设计进度及设计质量。因此，加强对设计工作的管理控制力度，提高设计管理水平，将有力地保障 EPC 项目的顺利实施，并通过引入新技术提升项目功能、降低工程成本，从而实现项目各相关方的效益最大化。

我国承包商在国际工程投标中，主要面临的设计管理问题有：国际工程设计深度不够，导致设计理念把握不到位；对国际工程设计标准不适应或不熟悉，导致对设计功能理解不到位。而对熟悉的中国工程标准还不能完全国际化，造成按照中国工程设计标准不能得到广泛认可。随着建设项目日趋复杂，适应业主越来越苛刻的要求，设计问题正成为我国国际工程承包商走出去的“瓶颈”。

3.2.1 设计文本及规范标准

现有国际工程通常惯例为：英联邦国家及英国殖民地，本国设计规范以英国规范为主；法国及非洲的法语国家以法国标准体系为主；欧洲国家采用欧盟标准、德意志标准、ICE 标准等；美国国家一般采用美国 ASTM 设计标准：拉美国家主要采用美标 ASTM 标准并辅助采用本国设计标准，如秘鲁 NTTP 管道设计标准、厄瓜多尔 INNE 检验标准等。国际土建工程项目通常执行国际（欧、美）标准及所在国的标准。一般来说，国际工程的设计管理与国际工程合同管理贯穿于国际工程项目全生命周期过程。

国际工程设计标准体系主要分为国际标准化、欧洲系列、美国系列、拉美系列、非洲系列、亚洲系列、大洋洲系列等体系设计标准。国际工程常用的技术标准见表 3 -2。

表 3－2 国际工程常用的技术标准表

序号	技术标准
一	国际标准化
1	ISO 标准（国际标准化组织）
2	IEC 标准（国际电工委员会）
3	UIC 标准（国际铁路联盟标准）
二	欧洲系列设计标准
1	EN 标准（欧洲标准）
2	FEM 欧洲机械装卸联合会
3	DIN 标准（德国标准）
4	VDI 标准（德国工程师协会标准）
5	VDE 标准（德国电气工程师协会）
6	SIS 标准（瑞典标准）
7	SNV 标准（瑞士标准协会标准）
8	BSI 标准（英国标准）
9	UNI 标准（意大利标准）
10	NF 标准（法国国家标准）
11	CCTG 标准（法国通用技术标准）
12	SETRA 标准（法国公路和高速公路研究所标准）
13	DS 标准（丹麦标准）
14	ELOT 标准（希腊标准）
15	BC 标准（保加利亚标准）
16	UNE 标准（西班牙标准）
17	NP 标准（葡萄牙标准）
18	TS 标准（土耳其标准）
19	STAS 标准（罗马尼亚标准）
20	SNV 标准（挪威标准）
21	NBN 标准（波兰标准）
22	MSZ 标准（匈牙利标准）
23	GOSZ 标准（俄罗斯标准）
三	美国系列标准
1	ANSI 标准（美国国家标准）
2	ASTM 标准（美国材料和试验协会标准）
3	AASHTO 标准（美国国家公路与运输协会标准）
4	AREMA 标准（美国铁路工程和道路维修协会标准）
5	FRA 标准（美国联邦铁路署标准）
6	ACI 标准（美国混凝土协会标准）
7	ASME 标准（美国机械工程师协会标准）
8	AWS 标准（美国焊接协会标准）
9	SAE 标准（美国机动工程师协会标准）
10	API 标准（美国石油标准）
11	MSS 标准（美国阀门标准）
12	AGMA 标准（美国齿轮协会标准）

续表

序号	技术标准
13	ACI 标准（美国认证协会标准）
14	USBR 标准（美国垦务局标准）
15	AISI 标准（美国钢结构协会标准）
16	ASCE 标准（美国土木工程协会标准）
17	NEC 标准（美国国家电气规程标准）
18	NFPA 标准（美国国家消防协会标准）
19	NEMA 标准（美国国家电气制造商协会标准）
20	USSA 标准（美国标准协会标准）
21	AWWA 标准（美国水务协会标准）
22	SSPC 标准（美国钢铁结构油漆协会标准 ）
23	IES 标准（美国照明协会标准）
24	IEEE 标准（美国电气和电子工程师协会标准）
25	ISA 标准（美国仪器学会标准）
26	DEMA 标准（柴油发动机制造商协会标准）
27	CMAA 标准（美国起重机制造商协会有限公司标准）
四	拉美系列标准（主要适用美国标准及 ISO、IEC 标准，以及所在国的国家标准）
1	EUA（汤加标准）
2	INEN（厄瓜多尔标准）
3	ITINTEC（秘鲁标准）
4	DGNT（玻利维亚标准）
5	DGN（墨西哥官方标准）
6	NCh（智利标准）
7	NORVEN（委内瑞拉标准）
8	ICONTEC（哥伦比亚标准）
9	IRAM（阿根廷标准）
10	NB（巴西标准）
11	ICONTEC（哥伦比亚标准）
五	亚洲系列标准
1	JIS 标准（日本工业标准）
2	JWWA 标准（日本给排水协会标准）
3	J. S. S 标准（约旦标准）
4	KS 标准（韩国标准）
5	PS（巴基斯坦标准）
6	MS（马来西亚标准）
7	NI（印度尼西亚标准）
8	IOS（伊拉克标准）
9	PTS（菲律宾标准）
10	INAPI（阿尔及利亚标准）
11	SASO（沙特阿拉伯标准）
12	IS（印度标准）
13	ISIRI（伊朗标准）

续表

序号	技术标准
六	非洲系列标准（英语国家一般采用英国标准及 ISO 标准）
1	CAS、CA（罗得西亚、中非标准）
2	SS（苏丹标准）
3	ESI（埃塞俄比亚标准）
4	NSO（尼日利亚标准）
5	ZS（赞比亚标准）
七	大洋洲系列标准
1	CSA 标准（加拿大标准）
2	AS 标准（澳大利亚标准）
3	NZS 标准（新西兰标准）

3.2.2 设计管理责任

国际工程设计管理责任与项目管理模式有关。在传统的“设计 - 招标 - 施工”（Design-Bid-Build）模式下，项目业主先与设计单位签订设计合同，依据设计进行施工招标，最后在监理工程师的监督下由施工承包商完成项目的建造。设计工作由设计单位完成，施工承包商对设计文件中的偏差和错误不承担责任。在一部分国家的大型工程 EPC 总承包模式下，设计工作实际上由业主与承包商共同完成，主要步骤如下：一是业主完成概念设计（或最终设计），但是设计深度远达不到国内的相应设计深度，并在招标文件或合同文件中向承包商说明工程的目的、功能、要求和技术标准。二是承包商在投标阶段根据招标文件的要求完成初步设计（或扩大初步设计），并将初步设计方案作为投标文件的一部分提交给业主。三是在项目实施过程中，承包商负责完成施工图设计，并将设计文件提交业主审核，业主批准后再由承包商按照设计文件施工。由此可见，在当前的国际大型工程总承包模式下，承包商需要在业主前期设计的基础上进行深化设计，并最终付诸实施。这就产生了业主与承包商如何交接设计文件、如何分担设计责任，即设计接口责任问题。一是若业主提供的资料中存在错误或分歧，承包商是否应当为此承担责任。二是业主按照何种程序对承包商提交的文件进行审批。设计接口责任比较复杂，影响设计接口责任的因素很多，主要包括适用合同文本体系、技术标准体系、业主的要求、工程师的指示、国际设计规范要求、政府对设计的审查、国际惯例等。作为承包商，相对于处于弱势方，在合同实践中应注意设计审批的程序、审核期限、审核次数、设计标准以及审批的争议等细节问题，预防对方尤其是业主的“敲竹杠”行为，通过清晰地界定合同当事方在设计接口责任问题上的权利和义务，可以有效地规避风险、减少争议。

1. FIDIC 设计责任

（1）FIDIC 新黄皮书规范设计责任

FIDIC 新黄皮书规定，如果业主要求中存在错误，且导致承包商的工期和费用受到影响，承包商可以索赔工期、费用以及合理的利润。但需要满足一个前提，即该错误是一个有经验的承包商经过仔细审核不能发现的（第 1.9 款）。承包商应仔细检查业主要求，并将发现的错误在规定的期限内通知工程师。如果该错误是一个有经验的承包商提交投标书前应发现的，则不予工期和费用调整（第 5.1 款）。可见，在新黄皮书中，业主需要对业主要求的全部内容的正确性负责，而承包商也承担着合理审查的义务。

（2）FIDIC 银皮书规范设计责任

FIDIC 银皮书第 5.1 款规定，业主仅对业主要求中特定内容的正确性负责，如工程预期目的的定义、竣工检验标准和性能标准、承包商无法核实的内容等。对于合同中没有特别说明的内容，业主不对任何错误、遗漏以及数据或资料的准确性和完整性负责。承包商应负责工程的设计，并应认为在基准日期之前已仔细检查了业主要求，对业主要求的正确性负责。可见，银皮书在责任划分方面采用了“排除法”，从而将更多的风险转移给承包商。

2. ICE 合同条件设计责任

ICE 合同条件规定，如果业主要求中的分歧导致了承包商延期，或施工方法的混乱，承包商是可以索赔工期、费用和利润的。但也需要满足一个前提，即该错误是一个有经验的承包商在投标时无法合理预见的（第 5.1.c 款）。可见，ICE 与 FIDIC 新黄皮书的规定类似。实际上 FIDIC 合同是由 ICE 合同演变而来，二者在此类问题上的责任分担理念是相同的。

3. JCT 合同条件下设计管理责任

JCT 合同条件规定，承包商对业主要求的内容以及设计的充分性不承担核实责任（第 2.11 款），即承包商不需要扮演 ICE 和 FIDIC 新黄皮书中“有经验的承包商”的角色，不需承担审核责任。如果业主要求中有不完善或冲突之处，应首先检查承包商的建议书中是否对上述问题做出回应。若做出了回应，则应适用承包商的建议书，合同金额不得调整；若未做出回应，则应以变更的形式解决上述问题（第 2.12 款、2.14.2 款）。

4. AIA 合同条件下设计管理责任

AIA 合同条件比较特殊。AIA 合同条件中没有“业主要求”的概念，业主审查设计－施工承包商的标准是“设计－施工文件”。设计－施工文件类似于 FIDIC 合同条件下的“合同”，由协议书、项目标准、设计－施工承包商的建议以及相关补遗文件构成。其中的“项目标准”是指对项目特征、范围等的规定，以及承包商建议并被业主接受的修改。AIA 合同条件规定，设计－施工承包商有权信赖项目标准中资料的准确性和完整性；有权信赖业主提供资料（主要指现场条件）的准确性和完整性，除非业主已书面告知资料的不准确性和不完整性（A.1.2.2、A.2.2.6）。另外，设计－施工承包商应认真研究比较设计－施工文件、材料以及业主根据

A2.2 款提供的其他资料，开展现场测量，并将发现的任何错误、分歧或遗漏立即报告业主（A.3.2.4）。可见，AIA 合同条件虽然没有 FIDIC 新黄皮书和 ICE 合同条件中的措辞，但理念相同。A.1.2.2 和 A.2.2.6 两款赋予业主承担自己所提供资料中的错误的义务，A.3.2.4 款赋予承包商认真审查的义务。

3.2.3 设计阶段

由于国际工程上各个国家的工程建设管理制度的差异性，对工程设计的划分与叫法也有多样性。但根据项目的类型、大小与复杂性，一般分为两阶段设计与三阶段设计。对于普通民用工程项目，一般可分为初步设计、施工图设计；对于工业项目和较复杂基础设施项目，有时增加技术设计或扩大初步设计。石油行业一般分为工艺设计阶段（process design phase）、基础工程设计阶段（basic engineering design phase）、详细工程设计阶段（detailed engineering design phase ）。此外，在水电站、电厂、能源等项目中，在项目正式招标前业主需完成项目的可行性研究或预可行性研究。

表 3－3　国际工程常用设计专有名词中英文一览表

序号	中文	英文	序号	中文	英文
1	项目设计	Project design	12	扩大初步设计	Expended preliminary design
2	总体设计	General design	13	技术设计	technical design
3	项目建议书	Project proposal	14	简明初步设计	Simple technical design
4	设计描述	design brief	15	最终设计	final design
5	概念设计	concept design	16	招标设计	tender design
6	方案设计	scheme design	17	施工图设计	construction drawing design
7	预可行性研究	Preliminary feasibility study	18	深化设计	shop drawing design
8	可行性研究	feasibility study	19	建筑设计	Architectural design
9	基本设计	Basic design	20	土建设计	Civil design
10	详细设计	detailed design	21	工艺设计	Process design
11	初步设计	preliminary design	22	HSE 设计	Health Safety and Environment design

1. 设计阶段分类

英国皇家建筑师协会（RIBA）的划分为设计描述（design brief ）、概念设计（concept design ）、详细设计（detailed design）、技术设计（technical design）。在海外工程中，以英美设计管理体系为主的国家，设计阶段一般分为方案设计（scheme design，类似于 RIBA 中的概念设计）、初步设计（preliminary design，类似于 RIBA 中的详细设计）、施工图设计（construction design，类似于 RIBA 技术设计）、深化设计（shop drawing design）。

在法国设计管理体系为主的国家，设计阶段一般分为项目可行性研究（EF）、项目预先研究（EP）、简明初步设计（APS）、详细初步设计（APD）、施工图设计（EXE）。

根据 2008 年住房和城乡建设部发布的《建筑工程设计文件编制深度规定》的规定，建筑工程设计阶段为方案设计、初步设计、施工图设计。水利工程设计阶段一般可分为项目建议书、可行性研究报告、初步设计、招标设计及施工图设计阶段。为了与国际接轨，适应招投标合同管理体制的需要，并与国家基本建设项目审批程序相协调，增加预可行性研究报告阶段。

2. 设计深度比较

根据业主前期的工作深度，业主通常在采用 EPC 合同的策略中有不同的工作设想。有时业主前期工作极少，这种情况下，承包商承担的设计范围就大，若业主前期的工作比较深入，甚至完成了初步设计，则承包商的设计范围仅仅限于施工图设计。国内外的工程项目，其设计阶段划分及设计深度要求有明显的差别。承包商要理解不同标准下的设计要求及内涵，掌握设计深度，对控制设计进度、设计审批，与现场同步进行以及把握设计报价费用有很大的作用。

表 3－4　国际工程设计阶段与我国国内工程设计阶段比较

<table>
<tr><th>体系</th><th>英美体系</th><th>法国体系</th><th>拉美体系</th><th>中国建筑</th><th>中国水利</th></tr>
<tr><td rowspan="6">设计阶段对应关系</td><td rowspan="2">方案设计
（概念设计）</td><td rowspan="2">简明初步设计
（APS）</td><td>方案设计</td><td>方案设计</td><td>项目建议书</td></tr>
<tr><td>预可行研究
可行性研究</td><td>预可行性研究
可行性研究</td><td>预可行性研究
可行性研究</td></tr>
<tr><td rowspan="2">扩初设计
（详细设计）</td><td rowspan="2">详细初步设计
（APD）</td><td>最终设计或
详细设计</td><td rowspan="2">初步设计</td><td rowspan="2">初步设计
（扩大初步设计）</td></tr>
<tr><td>招标设计</td></tr>
<tr><td>施工图设计
（技术设计）</td><td>施工图设计
（EXE）</td><td>由承包商完成</td><td>招标设计</td><td>招标设计</td></tr>
<tr><td>深化设计</td><td></td><td>由承包商完成</td><td>施工图设计</td><td>施工图设计</td></tr>
</table>

从表 3－4 分析，国际施工图设计达不到国内施工图设计深度，一般介于国内招标设计和初步设计之间；拉美国家最终设计或详细设计介于国内可行性研究设计和初步设计之间，招标设计的设计深度介于国内的初步设计和招标设计之间。国际工程中，有的国家认为施工图设计是承包商的责任，在施工期间，业主仅仅在招标设计（最终设计）的基础上提供一些平面或布置、工艺流程性图纸。因此在投标报价阶段，特别是一些大型水电 EPC 项目在投标时，需要设计部门介入项目投标工作，参与项目设计及施工可行性复核、地质风险研究，必要时进行补勘及设计工程量复核，以便能准确报价。特别是近年来，EPC 固定总价合同或交钥匙固定总价合同越来越成为业主规避风险所喜好的发包模式，大大增加了投标人报标阶段进行报标报价的风险。

3．深化设计

根据FIDIC合同，业主应为承包商提供满足施工深化设计要求的施工图是国际工程管理中的惯例，在我国建设管理体制中更有明确的规定，但是一些国际工程受资源、时间、资金、项目复杂性、业主投产需要等各种条件的限制，有的工程招标图纸设计深度仅相当于国内初步设计阶段，有的甚至相当于可行性研究阶段。甚至业主直接规定，在施工阶段，仅仅简单补充提供招标设计基础上的总体布置及概念性的流程图，其余设计工作均应该由承包商完成。要求总承包商结合招标图弥补原招标中设计深度不够的工作内容属于合同约定的范围。

成熟且有经验的承包商需要对施工图深化设计的工作内容有充分而具体的估计，并不断推进深化设计。在施工图深化设计上我国的设计管理体制和国际设计惯例出现了碰撞。大型、复杂的项目，需要完成外国设计咨询单位完成的招标设计，国内设计单位完成的初步设计、施工图设计，以及总承包商完成的施工图深化设计，不同文化和不同的工作惯例，使得设计和施工之间的衔接更加不协调。国外设计事务所设计的施工图必须由国内设计院进行深化设计后方能施工，这是对国内现行的建设体制与国际上通常的建设体制还不能接轨所采取的政策规定。因此，随着建筑市场国际化，国际工程承包商要主动通过工程实践的不断探索、学习和借鉴总结，主动适应，逐渐缩短相互之间的差距。

3.2.4 设计报批

1．设计报批惯例

根据国际工程惯例，对文件的审批是业主及工程师对总承包商设计工作质量的主要控制方式之一。承包商与业主签订的EPC合同中一般约定对设计要求，主要包括设计进度、设计图纸清单、制图标准、提供份数、批准期限、批准次数、审批的合同效力、违反等内容。业主或工程师应在规定的时间内完成对承包商提交图纸的审批，明确提出图纸问题供承包商修改完善。未经审批的图纸，不得将该图纸和文件用于施工。若承包商根据要求对已经批准的文件进行修改，仍需业主或工程师批准后使用。如果业主或工程师不批准设计文件，而承包商认为设计方案符合项目合同的技术要求，业主或工程师需要书面澄清不批准的原因，并提出相关依据。如果业主或工程师强行要求承包商采用某种方案，承包商可视为指令性变更，从而导致向业主索赔事件的发生。业主的批准并不意味着免除了承包商的责任与义务，承包商承担设计责任。国际工程惯例中，一般将业主或工程师批复一次作为一个版次，版次不断升级，并进行有序编码。批复的时间期限一般为14个或21个日历日。如果超过审批期限，业主或工程师必须书面说明原因，否则视为默示认可，承包商可以依据图纸施工。

国际工程的设计报批是项目设计的难点问题之一，不仅存在语言习惯、设计理念、制图标准等问题，同时设计报批流程、惯例也在不同的国家有所不同。如在一些英联邦国家，外国承包商必须先在当地的建筑师协会或工程师协会等机构注册一定数量的建筑师、结构工程师等，满足一定的注册资格要求，才能获得当地工程设计资格。对于某些国家，必须有当地的有执业资格的建筑师和工程师的签字盖章后，才能提交当地建设主管部门。有些国家要求制图方法、排版等包括制图的规定必须符合当地的要求，完成设计后，需要聘请当地有实力的咨询公司重新修订，以满足当地的报批要求。在项目层面，深化设计的图纸（或施工图纸设计，比如在南美）须经过项目的咨询批准，才能进行现场施工。

2. 典型合同条件下的设计报批程序

（1）FIDIC 合同条件下的设计报批程序

① FIDIC 新黄皮书设计报批程序

承包商应按照业主的规定提交承包商文件供业主审核或批准；若无特殊规定，审核时间不得超过 21 天；工程师可在审核期内向承包商发出通知，指出承包商文件不符合合同规定的地方，承包商应自费修改，并重新提交业主审核或批准；在工程师未批准或同意承包商文件之前，与承包商文件相关的工作不得开展，若工程师未能在审核期内发出通知，则认为承包商文件已获得批准；如果承包商希望对已送审的文件进行修改，应立即通知工程师，并按程序提交修改后的文件；任何批准或同意均不免除承包商的任何责任（第 5.2 款）。

② FIDIC 银皮书设计报批程序

FIDIC 银皮书中承包商承担了大部分的设计责任，因此在设计文件的准备过程中有较大的自主权，主要有两点变化：在 FIDIC 新黄皮书中，业主人员有权检查承包商文件的准备情况，而在 FIDIC 银皮书中则无此权利；在 FIDIC 新黄皮书中，承包商需要将承包商文件提交审核或审批，而在 FIDIC 银皮书中，承包商只需将承包商文件提交审核，无需审批。FIDIC 银皮书中，承包商文件审核的程序性规定与 FIDIC 新黄皮书相同。

（2）ICE 合同条件下的设计报批程序

① 承包商应向业主代表提交必要的设计和图纸资料，说明工程的总体布置以及工程与业主要求相符；② 业主代表未同意之前，上述设计和图纸不得实施；③ 如果业主代表认为设计或图纸不符合业主要求或合同规定，应书面通知承包商其理由，在承包商合理修改并重新提交之前不予批准；④ 若承包商希望对已批准的设计或图纸进行修改，承包商应通知业主代表并重新提交；⑤ 若业主代表未在合理期限内决定是否批准，承包商可以索赔工期及由此产生的费用（第 6.2 款）。

（3）JCT 合同条件下的设计报批程序

JCT 合同条件在资料表 1（承包商设计文件的提交程序）中做出了专门规定：① 承包商应按业主要求或承包商建议书提交两份承包商的设计文件；② 业主在收

到之日起 14 天内，或者在提交期限届满之日起 14 天内，给予或 A 或 B 或 C 的评分（A 评分代表承包商可按照设计文件开展工作；B 评分代表承包商在按照业主的意见修改后可以开展工作，修改后的文件应重新提交业主；获得 C 评分后承包商不得开展工作，应认真考虑业主的意见，或者重新提交修改后的文件，或者发出书面通知）；③ 若业主未能在规定时间内予以答复，应视为给予 A 评分；④ 若承包商不同意业主的意见，则应在 7 日内向业主发出书面通知，认为业主的意见构成变更，业主应在收到通知后的 7 日内决定坚持或撤回意见，若业主坚持原有意见，承包商应修改设计文件并重新提交；⑤ 承包商遵守提交设计文件的程序，或者获得业主的评分，都不减少承包商保证设计文件与合同一致的义务。

（4）AIA 合同条件下设计报批程序

① 设计 – 施工承包商向业主提交审批的文件是指设计 – 施工文件中规定的文件。② 业主的审核应合理、及时，不得延误承包商的工作（A. 2. 3. 1）。③ 审核结果有五种，业主应决定文件或提交的资料与设计 – 施工文件：相符，予以批准；相符，但需要对提交文件进行修改；不符，不予批准；不符，但在对工程变更后可以接受；不符，但在提交文件修改后可以接受（A. 2. 3. 2）。④ 业主审查和批准不免除承包商的责任（A. 2. 3. 4）。

3.3 国际工程设计管理的本土化

无论是中国技术标准的输出，还是中国技术标准带动中国装备“走出去”，中国技术标准都应本土化以适应国际工程建设的需要，这也是设计国际化发展的趋势。

其一，采取联合或委托当地设计公司或咨询公司的方式提供设计产品。

其二，采取中国设计标准进行设计，然后按当地设计标准进行转化，这种情况有一定的难度。

其三，通过收购国外的知名设计公司或咨询公司，然后提供本土化的设计。

无论哪种形式，最终都是为了提供业主可接受的设计产品。

第 4 章　国际工程投标的组织

4.1　国际工程投标报价准备

国际工程投标报价作为国际工程投标过程中的关键环节，其工作内容繁多，时间紧、工作量大，同时由于文件语言及国内时差的原因，必须周密考虑，统筹安排，遵照一定的工作程序，使投标报价工作有条不紊、紧张而有序地进行。

国际工程投标报价工作在通过资格预审并获得招标文件后开始。投标报价主要分为投标立项、编标、审标、投标及标后总结等五个阶段。本节重点对编标阶段的组织投标报价班子、制订编标计划、研究招标文件、调查研究分析、标前会议和现场勘察、工程量复核、施工规划、询价、合作伙伴及代理选择等环节进行阐述。

4.1.1　投标报价工作流程

国际工程编投标的工作程序主要包括：标前决策、立项、编标、审标、投标、资料整理等阶段。

承包商在获得招标文件，并通过资格预审合格后，开展组建投标报价班子，研究招标文件，进行各项调查研究（如项目总体情况，业主、监理情况，资金来源及支付情况，项目风险情况，技术分析，人工、材料、机械设备的供应情况，交通情况、HSE 管理、法律法规等经济、技术、商务等情况），根据工程招标文件要求及当地工程量计算规则计算复核工程量，同时还要做必要的技术（如技术设计理念及思想设计方案、地质条件等）等分析，参加标前会议和进行现场考察，生产要素调查分析，合格供方选择（设计、工程分包、机电供方等），制定合理的施工方案和施工进度计划，进行投标报价的计算分析，根据公司战略及投标竞争等情况进行风险决策，形成有竞争力的报价。投标报价流程如图 4－1 所示。

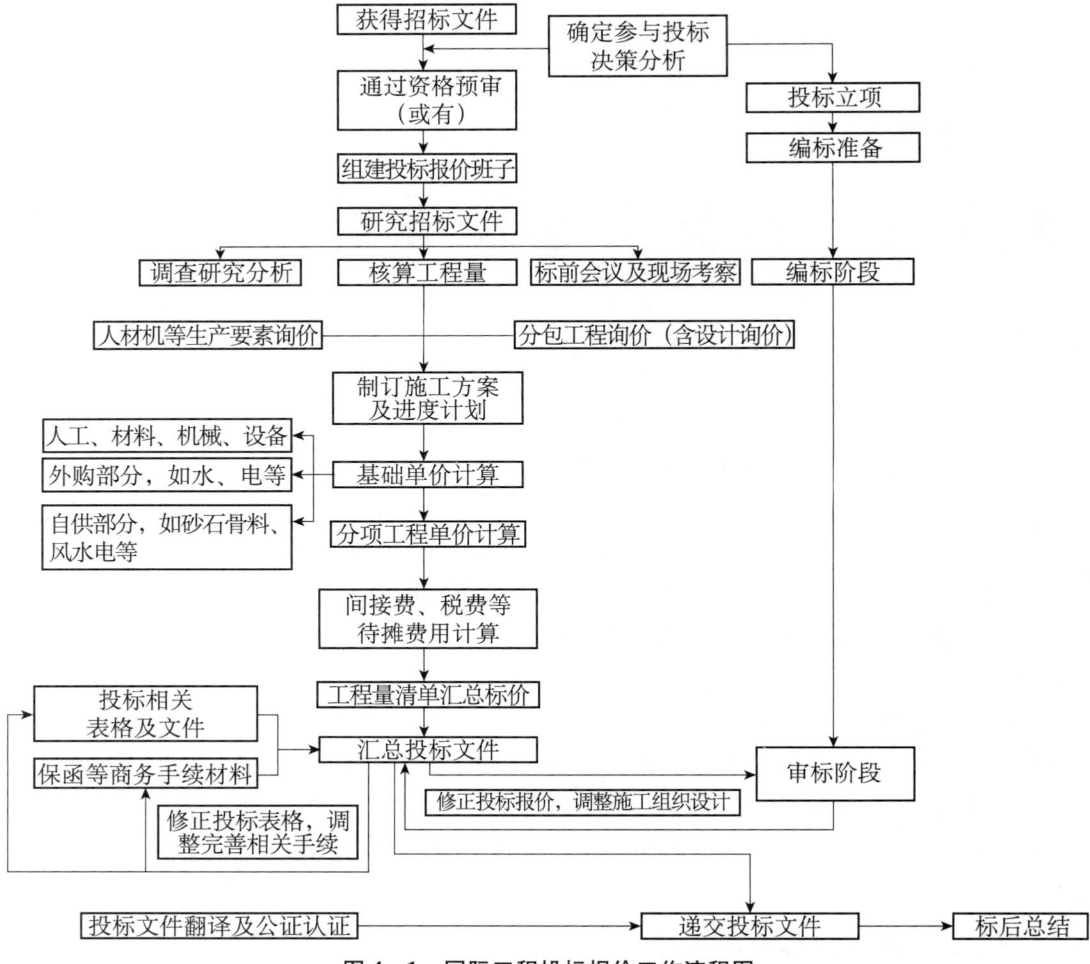

图 4－1　国际工程投标报价工作流程图

4.1.2　投标前期决策分析

1. 选择合适的项目投标

广泛收集信息，认真筛选，选择合适的项目投标。利用各种信息来源，进行资料的整理，积极开展建立良好的社会公共关系，获得详细的信息和大力支持。选择进入市场和初步确定投标项目的过程也是企业重要的经营决策过程。标前评审主要包括两方面：

（1）市场竞争情况及市场策略分析

承包商应针对工程所在国的政治、经济、自然条件、社会环境，面临的复杂投资及承包税收环境和法律体系，以及市场竞争环境、建筑市场环境、项目复杂程度、竞争对手等外部环境，同时结合企业对市场战略定位，有选择性地进行投标。

（2）评审拟投标项目的招标文件和设计文件

承包商在获取招标文件后，首先需要全面理解掌握招标文件中的设计内容、适用的合同条件、技术标准、工期等方面内容，如果对招标文件理解不透彻或者有疑义之处，应当以书面形式请招标单位或项目业主答疑并安排专业人员组织现场初步考察，然后决定是否投标。其次要对招标文件的内容是否符合企业自身的战略定位等进行研究选择。

2. 项目风险评估

国际工程项目风险有政治风险、法律风险、经济风险、安全风险、技术风险、自然条件等风险，通过风险评估，公司决策层才能根据本公司的管理能力、区域发展战略和风险管理能力等方面进行迅速决策，慎重做出投标决定。

承包商投标的有利因素和积极程度，取决于承包商的经营目标和经营状况。按承包商的经营目标和经营状况，承包商参加投标应遵守如下主要原则：

① 公司经营目标及定位。

② 公司自身条件和实力。

③ 选择合适的工程管理模式。

④ 企业占领市场策略。

⑤ 竞争对手的数量及水平。

⑥ 其他。

4.1.3　投标立项

对于筛选后的拟投标项目，经初步评审认为具备投/议标条件的项目，履行立项审批手续。投标立项手续可分为内部立项、外部立项。内部立项是指承包商公司内部办理的相关手续。外部立项是指相关外部机构办理的手续。对于在业主发标前已有一定了解的项目，也可在业主发标前做立项工作，以便为国家行政主管部门办理相关审批、备案手续以及获取银行保函等相关支持文件留出充足时间。投标立项审批内容及原则如下：

投标立项审批内容：是否参加投/议标；编投标过程中应特别注意的事项。被批准的投/议标立项报告，是办理投标保函、资信证明、信贷证明或其他相关手续的依据。批准投/议标立项的原则：投/议标的项目应达到符合承包商发展战略，技术上可行、管理上可能、风险上可控，对承包商发展有利的要求；承包商在拟投标项目上应具有一定的竞争优势，不投毫无中标希望的标，除非有特殊情况，如扩大市场影响等需要。

4.1.4 编标

编标工作的程序一般为：投标报价班子组建、招标文件研究、现场考察、编标计划制订、工程量复核、生产要素调查、合作伙伴选择、标价计算和报价文件编制、标书编辑成型及装订。对于EPC项目，编标阶段工作程序除上述一般程序外，还需对业主方所提供招标文件的技术资料进行复核，提出设计方案，编制设计报告。

1. 组织投标报价班子

国际工程投标报价涉及当地政治经济文化、法律法规、金融、税务、保险等市场环境，生产要素市场行情，适用合同条件及工程技术规范和标准体系，施工组织和技术及物资设备供应、工料消耗标准或定额、承包市场竞争态势、合作伙伴选择等方面的问题。因此，需要有专门的机构和专业人员对投标的全部活动进行组织和管理，组织一个业务水平高、经验丰富、精力充沛的投标报价班子，投标报价的人员不仅应具有广博的知识和丰富的经验，还必须熟悉国际工程施工技术和投标报价的规范和操作程序，相关的法律法规、税收等商务条件，形成一个高效率的工作集体，从而提高投标报价的竞争力。

2. 制定编标计划

投标工作开始时，承包商应该研究招标文件，组织标前会议，制定投标总体工作计划，编制编标大纲，列出任务清单、计划开始时间及完成时间、责任部门及责任人、配合部门及配合人、相关工作要求等内容。

3. 研究招标文件

招标文件规定了承包商的权利和义务。承包商在标前会议、现场勘察之前和投标报标期间，均应组织投标报价人员认真细致地阅读招标文件。研究招标文件贯穿投标全过程。

（1）合同条件方面

① 核准准确日期：投标截止日期和时间、投标有效期及保函有效期、开标时间及签订合同时间、合同签订到开工的时间、总工期和分阶段验收的工期及缺陷通知期等各种投标前关键节点的时间。

② 银行财务类规定：保函或担保的格式、种类、保函额或担保额的要求、保函或担保的有效期等；财务报表的种类及语言、银行资信证明、存款证明及银行兴趣函（融资意向函）、银行转开行等要求。

③ 保险要求：要求投保保险银行或保险公司要求，投保种类如工程一切险、第三方责任险、现场人员的人身事故和医疗保险以及社会险等，以及险种的最低保险金额、保期和免赔额、索赔次数要求等，同时要理清承包商与业主的投保的范围

及责任界定。

④ 奖励及罚款：关于误期赔偿费的金额和最高限额的规定，提前竣工奖励的有关规定，HSE 管理罚款的相关规定，价值工程的使用奖励等。

⑤ 付款条件：预付款及其金额、扣还时间与方法情况；运抵施工现场的永久设备和成品及施工材料（如钢材、水泥、木材、沥青等）等材料设备预付款情况；永久设备和材料是否按订货、到港和到工地等按阶段付款情况；工程进度款的付款方法和付款比例；签发支付证书到付款的时间；拖期付款是否支付利息；扣留保留金的比例、最高限额和退还条件等。

⑥ 物价调整条款：是否对材料、设备价格和工资等有调整的规定，调价公式中调价因子的选择及计算，调价基准时间、选取物价指数标准及要求、调价的支付时间及方式等，同时还应明确价格指数参考的来源，相关的发布机构或其刊物等。

⑦ 货币及支付：报价货币种类、比例及汇率换算；银行关于货币支付的、汇总的限制及相关费率；支付货币种类、比例及汇率确定汇率的变动趋势及引起的汇率押金等规定。

⑧ 税收：是否免税或部分免税、进出口退税等，合理合规避税、抵扣税等，以及税率调整引起的合同条件变化等。

⑨ 不可抗力：不可抗力的定义及范围，造成损害的补偿办法和规定，中途停工的处理办法和补救措施，不可抗力影响引起的索赔等。

⑩ 争端解决的有关规定：争端解决的原则、方式、方法及途径，适用的法律体系等。

⑪ 可能获得补偿的权利方面：招标文件中关于补偿的规定，在编制报价的过程中合理地预测风险程度并做正确的估价，如索赔条件、时限及程序等。

（2）报价要求方面

① 合同属于单价合同、总价合同还是成本加酬金合同等合同类型，针对不同的合同类型，考虑承包商的责任和风险，根据具体情况分别核算报价及决定投标报价策略。

② 报价的范围清楚明确。例如，报价是否包含勘察工作（是否需要补充勘探），是否包含施工详图设计，是否包括进场道路和临时水电设施以及永久设备的供货及其范围等。总之，应将工程量清单与投标人须知、合同条件、技术规范、工程量清单、设计图纸等认真核对，以保证在投标报价中不错报、不漏报。

（3）技术规范和图纸方面

注意研究工程技术规范是参照或采用英国规范、美国规范或其他国际技术规范或本国技术规范，同时也要注意规范本身隐含的特殊要求。对技术规范的熟悉程度，有无特殊施工技术要求和有无特殊材料设备技术要求，有关选择代用材料、设备的规定，计算有特殊要求的材料或设备的价格等。招标图纸平、立、剖面图之间尺寸、位置的一致性，结构图与设备安装图之间的一致性等。明确提供设计图纸的责任归属、设计报批程序及相关要求等。

4. 调查研究分析

主要内容包括以下方面：

（1）市场、政治、经济环境等外部条件调查

① 工程所在国的政治形势：政局的稳定性（政党情况、恐怖袭击、政局稳定程度、是否属于争议地区等情况）、该国与周边国家的关系、该国与我国的关系、政策的开放性与连续性等情况。

② 工程所在国的经济状况：该国经济发展情况、金融环境（包括外汇储备、外汇管理、汇率变化、银行服务等情况）、对外贸易情况、保险公司等情况。

③ 当地的法律法规：与招标、投标、工程实施有关的法律法规、政策及适用解决途径等情况。

④ 项目所在国工程市场的情况：工程市场容量与发展趋势、市场竞争情况、生产要素（材料、设备、劳务等）的市场供应情况、当地市场的潜在的合作伙伴及国家对市场的相关政策等情况。

（2）施工现场自然条件调查

主要包括施工现场的气象资料、水文资料、地质情况、地震等自然条件情况。

（3）现场施工条件调查

主要包括现场的公共基础设施、现场用地范围、地形、地貌、交通、通信、附近各种服务设施、当地政府对施工现场管理、社区等情况，与工程生产直接相关的各种原料、水等资源类的供应与许可等情况。

（4）劳务规定、税费标准和进出口限额调查

工程所在国的劳务规定、税费标准和进出口限额等情况在很大程度上会影响工程的估价，甚至会制约工程的顺利实施。如有些国家禁止劳务输入，劳工比例、社保产品进出口特殊限制等情况。

（5）工程项目业主的调查

主要包括本工程的资金来源情况、征地移民许可等手续是否齐全、业主的工程管理经验、业主的信用水平及工程师的情况等。

（6）竞争对手的调查

了解参加潜在投标竞争对手的有关情况，包括规模和实力、技术特长、管理水平、经营状况、工程业绩、投标报价偏好及策略、与业主的关系及合作伙伴等情况。

（7）其他情况

5. 标前会议与现场考察

（1）标前会议

标前会议之前应深入研究招标文件，并将研究过程中碰到的问题有选择性地整理为书面文件，通过招标要求的方式送到项目业主，并要求给予答复，或在标前会议上提出并要求予以解释和澄清。

（2）现场考察

招标人一般会组织所有潜在的投标人进行现场考察。投标人应准备好现场考察提纲，事先应认真地研究招标文件中的图纸和技术文件，同时应派有丰富工程施工经验的经济、技术及商务人员参加。现场考察中，除一般性调查外，必要时还应该在得到业主许可的情况下，结合工程专业特点有重点地进行考察。对大型项目现场考察，要进行现场录像和拍照，以便回国后给参与投标的全体人员和专家研究。必要时，可由承包商的驻外机构再次进行考察了解，以期获得更加充分、详实、准确的第一手资料。现场考察完成后，根据编标工作计划，及时完成现场考察报告。

6. 工程量复核

进行现场考察和参加业主组织的标前会议后，就进入了标价计算的环节。首先要核算工程量，招标工程量复核不仅是为了便于准确计算投标价格，也是安排施工进度计划、选定施工方案的重要依据。关于工程量表中分项工程的划分方法和工程量的计算方法，世界各国目前还没有设置统一的规定。比较常用的是参照英国制定的《建筑工程量计算原则（国际通用）》《建筑工程量标准计算方法》等。在时间比较紧的情况下，承包商也可根据国内的工程量计算规则，同时结合自身施工水平消耗情况，计算实际完成的工程量，以便真实计算施工成本费用。在核算完主要工程量表中的细目后，投标人可按大项分类（如土石方开挖、土石方填筑、大坝混凝土浇筑、钢筋加工、隧洞石方开挖、隧洞衬砌、钢拱架制作安装等）汇总工程总量，使对这个工程项目的施工规模有一个全面和清楚的概念，并用以研究选择合适的施工方法和经济适用的施工机械设备，制定最优的施工方案，安排合理的施工进度和施工强度。

对于总价合同，由于工程量错误而产生的风险需要由承包商来承担，因此要认真核算工程量，减少报价误差，从而降低投标风险。如对于土石方项目，统筹计算土石方挖填，做好标段内的土石方平衡，减少后期的挖填调运，既可以节省大量的成本，也可以优化投标报价。又如在编制施工组织设计中，明确土石方调运平衡方案，对于后期项目执行过程中，因为土料调运施工条件变化，导致土石方方案调配发生变化，为进行变更索赔埋下伏笔。对于隧洞开挖计算，详细计算隧洞开挖的工程量，考虑合理的超挖超填，能准确核算开挖综合单价。而且对于开挖弃料合理堆存，也影响砂石骨料加工系统的布置和砂石骨料生产综合价格。

案例4－1　土石方工程量计算与回填混凝土量计算

以某水电工程项目为例，隧洞为马蹄形，断面面积 $S=7.8m^2$，招标文件中规定对于超挖10%范围以内，超挖回填为相同标号的隧洞衬砌混凝土。对于超挖大于10%以外，应该回填浆砌石或同标号的混凝土。计算石方开挖单价。

提示：本题对于开挖料的复核计算中，投标报价时，除了按正常的工程量计算规则计算外，还应该考虑实际的施工超挖工程量、施工损耗系数等综合因素，最后将有关费用摊销到石方开挖单价之中。

（1）开挖量计算：设计工程量每延米开挖量为 $=S\times L=7.8\times1\times(1+15\%)=8.97m^3$（根据本企业的平均施工技术水平，超挖量按照15%计算）。故要按 $8.97m^3/m$ 实际开挖的成本摊销计算到工程量清单的综合报价中。

（2）回填混凝土量计算：设计工程量每延米回填量 $=(8.97-7.8)\times1.08=1.26m^3$（混凝土综合施工损耗为8%～10%之间）；因此，要增加回填 $1.26m^3/m$ 混凝土量计算摊销到工程量清单综合报价中。同时，在施工方案的施工设备配置、施工直接费中也要有所体现。

（3）开挖可利用的破碎料计算：$8.97\times75\%=6.73m^3$（开挖料综合考虑可利用率在70%～80%之间，其余20%～30%要作为弃料弃置弃渣场）。在计算弃渣时，采取估算的方式计算可利用破碎料及弃料的加权运距，以便真实反映开挖料的弃运施工成本费用。

从案例4－1可以看出，工程量复核是一项比较复杂的过程，作为实物量法投标报价方法，并不是简单地将工程量进行计算叠加。

案例4－2　某水电站机电工程项目同步发电机综合单价计算

某国水电站机电工程项目招标中，工程量清单中“3. 同步发电机”单位为“glb. 项”，计算该项单价。

提示：需要根据设计图纸和对应技术规范要求，进一步细化隐含的具体工程量，然后根据安装工程量分别计算费用。

由于招标设计比较浅，经过与国内设计院研究，进一步进行深化设计，分解细化项目为3.1、3.2、3.3、3.4等四项，由以上四项构成完整的“3. 同步发电机”报价费用组成，见表4－1所示。

在复核机电工程项目的工程量时，还要特别注意产品本身是否包含规定的备品备件、设备维修的有关要求。有的招标文件中已分别列出规定的备品备件、规定的设备维修、推荐的备品备件、推荐的设备维修等价项；有的招标文件则没有列出详细清单，在计算备品备件、设备维修数量时，可以根据厂家经验推荐在工程质保期范围的数量，然后综合确定工程量，并分别计算考虑相关费用，见表4－2所示（该水轮机产品报价需要增加细化4项备品备件等有关价项）。

表 4－1　某国际工程机电工程复核工程量细化示例

序号	设备描述	参考技术规范条款	数量	单位	备注
3	同步发电机	3.1	2	套	细化分解四项
3.1	竖轴同步发电机：$P = 40$，6MVA，$PF = 0.85$，50Hz，11kV，星形接线与中性点接地	3.1.1	2	套	
3.2	静态励磁系统和发电机的自动调压器	3.1.2	2	套	
3.3	发电机中性点接地设备	3.1.3	2	套	
3.4	气隙、局部放电和振动监测设备	3.1.6	2	套	

表 4－2　某国际工程机电工程量复核工程量细化示例

项目	名称	单位	数量	单价	合价	备注
1	水轮机	套	4			厂家推荐或根据招标要求
1.1	规定的备品备件	项				
1.2	规定的维修设备	项				
1.3	推荐的备品备件	项				
1.4	推荐的维修设备	项				
总计						

案例 4－3　某水电站 EPC 项目主要工程量复核统计示例

见表 4－3 所示。

从表 4－3 中对比发现，设计院复核的工程量与业主最终招标设计的工程量还有较大的区别。对于这种情况，可以采取澄清的方式，也可以采取不平衡报价的方式进行报价。

7. 施工规划

（1）施工方案规划

施工方案应包括下列基本内容：

- 施工的总体部署和场地总平面布置；
- 施工总进度和单项（单位）工程进度；
- 主要施工方法；
- 主要施工机械设备数量及其配置；
- 劳动力数量、来源及其配置；
- 主要材料需用量、来源及分批进场的时间安排；
- 砂石和自制构配件的生产工艺及机械设备；

表 4－3 某水电站 EPC 项目主要工程量复核统计比较示例

项目	单位	设计院复核工程量					项目名称	单位	业主最终设计招标工程量清单量					差值
		主体工程	支洞	交通	导流工程	合计			主体工程	支洞	交通	导流工程	合计	
土方开挖	m^3	30 950	53 205	240 900		325 055	土方开挖	m^3	20 030	16 893	1 259 178	37 149	1 333 250	－1 008 195
石方开挖(明挖)	m^3	251 255	146 194	562 100	25 200	959 549	石方明挖	m^3	144 995	169 925	983 295	148 596	1 446 811	－487 262
石方洞挖（钻爆法）	m^3	525 474	229 173	36 039	26 610	790 686	石方洞挖（钻爆法）	m^3	472 146	114 829	15 390	18 742.71	621 108	169 578
其中反井钻开挖	m^3	23 661												
喷混凝土	m^3	26 708	17 748	13 936	1 270	58 392	喷混凝土	m^3					25 738	32 654
混凝土	m^3	400 532	44 734	8 464	10 320	453 729	混凝土（不含 TBM 段）	m^3					220 953	33 093
其中：管片砼	m^3	144 712				144 712	C28 混凝土	m^3					57 436	
其中：细石混凝土	m^3	54 971				54 971	C25 混凝土	m^3					67 729	
不含 TBM 段混凝土	m^3					254 046	C60 混凝土	m^3					8 992	
							C35 混凝土	m^3					47 146	
							C30 混凝土	m^3					39 650	
钢筋	t	31 022	3 074	677	470	34 773	钢筋制安	t					8 251	26 522
挂钢筋网	t	278	241			519	钢筋网	t					447	71
刚桁架	t	1 010	3 701			4 711	金属拱架	t					2 359	2 353
钢纤维	t	637	592	124		1 353	金属纤维	t					620	733
锚杆 $L=6m$、12m	m					455 186	锚杆 $L=6m$、12m	m					308 091	147 095
锚桩 25m	根	128				128	锚桩 25m	根						128
锚索 150t 和 200t	根	60				60	锚索 150t、200t	根						60
排水孔	m	81 398	47 440		1 660	128 838	排水孔	m					17 628	111 210
帷幕灌浆	m	5 083				5 083	帷幕灌浆	m						5 083
固结灌浆	m	33 968			990	33 968	固结灌浆	m					23 005	10 963
接缝灌浆	m^2	4 703				4 703	水泥灌浆	t					10 256	

说明："—"表示设计院复核工程量比业主招标设计工程量要小；反之，表示要大。

- 大宗材料和大型机械设备的运输方式；
- 现场水、电需用量和来源及供水、供电设施；
- 临时设施数量和标准；
- 其他。

施工总体布置是投标阶段施工组织设计的主要内容。根据国际工程项目的特点、规模和施工条件，妥善解决主体工程施工期所需的临时交通道路、临时房屋、仓库、辅助企业、施工动力、给排水管线和通信设施等其他生活生产设施的平面和高程布置，保证施工的便利与有序。

（2）施工进度规划

施工进度计划是承包商投标时必须提交的施工组织设计的重要组成部分，也是承包商中标后编制详细施工实施进度计划的依据。

对于水利水电工程，由于受水文、地质、征地移民等条件的制约，在制定施工进度计划时，必须明确里程碑事件完成工作时限，由于EPC合同一般采取里程碑事件结算，因此要注意合理设定里程碑事件的数量，在编制施工进度网络计划时，要根据选定的施工方案和施工程序明确各施工工序之间的逻辑关系，适当调整非关键性的工作，尽量保持施工的连续性和均衡性。里程碑事件并不是越多越好，要综合考虑设置支付的里程碑事件或节点。同时合理设置里程碑事件，也能为今后的索赔打下良好的铺垫。

（3）施工合作模式规划

在国际工程管理中，除了业主与总承包商之间的承包模式外，还有总承包商内部的合作模式。从本质上讲，总承包商内部的合作模式也是一种合同关系，表现为总承包商与参与各方之间不同的权利、义务分配的机制。内部的合作关系一般在投标阶段根据承包商自身的项目总体管控能力及工程管理经验、自身管理情况、资金实力、项目规模、项目复杂程度、专业技术情况、盈利能力需求等综合初步选定，甚至在投标阶段基本选定，这直接影响投标报价的准确性。

8. 询价

国际工程询价主要包括生产要素询价、分包工程询价、间接费询价等，询价也是国际工程投标报价中很重要的环节之一。

（1）生产要素询价

国际工程项目生产要素询价主要包括物资、设备、劳动力、价格指数等询价。

① 永久建筑材料和施工物资的采购渠道、质量、价格、供应方式，临时及临时进口的手续及关税、运费、综合税费等情况。

② 施工机械设备及永久设备的采购与租赁渠道、型号、性能、价格以及零配件的供应、临时及永久进口的相关手续及关税、运费、综合税费等情况。

③ 当地劳务的劳动力市场情况、技术水平与工作效率、雇用价格、保险及福

利、节假日加班等相关规定，聘用及辞退的相关手续等情况。

④ 当地的生活费用指数、物资造价指数、食品及生活用品的价格、供应需求等综合情况。

⑤永久进口及临时进口有关情况。

（2）分包工程询价

由于国际工程比较复杂，分包商询价对于投标有很重要的参考。总承包商在投标报价前应进行分包询价，特别是如有当地合作分包商，能掌握第一手询价准确资料。总承包商要对报价进行甄别判断分析。当收到分包商的报价后，承包商应从施工技术方案、分包报价、施工质量保证措施及标准、施工能力、信誉，各种手续等方面进行全面分析。总承包商在具体审查分包商分包报价时，将各拟分包对象的报价进行汇总分析，与对外报价进行对比，应核查是否有单价过高或过低，尤其重点研究工程量大的单价，因为分包商通常可以在保持总价不变的情况下，通过不平衡报价等方法，从而可以最终达到增加工程款的目的，同时，还应对照施工方案的内容重点审查含有措施费用的项目单价。总之，要对工程总价拆分计算各项目单价组成的要素的合理性进行分析测算，有不合理的地方要求分包商做出解释并更改。投标阶段，可初选拟潜在的分包对象进行合作。中标后，经过筛选，最终选择综合最优作为工程分包单位。

（3）间接费询价

间接费询价主要包括保函保险费率、银行相关手续费、企业相关各种税费、签证等手续费、咨询服务费、材料价格上涨费、汇率变动等询价。

9. 合作伙伴选择

合作伙伴选择主要包括：（1）选择信誉良好、关系广泛、熟悉业务、地位合法的代理人；（2）选择合作伙伴的主要合作形式有：劳务分包、专业分包、组建合资公司、联营体、Partnership 伙伴关系等形式。

4.1.5 审标

投标前，承包商要专门组织对项目的施工组织设计、标价的计算等内容进行审核。

以某国际工程承包商为例，说明审标相关程序要求：

1. 投标立项阶段，需要填写投标立项报告（见附件 1），附表为工程项目简介。
2. 投标立项报告的编号规则（见附件 2）。
3. 编标阶段需要编制编标工作计划（格式可调整，见附件 3）。
4. 现场考察阶段需要编制现场考察大纲及现场考察报告（见附件 4）。
5. 审标由专门归口管理部门组织，审标小组（或审标委员会）由相关专业人员、技术专家、技术顾问、主管部门及相关部门负责人、总工程师、分管领导和总经理组成。

审标时，需要提供报价裁决书（见附件 5）、标价费用组成及相关表格（见附件 6、7）、主要费率取值说明（见附件 8）、风险分析报告（附件 9）。

应在审标会前 7 个工作日向归口管理部门提出审标申请，并在规定时间按召开审标会书面通知（见附件 10）中规定份数将以下上会文件提交给审标小组成员。

审标会前 5 个工作日应提交的上会书面资料：

- 详细的施工组织设计，包括施工方法、内部管理机构图、施工总体进度计划、详细的中方和当地人员用工计划、详细的设备清单和使用计划、材料用量计划等；
- 现场考察报告、工程量对照表、材料和施工规范分析；
- 商务条款研究报告；
- 外报的施工组织设计，包括施工总体进度计划初步方案。

审标会前 2 个工作日应提交的上会书面资料：

- 报价裁决书（附件 5）；
- 总标价费用组成表（附件 7），主要价项的详细单价分析；
- 标价中主要费率取值说明（附件 8）；
- 项目资金平衡表及流动资金投入需求量表；
- 风险、机会分析报告（附件 9）。

编标负责人负责或指定专人完整记录审标会审标意见，填写审标报告（见附件 11）并据此对投/议标文件进行修编和完善。审标报告将作为主审人签署报价裁决书的主要依据之一。

4.1.6　投标

国际工程投标文件一般由承包商驻外机构负责递交投标文件。在投标阶段，若发现或发生对标书文件、标价产生重大影响的情况时应及时向标书主审人报告，以便及时做应变决策。投标代理人根据授权范围内的权限临时修改经审标决定的最终标价和关键报价文件。出席开标会的人员应准确了解全部开标结果，严防误听、误记情况的发生，同时应能圆满答复业主或咨询在开标会上的提问。开标后，应及时报送开标结果。

4.1.7　投标总结

投标工作结束后，应填写《项目投/议标工作总结书》（见附件 6）。

投标总结一般包括以下主要内容：

（1）对投标全过程的全景描述和再现。包括开标时间、地点、开标过程及方式、评标过程及方式、重要数据、投标竞争对手及报价等全过程重要数据及事件的记录，使整个投标过程具有可追溯性。

（2）从投标报价工作组织、投标项目管理模式、报价模式及决策、投标竞争对手分析、业主的评标方法及偏好等角度总结投标的经验和不足，同时可以针对投标的过程，提出有针对性工作建议，这些对于经验积累共享，经济技术指数收集、市场的竞争策略调整、投标报价人员的培养等具有非常重要的作用。投（议）标报价总结作为投标数据库的重要组成部分，可以为承包商形成区域的典型项目的投标报价案例库，为今后投标决策分析提供依据。

4.2 国际工程投标报价的组织管理

国际工程投标报价通常要求在一个比较短的时间内完成，涉及各个部门不同专业部门之间的分工协作，投标报价本身是一个项目管理活动，需要各个部门的协同配合，做好投标报价的组织管理。

4.2.1 投标分工组织

以一个管理型总承包商公司参加国际 EPC 工程项目投标为例，介绍承包商内部投标报价专业分工组织如下：

1. 内部组织分工

（1）市场开发部

① 负责海外投标报价的组织和策划，是海外经营具体日常管理部门；

② 负责完成内部投标立项；

③ 制定投标工作计划、组织标前会议；

④ 负责或组织现场考察，汇总整理形成书面的考察报告；

⑤ 负责商务资格审核文件，负责办理文件国内的公证认证手续；

⑥ 完成合格供方的评审及签订标前协议相关准备手续；

⑦ 负责国内分包商询价；

⑧ 负责与国内设计单位沟通协调；

⑨ 负责商务报价；

⑩ 负责完成投标决策风险评估、研究投标报价竞争对手；

⑪ 向公司归口管理部门提交投标报价汇报及审标文件；

⑫ 完成投标报价文件整理、翻译及编制；

⑬ 负责完成标后总结。

（2）经营管理部

① 公司经营管理的归口管理部门；

② 负责组织投标报价裁决评审工作；

③ 负责办理投标项目外部立项相关手续；

④ 负责完成合格供方的评审及签订标前协议相关准备手续；

⑤ 负责完成代理及咨询协议的评审；
⑥ 其他相关工作。
(3) 项目（技术）管理部
① 负责投标项目的施工策划并编制施工方案、总平面布置、进度计划安排；
② 负责提交人员计划、材料、设备使用计划；
③ 负责工程量计算复核、施工材料表、临设要求及数量；
④ 负责与设计院对接，完成永久机电设备等设备选型；
⑤ 提交设备、物资调遣方案；
⑥ 负责提交 HSE 实施方案；
⑦ 其他相关工作。
(4) 物资采购管理中心
① 负责国内物资设备询价，了解设备物资清关、海运等手续及相关费用；
② 负责提供物资设备的相关技术资料；
③ 负责组织召开设备询价的相关组织会议；
④ 配合设计院完成永久机电设备的选型；
⑤ 其他相关工作。
(5) 资产财务部
① 负责办理银行保函、融资条件等银行手续；
② 负责提供财务报表、资金信用证明；
③ 负责与国内银行沟通联系；
④ 其他相关工作。
(5) 法律与合同管理部
① 负责招标文件法律合规性审核；
② 负责投标文件合规性、合格供方标前协议等审核；
③ 负责项目合同合规性审核；
④ 负责当地市场法律法规分析研究；
⑤ 其他相关工作。
(6) 驻外分公司
① 负责组织项目合同谈判、签订等商务工作；
② 负责国外分包商、设备物资的询价工作；
③ 负责国外咨询/代理协议谈判；
④ 负责现场考察国外组织、联系沟通及澄清答疑；
⑤ 负责国外银行保函办理等相关询价及手续；
⑥ 负责现场提交报价文件；
⑦ 负责跟踪项目投标的进展及与相关方协调沟通；
⑧ 负责完成开标报告，协助完成投标总结；

⑨ 其他配合相关工作。

2. 外部协助单位

(1) 设计单位

① 负责设计工程量复核及细化（特别对照清单研究工程清单漏项）；

② 负责技术方案复核；

③ 负责研究技术设计标准与中国技术标准对接，完成机电设备技术参数选型；

④ 负责研究项目技术风险分析；

⑤ 配合完成投标决策风险分析；

⑥ 配合完成投标现场考察等。

(2) 永久机电供货商

① 负责提供永久机电设备报价，提供相关技术资料和参数；

② 配合完成投标报价；

③ 机电工程量复核计算；

④ 配合完成投标现场考察等（必要时）。

(3) 分包单位

① 负责提供可行的技术方案及有竞争力的报价；

② 负责提供有关人员等资格审核资料；

③ 配合参加现场考察，协助完成现场考察报告；

④ 参与对物资设备询价等。

其他单位如咨询公司、清关代理公司、劳务公司等根据分工参与投标工作。

3. 投标内外部分工协助

以某国际 EPC 工程编投标为例，说明投标内外部分工，如表 4－4 所示。

表 4－4　某国际工程投标内外部分工表

部门	总承包商内部工作部门							外协相关单位			
分工	市场部	经营部	技术部	法律部	物资部	财务部	驻外机构	分包商	设计院	机电供货商	代理
组织标前会议，确定编标工作计划	√		○					○	○		
投标立项手续	○	√					○				
代理/咨询协议	○	√		○			√				
资质文件及授权	√	○		○							
银行商务文件	○					√	○				
文件公证认证	√		○	○		○	○	○	○	○	
现场考察及澄清	√		○				√	○	○	○	○
文件翻译整理	√		○				○	○	○	○	

续表

部门	总承包商内部工作部门							外协相关单位			
分工	市场部	经营部	技术部	法律部	物资部	财务部	驻外机构	分包商	设计院	机电供货商	代理
设计方案	○		√					○	√		
分包供货评审	○	√	○	○	○			○	○	○	
分包策划、询价	√				○		○	○	○	○	
设计报价	○		○						√		
项目技术方案			√					○	○		
工程量复核			√					○	√	○	
材料设备询价	○				√		√	○	○		
永久机电设备询价	○				√		√	√	○	○	
直接工程费计算	√		○		○			√	○	○	
间接费计算	√		○		○	○	○	√	○	○	
组织项目裁决评审会	○	√	○	○			○	○	○	○	
项目裁决汇报	√	○	○	○			○	○	○	○	
投标文件汇总整理及投标	√		○				√	○	○	○	○
项目投标外部公共关系协调	○			○			√				√

说明：“√”表示主办部门，“○”表示协助部门。

4.2.2　投标工作计划

投标工作开始时，承包商应该研究招标文件，组织标前会议，制定投标总体工作计划，列出任务清单、计划开始时间、完成时间、责任部门及责任人、配合部门及配合人、相关工作要求等。以某国际工程水电站 EPC 工程投标项目为例，投标编标计划如表 4－5 所示。

表 4－5　某国际工程项目编投标工作计划示例表

序号	任务内容	开始	完成	责任单位		配合单位		备注
				责任部门	责任人	配合单位	配合人	
一	熟悉标书	6/23		×××市场部/技术部/经营部/合同部/分包商/××设计院	××	×××驻外机构	××	
1	研究梳理招标文件要求，研究合同条件	6/23	6/30		××			
2	研究项目情况、确定分工合作	6/23	6/30		××			

续表

序号	任务内容	开始	完成	责任单位		配合单位		备注
				责任部门	责任人	配合单位	配合人	
3	组织召开第一次标前会议	6/23	6/30		××			
4	确定编标工作计划	6/23	7/1		××			
二、	商务部分							
1	投标立项手续		7/4		××			
1.1	获取经济参处支持函及流域无水权争议等相关文件	6/23	6/28	驻外机构	××	市场部	××	
1.2	投标项目立项报告	6/23	6/30	市场部	××	驻外机构、经营部	××	
1.3	获取对外承包商会协调函	6/28	7/2	经营部	××	市场部	××	
1.4	银行承贷意向函（融资项目有）	/	/	资产财务部	××	市场部	××	
1.5	中信保承保意向函（融资项目有）	/	/	资产财务部	××	市场部	××	
1.6	获取商务部投标许可文件	7/2	7/5	经营部	××	市场部、驻外机构	××	
2	投标授权书及分公司注册文件	6/23	7/10					
2.1	投标授权书	6/23	7/10	市场部	××	驻外机构	××	
2.2	分公司注册及相关文件				××			
2.2.1	分公司注册文件		7/10	驻外机构	××			
2.2.2	RUPE 证书		7/10	驻外机构	××			
2.2.3	在全国注册的纳税人（NIT）注册证书		7/10	驻外机构	××			
2.2.4	企业利润税支付的宣誓书，带有银行盖章		7/10	驻外机构	××	市场部/资产财务部	××	
2.2.5	由国家财政部（CGE）发出的完税证明		7/10	驻外机构	××			
2.2.6	无负债证明书		7/10	资产财务部	××	驻外机构	××	
3	公司资质类文件	6/23	7/2					
3.1	对外承包工程资格证书	6/23	7/2	市场部/经营部	××			
3.2	对外资质证书		7/2	市场部/经营部	××			
3.3	质量体系文件		7/2	市场部/经营部	××			

续表

序号	任务内容	开始	完成	责任单位		配合单位		备注
				责任部门	责任人	配合单位	配合人	
3.4	安全体系文件		7/2	市场部/经营部	××			
3.5	环境及职业健康体系类文件		7/2	市场部/经营部		××		
4	外部相关协议							
4.1	合格供方评审及标前协议		7/20	市场部/经营部/法律部	××	质量安全部	××	
4.2	咨询/代理协议及评审		7/20	驻外机构/经营部/法律部	××	市场部	××	
4.3	设备购买意向函或租赁证明		7/20	市场部/驻外机构	××	技术部	××	
5	银行商务类文件	6/28	7/10					
5.1	资信证明		7/10	资产财务部	××	驻外机构	××	
5.2	投标保函（转开）		7/15	资产财务部	××	驻外机构	××	
5.3	资信证明		7/10	资产财务部	××	驻外机构	××	
5.4	银行兴趣函		/	/		驻外机构	××	
5.5	银行完税证明		7/10	资产财务部	××			
5.6	银行财务报表（西文、英文、中英文）		7/10	资产财务部	××	市场部	××	
6	各类文件公证认证	6/28	7/20					
6.1	公司资质文件		7/20	市场部	××			
6.2	授权文件		7/20	市场部	××			
6.3	银行财务报表		7/20	市场部	××			
6.4	公司业绩文件		7/20	市场部	××			
6.5	人员业绩文件		7/20	市场部	××			
7	现场考察及考察报告	6/23	7/10	项目管理部	××	驻外机构/设计院/分包商	××	
7.1	邀请函、护照及手续办理	6/23	7/3					
7.2	技术组报告	7/5	7/8					
7.3	商务组报告	7/5	7/8					
7.4	考察报告汇总		7/10					
8	澄清答疑	6/23	7/13					
8.1	提出澄清问题		7/12	市场部/设计院/分包商	××	驻外机构	××	
8.2	澄清文件汇总整理、翻译及提交		7/13	驻外机构	××	市场部/设计院	××	

续表

序号	任务内容	开始	完成	责任单位		配合单位		备注
				责任部门	责任人	配合单位	配合人	
9	招标文件翻译计划	6/23	7/20					
9.1	分批提出翻译清单并安排翻译	6/23	6/30	设计院、分包商	××			
9.2	翻译文件分批统一分发及共享	6/23	7/10	市场部	××	分包商	××	
10	基础单价询价	6/28	7/20					
10.1	询价清单提交	6/28	7/10	项目管理部	××	分包商、设计院	××	
10.2	国内询价	6/28	7/10	物资设备部	××	市场部	××	
10.3	机电设备询价清单提交	6/28	7/10	分包单位/设计院	××	市场开发部、工程技术部	××	
10.4	主机设备（水轮机、发电机、压力管道、闸门、调速器、减压阀、桥机、变压器、电气设备等）国内对比询价	6/28	7/20	工程技术中心 物资设备部	××	分包单位/设计院	××	
10.5	机电部分的消防、电气一次、二次、排水等价格询价	6/28	7/20	设计院 物资设备部	××	物资设备部/分包单位	××	
10.6	国外机电设备、人工、设备、材料询价	6/28	7/20	驻外机构	××	市场部	××	
10.7	询价对比汇总整理分析	6/28	7/20	市场部	××	驻外机构		
11	工程量校核及风险分析		7/15					
11.1	土建工程量对比复核		7/15	市场部/分包商	××	设计院	××	
11.2	机电工程量复核及清单细化		7/15	设计院/分包商	××	分包商	××	
12	项目技术风险分析		7/15	工程技术部/设计院	××	分包商	××	
三	投标文件组成部分							
1	法律及行政文件	7/10	7/30					
1.1	FORMULARIO APRESENTACIÓN DE PROPUESTA 报价信（表格 A-1）		7/30	驻外机构	××	市场开发部	××	

续表

序号	任务内容	开始	完成	责任单位		配合单位		备注
				责任部门	责任人	配合单位	配合人	
1. 2	FORMULARIO A – 2a IDENTIFICACIÓN DEL PROPONENTEpara Empresas 投标人信息		7/20	市场部	××			
1. 3	Formulario A – 2b Identificación del Proponentepara Asociaciones Accidentales 合作伙伴信息		7/20	驻外机构	××			
1. 4	FORMULARIO A – 2c IDENTIFICACIÓN DEL PROPONENTE PARA INTEGRANTES DE LA ASOCIACIÓN ACCIDENTAL 单个合作伙伴信息		7/20	驻外机构	××			
2	经济部分		7/30					
2. 1	DOCUMENTOS DE LA PROPUESTA ECONÓMICA 经济预算汇总表文件	7/20	7/30	市场部	××	分包单位	××	
2. 2	Formulario B – 1 Presupuesto General del Proyecto 工程预算		7/30	市场部	××	分包单位	××	
3	Obras Civiles 土建工程预算		7/30	市场部	××	分包单位	××	
3. 1	Formulario B – 2 Presupuesto para las Obras Civiles del Proyecto 土建工程预算		7/30	市场部	××	分包单位	××	
3. 1	单价分析表	7/20	7/30					
4	quipos Hidromecánicos 水力机械		7/30	市场部	××	设计院/分包单位	××	
4. 1	FORMULARIO B – 3a 项目水力机械设备预算 从业主所在国之外进口的物资		7/30	市场部	××	设计院/分包单位	××	

续表

序号	任务内容	开始	完成	责任单位		配合单位		备注
				责任部门	责任人	配合单位	配合人	
4.2	FORMULARIO B－3b 项目水力机械设备预算 原产国在业主所在国的物资		7/30	市场部	××	设计院/分包单位	××	
4.3	FORMULARI B－4a 项目强制性零部件价格 从业主所在国之外进口的物资		7/30	市场部	××	设计院/分包单位	××	
4.4	FORMULARIO B－4b 项目强制性零部件价格 原产国在业主所在国的物资		7/30	市场部	××	设计院/分包单位	××	
4.5	FORMULARIO B－5a 项目推荐零部件价格从业主所在国之外进口的物资		7/30	市场部	××	设计院/分包单位	××	
4.6	FORMULARIO B－5b 项目推荐零部件价格原产国在业主所在地的物品		7/30	市场部	××	设计院/分包单位	××	
4.7	FORMULARIO B－6a 安装、调试及试运行相关服务的价格和时间表 项目水力－机电设备		7/30	市场部	××	设计院/分包单位	××	
4.8	FORMULARIO B－7 项目物资价格概要		7/30	市场部	××	设计院/分包单位	××	
4.9	FORMULARIO B－8 机械及设备每小时工作价格表		7/30	市场部	××	设计院/分包单位	××	
4.10	FULARIO B－9 项目资金支付计划表		7/30	市场部	××	设计院/分包单位	××	
5	DOCUMENTO DE LA PROPUESTA TÉCNICA 技术部分表格		7/20	市场部	××		××	
5.1	Formulario de Experiencia General（Formulario C－1）公司一般经验		7/20	市场部	××	经营部	××	

续表

序号	任务内容	开始	完成	责任单位		配合单位		备注
				责任部门	责任人	配合单位	配合人	
5.2	Formulario de Experiencia Específica (Formulario C－2) 土建工程的专业经验		7/20	市场部	××	经营部	××	
5.3	Formulario C－3 项目经理简历及其一般和特殊经验		7/20	市场部	××	分包单位/驻外分公司	××	
5.4	Formulario C－4 所指派的专家和关键人员的简历		7/20	市场部	××	分包单位	××	
5.5	Formulario C－4 职业健康安全环境协调员、社会管理协调员		7/20	驻外机构	××	市场部	××	
5.6	Formulario C－5 所承诺工程的最少设备		7/20	项目管理部	××	分包单位	××	
5.7	Formulario C－6 工程进度计划		7/20	项目管理部	××	分包单位	××	
5.8	Formulario C－7 施工动员计划（表格 A－9）		7/20	项目管理部	××	分包单位	××	
5.9	Formulario C－8 表格财务报表		7/20	资产财务部 市场部	××	驻外机构	××	
5.10	Situación Financiera (Formulario C－8) 2011－2012 年财务报表		7/20	资产财务部	××	市场部	××	
5.11	Formulario de Autorización del Fabricante (Formulario C－9) 诉讼及违反合同		7/20	市场部	××	驻外机构	××	
5.12	Formulario de Autorización del Subcontratista (Formulario C－10) 分包商授权		7/20	市场部	××	分包商	××	
5.13	FORMULARIO C－11 AUTORIZACIÓN DEL FABRICANTE 生产商的授权		7/20	项目管理部	××	分包单位	××	

续表

序号	任务内容	开始	完成	责任单位		配合单位		备注
				责任部门	责任人	配合单位	配合人	
6	项目设计方案（设计建议书）		7/25	工程技术部/设计院	××	项目管理部/分包单位	××	
7	施工组织设计		7/25	项目管理部	××	设计院/分包单位	××	
四	汇标及投标部分							
1	标前第二次会议（技术部分）		7/25	市场部/项目管理部	××	设计院/分包单位	××	
1.1	技术标汇标分析		7/25	项目管理部/市场部	××	设计院/分包单位	××	
1.2	技术标完善整理汇总		7/25	项目管理部/市场部	××	设计院/分包单位	××	
1.3	投标文件技术部分翻译		7/30	市场部	××	设计院/分包单位	××	
2	第二次汇标（技术及经济部分）		7/30	市场部	××	设计院/分包单位	××	地点：北京
2.1	按照实物量法计算直接费的表格（人工费、材料费、机械设备费）、带标价的中文 BOQ 清单、单价分析表		8/3	市场部	××	设计院/分包单位	××	
2.2	投标价格组价及汇总		8/3	市场部	××	设计院/分包单位	××	
2.3	经济部分表格与文件翻译		8/5	市场部	××	驻外机构	××	
3	投标文件评审组织		8/5	经营部 市场部	××	相关部门/设计院/分包单位	××	
3.1	投标报价裁决文件及 PPT 汇报准备		8/5	市场部	××	设计院/分包单位/驻外机构	××	
3.2	审标后修改方案和报价定稿		8/6	市场部	××	驻外机构	××	
3.3	审标后翻译定稿		8/8	市场部	××	驻外机构	××	
4	标书装订及投标		8/10	驻外分公司	××	市场部	××	

一般来说，在投标总体的工作计划下，根据工程的规模、复杂程度等情况，对于工程量复核、市场调研、设计方案、分包策划、询价、组价等也需要再分成不同的工作组，细化制定子工作计划，形成不同的分项工作进度计划、工作表格及记录等投标日常文件资料。

4.2.3　投标文件记录

1. 文档管理

承包商应该建立项目投标文件管理的制度。结合投标报送的需要，建立相应的投标表格信息管理模块，既便于资料的信息汇总报送，又便于今后总结传承。编投标文件的归档工作，应实行归口管理，定期将文件整理、装订成册，并归档相关电子版本文件。

2. 管理规定

文件整理编辑要求符合档案管理的相关规定：做好项目编投标资料的整理、立卷和移交工作。

3. 保密要求

国际工程的投标是一种典型的商业竞争活动。应牢固树立严守商业机密的观念，认真履行投标期间的保密责任。所有参与编标的人员严守主要施工方法、标价费率取值、标书单价、总价、投标保函值等编标的核心商业秘密；所有与编标有关的资料在开标前是公司内控资料，专人保管，严防泄密。

4. 投标记录文件

投标文件一般包括以下内容：

- 投标工作计划；
- 立项报告；
- 投标管理相关台账；
- 现场考察大纲和考察报告；
- 编标大纲、编标工作计划；
- 施工组织设计及其他技术文件；
- 报价裁决书、审标报告以及总标价费用组成表（包括人员、材料、施工机械、永久设备及其他费用计算表）、费率取值说明和资金平衡表；
- 材料/设备/施工规范分析、商务条款研究及其他说明文件；
- 风险、机会分析报告；
- 开标记录/项目投/议标工作总结书；

- 全套的投/议标文件（纸质及电子版）；
- 其他相关文件（如意向性合作协议、投议标协议、澄清答疑文件等）；
- 投标相关台账、数据库等。

某国际工程承包商投标报价过程的自行开发的 EXCEL 数据库系统、管理台账等示例如表 4－6、4－7、4－8、4－9、4－10 所示。

表 4－6　国际工程投标数据库系统 V2.0 版示例表

序号	名称	使用状态	备注
1	资质文件、三标体系、章程等公证认证文件子系统	有效	
2	财务报表公认证子系统	有效	
3	在建项目信息子系统	有效	
4	竣工项目信息子系统	有效	
5	本部人员、合作单位人员业绩、证书公证认证资料子系统	有效	
6	合作单位业绩、资质等子系统	有效	
7	投标机械设备凭证资料子系统	有效	
8	投标人工、材料等基础单价库子系统	有效	
9	投标各市场格式化投标表格子系统	有效	
10	投标文件系统	有效	
11	其他系统	有效	

表 4－7　投标数据库财务报表子系统示例

一、西文财务报表

编号	年份	西文美元版		西文人民币版电子版		西文公证件原件			西文认证件扫描件			西文原件（美元版）		西文原件（人民币版）	
		原件	份数	扫描件	份数	原件	份数	时间	原件	份数	时间	原件	份数	原件扫	份数
1	2008	√	1	√	1							√	1		
2	2009	√	1	√	1										
3	2010	√	1	√	1										
4	2011	√	1	√	1										
5	2012	√	1	√	1	√最新公司注册资金版	1 份	2014.1							
6	2013	√	1	√	1	√	1 份		√	1 份	2014.6	√	1	√	1
7	2014							2014.5	√	1 份	2014.6	√	1	√	1

二、英文财务报表

编号	年份	英文电子版文件		英文原件扫描件		英文公证件扫描件			英译西文的公证件扫描件			英文原件		英文认证件	
		电子文件	份数	扫描件	份数	扫描件	份数	时间	扫描件	份数	时间	原件	份数	原件	份数
1	2008			√	1	√	1	2013. 5	√	1	2013. 5	√	1	√	1
2	2009	√	1	√	1	√	1	2013. 5	√	1	2013. 5	√	1	√	1
3	2010	√	1	√	1	√	1	2013. 5	√	1	2013. 5	√	1	√	1
4	2011	√	1	√	1	√	1	2013. 5	√	1	2013. 5	√	1	√	1
5	2012	√	1	√	1	√	1	2013. 5	√	1	2013. 5	√	1	√	1
6	2013	√	1	√	1	√	1	2014. 4	√	1	2014. 4	√	1	√	1

三、中文财务报表

编号	年份	中文美元版电子版		中文人民币版电子版		中文公证件扫描件			中文对英文的公证件扫描件			中文原件（人民币版）		中文原件认证件	
		电子文件	份数	扫描件	份数	扫描件	份数	时间	扫描件	份数	时间	原件	份数	原件	份数
1	2008	√	1						√	1				√	1
2	2009	√	1						√	1				√	1
3	2010	√	1						√	1				√	1
4	2011	√	1						√	1				√	1
5	2012	√	1	√	1				√	1				√	1
6	2013	√	1	√	1				√	1				√	1

四、与财务报表相关的其他文件

编号	文件名称	公证件		认证文件		英文原件扫描件		西文电子版文件		西文原件扫描件		中文电子版文件		中文原件扫描件	
		电子文件	份数			扫描件	份数	电子文件	份数	扫描件	份数	电子文件	份数	扫描件	份数
1	2014 年现金流量表					√	1	√	1						
2	会计师事务所资质							√	1					√	1
3	2013 年度中央企业财务决算管理及报表编制	√	1					√	1					√	1
4	国资委 2013 决算通知													√	1
5	财务报表 2008 – 2013 补充中文人民币元为单位											√	1		
6	历年完税证明	√	1	√	1									√	

表 4－8　××公司国际工程投标立项许可手续项目管理台账示例

业务部门名称：业务××部			编投标情况						银行手续办理情况					投标许可期限	投标许可更新1	投标许可更新2	投标许可更新3
			编标情况			标前协议	最终报价	开标报告	投标保函	资信证明	立项	兴趣函					
编号	国家	项目名称	投标	原投标时间	延期投标							承贷	承保				
2	××	××公路项目	√	2014/3/18		√	××	√	√	√	√						
3		××水电站EPC项目	√	2014/1/24		√	××	√	√		√						
4		××水电站（第二次招标）	√	2014/4/14	2014/6/3	√	××	√	√		√	√	√	√	√		
6		××水电站	√			√		√			√						
7	××	××水利枢纽工程	√			×		√			√	√	√	2014/4/3	2014/6/21	2014/9/30	2015/1/13
8		××输变电	×			×					√	√	√		2014/6/21	2014/9/26	2015/1/13

表 4－9　2014 年××市场部（财务部）投标保函管理跟踪处理台账示例

序号	项目名称	保函号	保函格式	保函类型	保函金额	开具时间	有效期至	开具银行	转开行	受益人	投标状态	跟踪处理	备注
1	××公路项目	GC0223813003595	业主提供	见索即付	××	××	2013/11/23	××银行	××	××	中标	撤销	
2	××水电站土建工程	GC0223813004539	业主提供	见索即付	××	××	2014/5/24	××银行	××	××	中标	撤销	
3	××												

表 4－10　××公司国际工程投标策略管理台账示例

序号	(1)	(2)	(4)	(5)	(6)	(7)	(8)	(9)	(10)	(11)	(12)	(13)	(14)	(15)
	项目名称（中英文）	国家/省	业主	咨询	资金来源	承包类型	投标价格	支付币种	工期（月）	项目实施方式	资格预（后）审	潜在竞争对手	投标策略	备注
1	××拦河闸修复工程	××	政府		世行	施工总承包	××	××	28	分包	资格后审	××	××	
2	××水电站工程	××	政府		世行	EPC	××	××	66	自营＋分包	资格后审	××	××	

第 5 章　国际工程不完全实物量法投标报价体系

5.1　国际招标文件组成示例

5.1.1　FIDIC 条款标准招标文件示例

（1）投标邀请 Invitation for Bids

（2）投标人须知 Instructions to Bidders

① 概述

② 招标文件构成

③ 投标书的填写与递交

④ 必需的补充资料

⑤ 招标文件的修正

⑥ 货币要求与汇率

⑦ 现场考察

⑧ 投标保函

⑨ 奖励

⑩ 当地法规

⑪ 投标书的审查

⑫ 授标

（3）合同一般条件 General Conditions of Contract Part I (Conditions of Contract for Works of Civil Engineering Construction, Part I General Conditions)

（4）合同专用条件 Special Conditions of Contract (Conditions of Contract for Works of Civil Engineering Construction, Part II Conditions of Particular Application with Guidelines for Preparation of Part II Clauses)

（5）技术规范 Technical Specifications

（6）投标表格及附件 Forms of Tender，Appendix to Tender and Tender Security
（7）工程量报价单 Bills of Quantities
（8）协议书 Form of Agreement
（9）保函格式 Forms of Securities，Performance Bank Guarantee
（10）图纸 Drawings

5.1.2　国际工程水电站 EPC 项目招标文件示例

1. 巴基斯坦某水电站 EPC 项目招标文件示例

第 1 卷　投标须知

第 1 章　项目概况
1　项目简介
2　项目
3　联系方式
第 2 章　投标邀请
第 3 章　投标人须知
第 3.1 节　概述
第 3.2 节　招标文件
第 3.3 节　标书的编制
第 3.4 节　标书的递交
第 3.5 节　开标和评标
第 3.6 节　授予合同
第 4 章　投标格式
第 4.1 节　投标函格式
第 4.2 节　投标保函格式
第 4.3 节　未用
第 4.4 节　资格声明
第 4.5 节　拟分包的项目
第 4.6 节　实施计划
第 4.7 节　支付计划
第 4.8 节　性能保证
第 4.9 节　工程总体规划
第 4.10 节　设备图纸及文件
第 4.11 节　偏差
第 4.12 节　未用
第 4.13 节　诚信合约

第 4.14 节　附件
第 5 章　合同格式
第 5.1 节　合同协议格式
第 5.2 节　预付款保函格式
第 6 章　附录
第 2 卷　专用条款
第 3 卷　工程要求
第 1 部分
第 1 章　工作范围
第 2 章　土建工程设计标准
第 3 章　电气 - 机械工程设计标准
第 4 章　详细设计提交
第 5 章　一般要求
第 6 章　土建工程施工技术条款
第 2 部分
电气 - 机械工程技术要求
第 4 卷　参考资料
第 1 部分
《×××水电站可行性研究报告》，SMEC，2009
第 2 部分
附件 1　前言
附件 2　工程规模
附件 3　施工计划
附件 4　水文和泥沙
附件 5　地形测量报告
附件 6　地质与岩石研究报告

2. 南美某水电站 EPC 项目招标文件示例

总目录
第一卷　EPC 交钥匙总工程
第一部分　投标人须知一般信息
第一节　概述
第二节　投标准备
第三节　投标文件提交和开标
第四节　评标和定标
第五节　合同签订和修订

第六节　工程交付和合同终止
第七节　终止条件
第八节　术语表
第二部分　招标技术信息
第三部分　合同范本
第四部分　投标表单
投标文件提交法律声明表
投标文件验证、评估和评定表
附录
附录 A　相似经验
附录 B　土建工程参考量
附录 C　货物清单和参考相关服务，用于机电设备报价
附件　图纸，特殊规范，项目描述，投标人信息
附件 01　图纸
附件 02　特殊规范
附件 03　项目描述
附件 04　投标人信息
第二卷　EPC LOTES
2.1　特殊要求 LOTES I
第一部分　LOTES I 投标文件资格要求和准备
第二部分　招标技术信息
第三部分　表格
投标文件提交法律声明表
投标文件验证、评估和评定表
2.2　特殊要求 LOTES II
第一部分　LOTES II 投标文件资格要求和准备
第二部分　招标技术信息
第三部分　表格
投标文件提交法律声明表
投标文件验证、评估和评定表
2.3　特殊要求 LOTES III
第一部分　LOTES III 投标文件资格要求和准备
第二部分　招标技术信息
第三部分　表格
投标文件提交法律声明表
投标文件验证、评估和评定表

2.4　LOTES E 承包商 交接范围

第一部分　投标人须知一般信息

第一节　概述

1. 招标过程中适用法律
2. 合格投标人和邀请
3. 根据所有项目和/或 LOTES 的 EPS 交钥匙投标文件
4. 招标程序的资料概述

4.1　招标目的
4.2　参考价格
4.3　合同类型
4.4　项目位置
4.5　职权范围
4.6　招标人的名称和地址
4.7　招标流程招标进度计划时间表
4.8　评审和选择方法
4.9　保函

5. 投标文件提交管理活动

5.1　预审
5.2　招标文件澄清
5.3　澄清会
5.4　引用条款的修订
5.5　投标文件提交延期

6. 担保

6.1　所需保函
6.2　投标保函
6.3　投标保函归还
6.4　其他保函

7. 投标拒绝及取消资格

7.1　拒绝
7.2　取消资格

8. 可纠正与不可纠正错误
9. 流标
10. 取消招标

第二节　投标准备

11. 投标准备
12. 招标流程使用货币

13. 招标流程参与成本

14. 语言

15. 投标文件有效期

16. 投标文件

所有在本 TRD 文件中要求的投标文件的表格，都将纳入法律声明中。

16.1　所有投标人应提交的投标文件，根据宪法和其参与形式为：

a）投标信

b）投标提交表单（表 A－1）

c）投标人身份证明（表 A－2a）

d）投标保函

e）法定代表人授权书，此授权指明广泛和足够的权利，并且有权提交投标文件和签订合同

f）项目整体预算表（B－1）

g）项目土建预算表（B－2）

h）项目水力设备预算－原产国非业主所在国进口（表 B－3a），如适应

i）项目水力设备预算－原产国为业主所在国（表 B－3b），如适应

j）项目压力管道预算－原产国非业主所在国进口（B－4a），如适用

k）项目压力管道预算－原产国为业主所在国（B－4b），如适用

l）项目机电设备预算－原产国非业主所在国进口（B－5a），如适用

m）项目机电设备预算－原产国为业主所在国（B－5b），如适用

n）项目所需要零件价格－原产国非业主所在国进口（B－6a），如适用

o）项目所需要零件价格－原产国为业主所在国（B－6b），如适用

p）项目推荐配件价格－原产国非业主所在国进口（B－7a），如适用

q）项目推荐配件价格－原产地为业主所在国（B－7b），如适用

r）水力－机电设备安装、测试和试运行相关服务的时间和价格表（表 B－8）

s）项目利润价格汇总表（B－9）

t）机械、设备按小时计价价格（B－10）

u）项目付款时间总计划表（B－11）

v）保证效率表（B－12）

w）投标人一般业绩表（公司或联营体）（表 C－1）

x）投标人特殊业绩表（公司或联营体）（表 C－2）

y）项目最高领导人的一般业绩和特殊经验表（表 C－3）

z）拟任专家和/或关键性人员履历表格（表 C－4）

aa）项目预定最低配置机械设备表（表 C－5）

bb）项目实施进度计划表（表 C－6）

cc）项目机械设备计划进场时间表（表 C－7）

dd）资产负债表（表 C－8）

ee）合同的诉讼和未履约（表 C－9）

ff）分包商授权表（表 C－10）

gg）生产商授权表（表 C－11）

hh）投标人的技术卷要　涵盖项目组织设计、施工方案、计划保证和质量控制管理和保护计划、环境和工业安全（表 C － 12 ）

每个联营体的独立单位，必须提交以下文件，将形成的合作伙伴关系：

a）投标人信息表格（表格 A －2C ）

b）投标人一般业绩表（公司或联营体）（表 C－1）

c）投标人特殊业绩表（公司或联营体）（表 C－2）

d）资产负债表（表 C－8）

e）合同的诉讼和未履约（表 C－9）

17. 商务卷

18. 技术卷

19. 技术评审的最低需求

19.1　投标人一般业绩（公司或联营体）

19.2　投标人特殊业绩（公司或联营体）

19.3　关键人员特殊业绩

19.4　最低设备配置

19.5　资产

19.7　施工进度计划和设备动员

19.8　质量控制计划、环境保护管理计划和工业安全

第三节　投标文件提交和开标

20. 投标文件提交形式

20.1　提交期限和地址

20.2　标书的修改和撤回

21. 开标

第四节　评标和定标

22. 评标

22.1　初评

22.2　商务卷评审

22.2.1　货币的转换和换算

22.2.2　标书调价

22.2.3　确定最低经济方案评审

22.3　技术卷评审

23. 最佳技术条件议定

24. 标书评审采纳报告
25. 直接邀请选定的授标者

第五节　合同签订

26. 合同签订

第六节　工程交付和合同终止

27. 工程交付
28. 合同终止

第七节　术语表

第二部分　招标技术信息

1. 特殊技术
2. 项目描述

第三部分　合同金额

第四部分　投标表格

投标文件提交法律声明表

投标文件验证、评估和评定表

5.2　投标报价体系

投标报价是企业参与国际工程承包竞争的关键环节，影响到项目实施的盈亏乃至企业的生存和发展，而国际承包工程的复杂化、专业化，则对投标报价工作提出了更高的要求，因此，建立适合国际工程的投标报价体系十分重要。

5.2.1　国际工程投标报价方法

1. 国际工程招投标计价模式

目前国际上通用的造价管理模式以英国、美国和日本三种模式最具代表性，三种典型国际工程招投标计价模式比较见表 5－1 所示。通过对比这三个国家的造价管理模式，检视我国国际工程承包商投标报价计价管理，建立适合承包商自身的国际工程投标报价体系。

表 5－1　三种典型国际工程招投标计价模式比较表

项目	英国模式	美国模式	日本模式
计价方法	工料测量工程师的适用	采用工程估价法	工程积算，量价分离模式
工程量清单	SMM 系列工程量清单，工料测量师全程参与计价工作	招标无工程量清单，需要承包商自己根据图纸计算工程量	有统一的计算规则

续表

项目	英国模式	美国模式	日本模式
统一工程量计算规则	根据《建筑工程工程量标准计算规则》和《土木工程工程量标准计算规则》计算	无统一的工料测量方法	根据《建筑数量积算基准》，按照统一的规则计算
统一计价规范	没有统一的计价规范	没有统一的计价规范	依据《建设省建筑工程积算基准》中的“建筑工程标准定额”
消耗量	没有统一的消耗量指标	国家有定额标准，但企业采用直接的内部定额；第三方机构发布消耗指标	按《建筑工程标准定额》对单位工程给出工/料/机的消耗量及其他费用
定额	没有统一的消耗量指标		
价格	根据市场价格，通过各行业协会编制各种性质的价格指数指导企业报价	完全市场化，承包商依据自身报价	按照市场参考价格，承包商自主报价
特点	市场化	完全市场化	市场化

发达国家投标报价采取自由市场定价的模式，基于工程量清单模式下，按照统一工程量计算规则、消耗量标准和价格标准，企业根据自身情况和市场信息确定，以体现企业自身管理水平和有差异性的竞争水平；我国长期沿用定额计价模式，实行工程量清单计价模式以后，由于体制、行业监管、企业内部缺少的定额消耗等综合原因，现有的报价体系还不能完全脱离定额报价模式的限制，还不能充分发挥市场经济的竞争性和企业的主体优势，与国际上报价接轨还有一定的距离。

2. 典型投标报价方法

（1）定额法

我国从 20 世纪 50 年代开始引进了苏联的定额及概预算制度。目前，我国定额分类有：按主编单位及执行定额范围分类有全国统一定额、主管部门定额、行业定额、地方定额、企业定额；按生产要素和使用要求分类有劳动消耗定额、材料消耗定额、机械台班使用定额、施工定额、预算定额、概算定额、估算定额等；按专业分类有建筑安装工程定额、设备安装定额、给排水定额、公路工程定额、水力水电工程定额、水运工程定额等。这种基于定额的投标方法，基于由权威部门发布的分部工程的人、材、机消耗量标准，按平均合理的原则测定的“定额法”编制工程投标报价书。单位工程投资根据定额、市场价格和各行业规定的取费标准和计算程序进行，合计构成工程投标报价。

“定额法”反映的是正常的施工条件下国家或地区行业的社会平均价格水平，

国际工程项目所处的环境千差万别，定额法报价无法反映项目本身因工程量、质量要求、工期要求、自然条件、HSE 要求、项目复杂程度和技术难度等差异性带来的成本变化；无法反映社会条件（如当地宗教、经济发展、政治稳定、劳工条件、HSE 要求等）、合同条件（如免税与否、预付款比例、进度款支付、保修期长短、风险划分等）和参与建设企业主体自身的竞争优势（如技术水平、管理水平高低、自有设备拥有率、设备摊销比例/租赁费用和采购渠道的不同等），采用这种报价方法参与国际竞争时导致报价偏高没有竞争力，或报价偏低，均会给企业经营带来很大的风险。

（2）实物量报价法

实物法是欧美国家普遍采用的一种投资计算法。“实物法”又称实物量法（实物量分析法）、方案法和总价法，在美国也称工艺估算法（Operational Estimating）。“实物法”报价的主要过程、一般程序如下：首先，企业根据招标文件的要求、项目的特点、企业自身的实际情况、施工工期要求、总工程量与劳动生产率、施工限制条件确定优化的施工工艺和施工组织方案，然后计算和分析所需的劳动力、材料、设备投入与消耗等直接成本费用及其他直接成本费；其次，根据询价和估算，计算间接费（主要包括现场管理费、分包费、总部管理费、保函保险、银行财务费用、风险、税费等其他费用），逐项分析实际可能发生的费用，从而得出项目总的间接成本费用。然后，根据项目的特点及企业的定位，确定项目盈利水平，即利润率。最后，项目直接费、间接费与利润的总和即为项目投标报价。

（3）其他报价方法

除上述报价方法外，还可以采取单位生产能力估算法、系数估算法、生产能力指数法等其他投标报价方法进行估算。不同国家或地区的资源条件和社会环境的不同，使工程项目的造价缺乏一定的可比性（有的项目具备可比性，有的项目之间不具备可比性），所以在国际工程投标报价时间比较紧时，这几种方法可以作为投标报价的参考，但这些方法无法直接形成工程量清单分项的具体单价，需要以工料和资源成本为依据，并考虑相关费用，形成全费用综合单价进行投标报价。

① 单位生产能力估算法

依据调查的统计资料，利用相近规模的单位生产能力投资乘以建设规模，即得拟建项目投资。其计算公式为：$C_2 = \frac{C_1}{Q_1} Q_2 f$

式中 C_1——已建类似项目的静态投资额

C_2——拟建项目静态投资额

Q_1——已建类似项目的生产能力

Q_2——拟建项目的生产能力

f——不同时期、不同地点的定额、单价、费用变更等的综合调整系数

这种方法把项目的建设投资与其生产能力的关系视为简单的线性关系，估算简便迅速，但结果精确度较差。使用这种方法时要注意拟建项目的生产能力和类似项目的可比性，否则误差很大。

② 系数估算法

系数估算法是以拟建项目的主体工程费或主要设备购置费为基数，以其他工程费与主体工程费的百分比为系数估算项目的建设投资的方法。这种方法简单易行，但是精度较低，一般用于项目建议书阶段。系数估算法的种类很多，在我国国内常用的方法有设备系数法和主体专业系数法，朗格系数法是世行项目投资估算常用的方法。

③ 生产能力指数法

又称指数估算法，它是根据已建成的类似项目生产能力和投资额来粗略估算拟建项目投资额的方法，是对单位生产能力估算法的改进。其计算公式为：$C_2 = C_1\left(\dfrac{Q_2}{Q_1}\right)^x f$

式中 x 为生产能力指数，其他符号含义同前。

上式表明造价与规模（或容量）呈非线性关系，且单位造价随工程规模（或容量）的增大而减小。在正常情况下，$0 \leqslant x \leqslant 1$。不同生产率水平的国家和不同性质的项目中，$x$ 的取值是不相同的。

a. 若已建类似项目的生产规模与拟建项目生产规模相差不大，Q_1 与 Q_2 的比值在 0.5～2 之间，则指数 x 的取值近似为 1。

b. 若已建类似项目的生产规模与拟建项目生产规模相差不大于 50 倍，且拟建项目生产规模的扩大仅靠增大设备规模来达到时，则 x 的取值约在 0.6～0.7 之间；

c. 若已建类似项目的生产规模与拟建项目生产规模相差不大于 50 倍，若是靠增加相同规格设备的数量达到时，x 的取值约在 0.8～0.9 之间。

5.2.2　工程量清单（BOQ）计价方法

1. 工程量清单计算规则

（1）工程量清单（BOQ）

目前，国际工程的工程量清单（Bill of Quantities）一般采用 Masterformat2004 编码体系。工程量清单一般包括合同要求和业主要求的清单、实体部分项目清单（分部分项工程）、暂列金额、投标人增减项、计日工等。清单编制一般包括序号（item）、项目描述（description）、数量（quantity）、单位（unit）、单价（unit rate）、总价（amount）等。目前，国际上比较常见的 Masterformat2004 编码体系工程量清单示例表如表 5－2 所示。

表 5-2　Masterformat2004 编码体系工程量清单示例表

OBRAS CIVILES 土建施工					
价项	Descripción 说明	Unidad 单位	Cantidad 工程量	Precio Unitario 单价	Costo Total 总价
1. TRABAJOS PRELIMINARES 前期工作					
1	CAMINOS DE CONSTRUCCION 施工道路	GLB 项	1		
2	ENERGIA PARA CONSTRUCCIÓN 施工电源	GLB 项	1		
3	CAMPAMENTOS DE CONSTRUCCIÓN 施工营地	GLB 项	1		
4	MOVILIZACIÓN, DESMOVILIZACIÓN, INSTALACIONES, SERVICIOS Y OTROS 入场、出场、设施、服务及其他	GLB 项	1		
5	SERVICIO DE ALIMENTACIÓN CATEGORÍA A PARA CORANI E INGENIERO 为 CORANI 和工程师提供的 A 类食品服务	Comida 餐	29 600. 00		
6	SERVICIO DE ALIMENTACIÓN CATEGORÍA B PARA CORANI E INGENIERO 为 CORANI 和工程师提供的 B 类食品服务	Comida 餐	84 600. 00		
7	SERVICIO DE ALOJAMIENTO CATEGORÍA A PARA CORANI E INGENIERO 为 CORANI 和工程师提供的 A 类住宿服务	Noche 夜	9 900. 00		
8	SERVICIO DE ALOJAMIENTO CATEGORÍA B PARA CORANI E INGENIERO 为 CORANI 和工程师提供的 B 类住宿服务	Noche 夜	28 200. 00		
9	PAGO POR OPERACIÓN Y MANTENIMIENTO 运行及维护费用	MES 月	45		
	Subtotal 1. TRABAJOS PRELIMINARES 前期工作小计				
2. EMBALSE DE AGUAS CLARAS TOMAS Y CONDUCCIONES 清水库，取水和引水					
2. 1 TOMA RIO MÁLAGA 马拉卡河取水工程					
10	DESBROCE Y LIMPIEZA 清表	M2	600		
11	EXCAVACIÓN PARA TOMAS 取水工程开挖	M3	3 912. 00		
12	EXCAVACIÓN EN ROCA CON VOLADURA EN SUPERFICIE CON TRANS. 1 km 岩石爆破开挖（运输一公里内）	M3	978		
13	RELLENO Y COMPACTADO CON TIERRA COMUN 普通土壤回填及压实	M3	1 559. 00		
14	DRENAJE PARA MUROS GRAVA Y PIEDRA 石墙排水	M3	131		

续表

OBRAS CIVILES 土建施工					
价项	Descripción 说明	Unidad 单位	Cantidad 工程量	Precio Unitario 单价	Costo Total 总价
15	TUBERÍA DE PVC PERF. DE 6" ESQ. PVC 管安装	ML	200		
16	WATER STOP DE PVC DE 0.15 M 0.15M PVC 止水带安装	ML	300		
17	MALLA OLÍMPICA COLOCACIÓN Y PROV. TUBOS DE FG. DE 2″ C/2.5 M 镀锌钢网安装和玻璃纤维管（2″C/2.5 M）供货	M2	156		
18	ENROCADO PARA PROTECCIÓN DE RÍO 堆石护坡	M3	609		
19	HORMIGÓN POBRE DE FC = 10 MPa 混凝土 FC = 10 MPa	M3	37		
20	HORMIGÓN F'C = 35 MPa LOSA DE FUNDACIÓN Y AZUD 基础及围堰混凝土 F'C = 35 MPa	M3	708		
21	HORMIGÓN CICLÓPEO DE F'C = 21 MPa 浆砌石混凝土	M3	1		
22	HORMIGÓN F' C = 35 MPa LOSA DE FUNDACIÓN Y MURO ENCAUZADOR 基础及导流墙混凝土 F'C = 35 MPa	M3	371		
23	HORMIGÓN SIMPLE DE F'C = 18 MPa PARA RELLENO Y NIVELACIÓN 灌浆及回填素混凝土 F'C = 18 MPa	M3	8		
24	HORMIGÓN F'C = 35 MPa COMPONENTES Y CONTROL OBRAS 控制及附属工程混凝土 F'C = 35 MPa	M3	800		
25	HORMIGÓN F'C = 35 MPa PARA LA VIGA DE SOPORTE DE LA COMPUERTA RADIAL 弧形闸门支撑梁混凝土 F'C = 35 MPa	M3	5		

（2）工程量的计算规则

目前，国际上建筑工程量一般由工料测量师根据招标文件要求编制工程量清单，使用英国的建筑工程量计算原则（SMM7）进行计算。计算分项工程的工程量，还需注意以下几点：

① 要注意对照招标文件要求，把业主在工程量表中未列出的工作内容及其费用考虑进去。如招标文件不允许增列工程量表中未包含的子项，则承包商应将细化的项费用分摊到相关子项中。

② 要注意招标文件规定。如某招标文件规定：隧洞开挖中的超挖范围考虑设计边线10%以内。而实际开挖中，超挖范围约10% ~20%，甚至有的地段达到20%以上，因此对于实物量法计算时，该价项的综合单价要综合考虑超挖的工程量及成本。

③ 工程量计算中，还应考虑合理比例的损耗量。如混凝土浇筑要考虑合理的施工损耗系数、取样试块消耗量等施工及检测必要的损耗量。

2. 工程量清单的校核检查

首先，研究分析工程量清单编码隶属的编码体系。目前，国际工程量清单一般采用 masterformat2004 编码体系，按照 SMM7 工程量计算规则计算工程量。

其次，检查工程量清单的完整性。检查工程量清单是否存在缺项、漏项。在投标报价时间比较紧张的情况下，要重点检查工程量清单中单项金额比较大的子项（如，对于1亿美元以上的项目，可设定检查单项工程金额在10万美元及以上子项目）。细化工程量清单中数量单位为“项”或“整体包”的价项，细化包含的子分项内容。对于涉及工程量大，但今后有可能增大的价项，也要重点检查。

然后，检查工程量清单价项的内容、数量单位与价格的匹配性。如混凝土价项中是否包括钢筋制安、模板安装等内容。同时，也要检查混凝土中钢筋、水泥、砂石骨料、风水电与投标基础单价库中对应的不同来源的实际单价（或加权综合单价）、汇率换算后价格、数量单位等方面的一致性。

最后，检查工程量清单单价组成。检查价项单价组成是否包括间接费、税费及利润等，是否为全费用综合单价，增值税、交易税是否为价内税或价外税。

3. 工程量清单的报价

工程量清单投标报价是投标人响应招标人发出的招标文件中的工程量清单（有的EPC项目招标文件中提供简单的工程量清单表，供投标人报价，也有的招标文件没有提供工程清单，需要投标人进一步细化工程量或深化设计后计算工程量）；结合施工现场的实际情况，选定施工方案，编制施工组织设计，计算出综合单价，其中间接成本、利润等费用根据工程情况和市场行情决定。各种规费和税金按国家规定计算，另外还要考虑相关的风险费用，依据企业的实际和市场定位，形成具有竞争力的全费用的综合单价，然后汇总进行投标报价。

5.3 国际工程不完全实物量法投标报价体系

国际工程招标计价方式一般采用工程量清单计价模式，我国采取基于定额报价下的工程量清单报价模式。从国际工程报价体系看，各国不同行业有不同的造价体系，千差万别；从资源消耗经验统计看，大多数国际工程承包商尚无系统的资源消耗经验数据。本书作者通过现场施工管理与国际工程投标实践，总结提出“市场询

价 + 实物量法报价 + 国内定额修正 + 企业决策定位”的不完全实物量法国际工程投标报价模式，是一种比较适应国际工程投标报价的体系。承包商也可以根据自身实际，总结建立适应自身的国际工程投标报价体系。

5.3.1　常见的投标组价计算分类

国际工程投标组价计价方式一般有三种分类方法，每一种分类方法中，一些个别具体费用项目归类不同，导致费用计算时取费计算的基础有差异，造成最终报价略有一定的差异。因此在投标报价时，要选择合适的投标组价分类计算方法。

1. 一般组价方法

一般分类方法将工程的总投标报价费用组成分为直接费、间接费、利润、风险费、开办费、分包工程费等组成。这种分类方法没有特别针对具体的工程对象，没有特定的适用对象，一般分类法费用组成详见表 5 – 3 所示。

表 5 – 3　国际工程投标报价组价一般分类法费用组成表

<table>
<tr><td rowspan="27">国际工程投标总报价组成</td><td rowspan="3">直接费</td><td>人工费</td><td></td></tr>
<tr><td>材料费</td><td></td></tr>
<tr><td>施工机械费</td><td></td></tr>
<tr><td rowspan="18">间接费</td><td rowspan="10">现场管理费</td><td>工作人员费</td></tr>
<tr><td>办公费</td></tr>
<tr><td>差旅交通费</td></tr>
<tr><td>文体宣教费</td></tr>
<tr><td>固定资产使用费</td></tr>
<tr><td>国外生活设施使用费</td></tr>
<tr><td>工具用具使用费</td></tr>
<tr><td>劳动保护费</td></tr>
<tr><td>检验试验费</td></tr>
<tr><td>其他费用</td></tr>
<tr><td>临时设施费</td><td></td></tr>
<tr><td>保险费</td><td></td></tr>
<tr><td>税金</td><td></td></tr>
<tr><td>保函手续费</td><td></td></tr>
<tr><td>经营业务费</td><td></td></tr>
<tr><td>工程辅助费</td><td></td></tr>
<tr><td>贷款利息</td><td></td></tr>
<tr><td>总部管理费</td><td></td></tr>
<tr><td colspan="3">利润</td></tr>
<tr><td colspan="3">风险费</td></tr>
<tr><td colspan="3">开办费（待摊费）</td></tr>
<tr><td rowspan="2">分包工程费</td><td colspan="2">分包报价</td></tr>
<tr><td colspan="2">总部管理费和利润</td></tr>
<tr><td colspan="3">暂定金额（招标人备用金）</td></tr>
</table>

该分类方法中，间接费的临时设施费也可以并入直接费中的其他直接费中，开办费（待摊费）也可以并入间接费中。开办费中的人员的相关费用可以作为人员的工日单价，计入直接费中。这种方法由于费用归类不同，可能会导致对总报价的影响。暂定金额在投标报价时应将此暂定金额数计入工程总报价，要综合考虑暂定金额的报价策略。但承包商无权做主使用此金额，业主规定的暂定金额，在清单中，一般列入“其他项目清单计价中”，至于应计入“招标人部分”或是“投标人部分”的其他项目，应该根据招标文件的规定来选择。

2. 标高金的组价方法

此类分类方法中，工程项目投标报价的费用一般由直接工程费、间接费、标高金三部分组成。标高金组价方法见表 5－4 所示。

表 5－4　国际工程投标报价组价标高金分类法费用构成表

直接工程费	间接费	标高金
人工费用	商务费用	设计风险
材料费用	税费	施工风险
船机设备使用费	财务费用	物价上涨风险
分包费用	代理费用	汇率风险
调遣费用		公司管理费
施工措施费用		利润
现场项目管理费用		

这种分类组价方法的思想是：标高金通常由企业决策层依据投标竞争对手情况和投标策略综合考虑取费计算。标高金由风险费（不可预见费）、公司管理费及利润三部分构成。间接费由商务费、税费、财务费等组成，除此之外，均称为直接工程费。

（1）风险费计算

• 设计风险：一般以承包商自行设计部分的直接工程费（或直接费）为基础按照国内勘察设计标准适当取某一百分比率计算。

• 施工风险：一般以直接工程费为基础，取一个百分比计算。主要根据工程施工的地质风险、设计的详细程度、施工中其他风险进行参考。

• 物价上涨风险：一般以直接工程费中的主要材料费或以直接工程费为基础，参照当地政府发布的物价上涨价格指数情况为参考进行计算。

• 汇率风险：汇率变化导致的损失或收益。如以美元、欧元或其他国际结算货币或当地所在国的货币进行工程款支付的项目，需考虑必须以人民币或其他货币支付的相关成本费用因汇率变化差异导致的损失及收益。

（2）公司管理费及利润为总承包商总部管理费、公司预期利润

因为分包商报价中分包费也包含了分包商的间接费、利润及标高风险金，分包工程费用中的一些费用不能完全分摊到项目间接费及标高金中，无法直观反映项目整体成本费用构成。

3. 水电工程通用的组价方法

以水电工程为例，一般采取参考国内水利或电力行业有关定额的相关费用组成分类，并进行适当的调整的方法。目前有水利部 2002 定额及“水总［2002］116 号文《关于发布〈水利建筑工程预算定额〉、〈水利建筑工程概算定额〉、〈水利工程施工机械台时费定额〉及〈水利工程设计概（估）算编制规定〉的通知》”、国家经济贸易委员会公告“2002 年第 78 号《公布〈水电工程设计概算编制办法及计算标准〉(2002 年版)》”、黄河水利出版社的《水利定额》等相关要求。本文以《水电工程设计概算编制办法及计算标准》（2002 年版）分类为例，说明关于实物法计算中有关费用组成及费用归属。直接工程费及间接费构成分别如图 5－1、5－2 所示。

（1）直接工程费

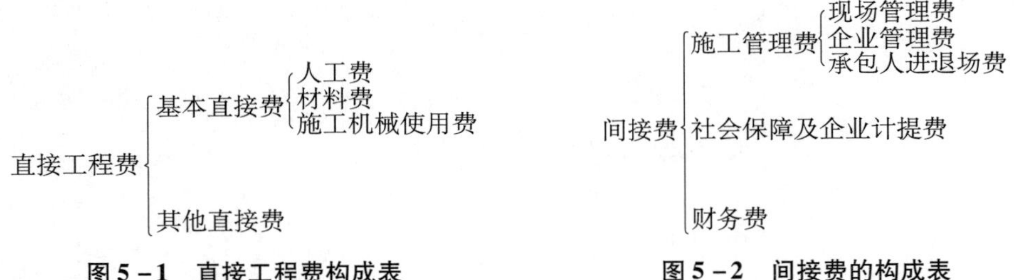

图 5－1　直接工程费构成表

图 5－2　间接费的构成表

图 5－1 中，直接工程费中的其他直接费包括措施费及临时设施费。措施费主要包括：冬雨季施工增加费、特殊地区施工增加费和其他费用，还包括夜间施工增加费、小型临时设施摊销费（如脚手架搭拆、零散场地平整、风水电支管支线的架设拆移、场内施工排水、支线道路养护、临时值班休息场所搭拆等）、安全文明施工措施等费用。对于大中型临时设施还包括：砂石料加工系统、混凝土拌和浇筑系统、木工、钢筋及机修等辅助加工厂、混凝土预制构件厂和大型施工设备运输安装等。

（2）间接费

间接费是指施工企业为建筑安装工程施工而进行组织与经营管理所发生的各项费用，它构成产品间接成本。间接费由施工管理费、社会保障及企业计提费和财务费三部分组成。现场管理人员的工资、办公费、差旅交通费、固定资产使用费、工具用具使用费、保险费和其他费用等现场管理费用划分在间接费的施工管理费中。

现场管理人员工资包括现场管理人员的基本工资、辅助工资、工资性补贴、职工福利费和劳动保护费等。

（3）其他部分

其他部分主要包括风险、税金、利润、暂定金额及计日工等。

风险包括设计风险、施工风险、运营风险、物价上涨风险及汇率风险等风险，由承包商根据实际情况及经验进行判断预测，在投标阶段进行综合考虑；税金根据项目所在国的情况按规定进行计取；利润由承包商根据项目的实际情况、市场经营及投标策略等需要进行综合决策。暂定金额及计日工一般不计入投标总价，可根据项目的情况进行不平衡报价。

以《水电工程设计概算编制办法及计算标准》（2002 年版）中费用组成及分类为例，说明水电工程实物量法报价费用组成通用构成，如图 5－3 所示。

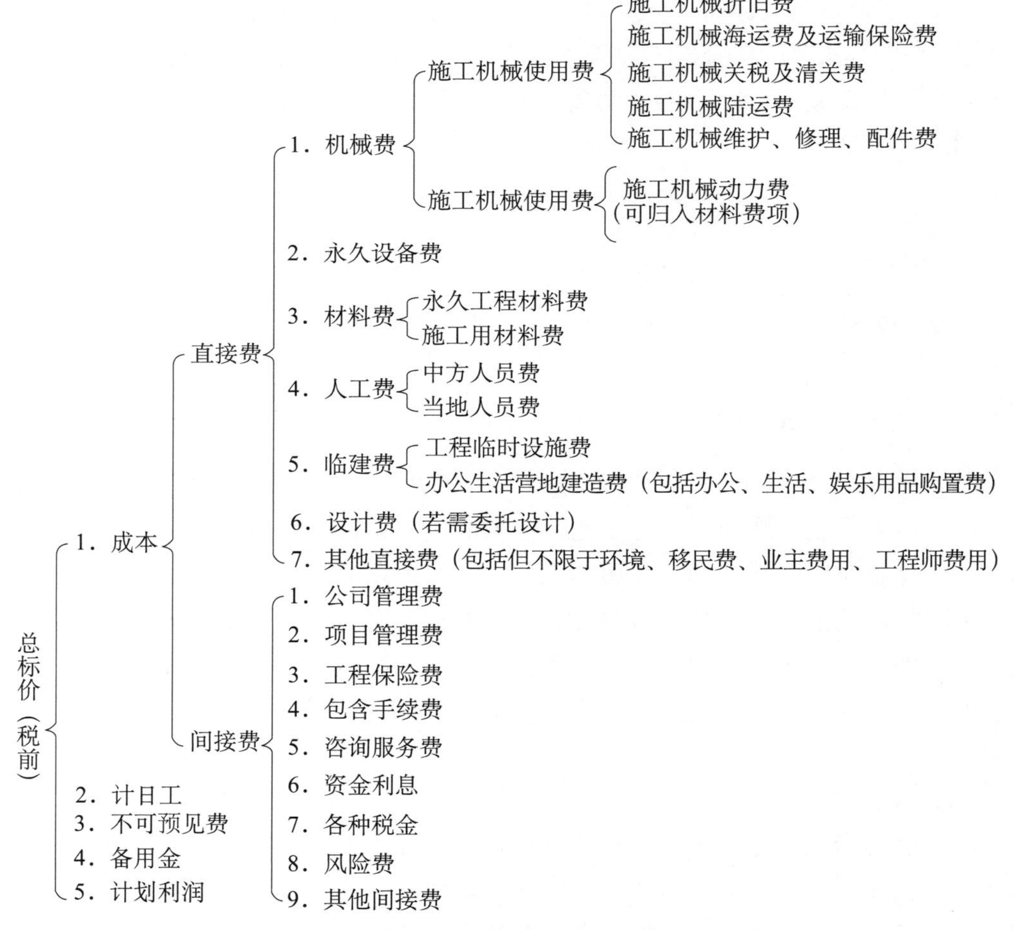

图 5－3　水电工程投标报价费用组成（税前）通用构成图

5.3.2　国际工程不完全实物量法投标报价体系

建立适合本公司的国际工程投标程序及报价体系图是组织国际工程投标报价重要的工作内容。国际工程市场的竞争日趋激烈，承包商成功地通过投标中标项目，首要问题在于编制出有竞争力的报价。同时，在市场经济条件下，及时、准确地捕捉工程建设市场价格信息，保持竞争优势，控制成本，取得盈利。

基于此，本书作者提出国际工程不完全实物量法投标报价体系，该体系是一种适应国际工程投标报价的体系。建立该投标报价模式的主要思路是：根据本公司人员技术水平、装备水平、管理能力、资质、经验和社会信誉等情况，制定企业的施工消耗定额，形成区域的经验消耗定额标准，在投标时要进行适当调整；根据招标文件的要求，按照投标技术标书文件的项目施工技术方案、工程量清单、人力设备材料资源配置和项目进度计划，计算直接成本；根据项目所在国的政治经济条件、国际市场供求变化及社会咨询机构提供的价格信息和物价指数等参数，计算间接成本，然后进行自主决策报价，这样报价更接近企业的实际水平，以市场价格为报价的价格机制，是与国际工程投标报价接轨的实物量法的投标报价模式，更有利于项目中标。

1. 实物量法的投标报价模式

以某国际 EPC 水电工程项目的投标为例，建立实物量法报价组成体系图，如图 5 -4所示。

2. 建立国际工程投标报价相关数据库体系

建立一套与投标报价相关的数据库是报出具有竞争力，能更好地避免风险，又接近企业实际水平的投标报价的重要保障。投标基础数据库主要包括市场信息资料、商务文件、基础单价数据库各分项汇总表等部分。市场信息主要包括该国家的人口、国土、资源概况、文化与宗教信仰、政治局势、国民经济发展状况、与工程有关的经济法律，如，税法、劳动法、合同法等风险识别基础数据。有的国家或国际性专业组织定期发布工程造价信息、物资设备造价指数等内容；商务文件主要包括项目业绩、人员业绩、商务资质等信息，基础单价及定额基础数据库主要包括基础工日单价、设备单价、主要施工消耗材料基础数据、海陆运费用等基础数据。分项汇总表是主要包括人口、材料设备及间接费用组成的表格汇总。国际工程投标报价数据库模块示例见表 5 -5 所示。

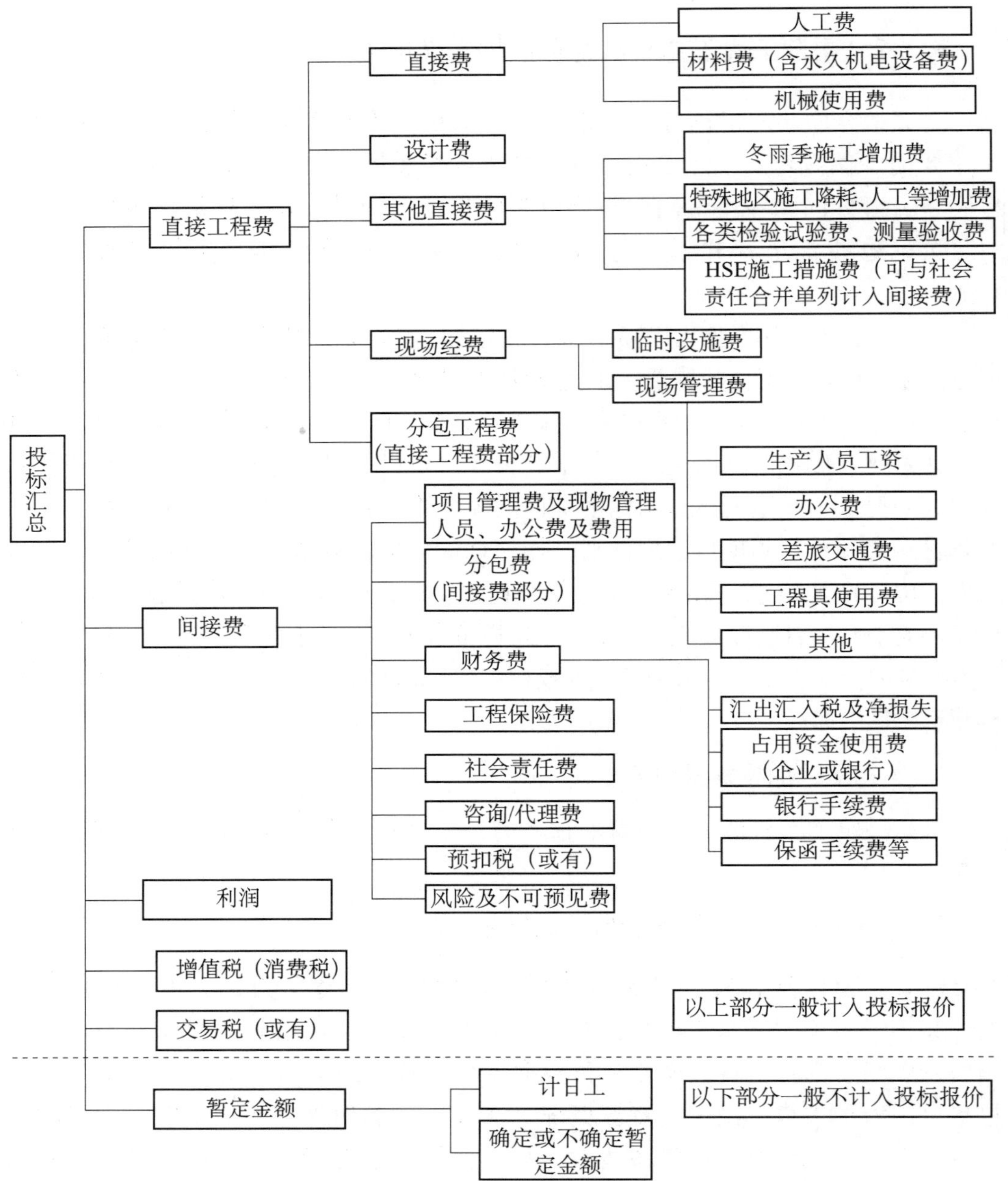

图 5－4　某国际 EPC 水电工程投标报价实物量法组价计算体系示例图

表 5－5　国际工程投标报价数据库模块组成示例表

序号	项目表格	内容
一	市场信息资料	（1）法律法规政策及市场环境等； （2）项目市场容量情况； （3）行业定额库、取费参数、行业或专门机构发布的物价指数、造价信息等。

续表

序号	项目表格	内容
二	公司商务文件	(1) 工程业绩：不同类型项目的项目简介、授标函、项目合同、临时验收或完工证书、竣工或缺陷责任终止证书，相关证书公证、认证文件等； (2) 人员业绩：不同人员的毕业证书、身份证、学位证、工作简历等，及必要的公证认证文件； (3) 公司相关证书：章程、董事会文件、产权文件、营业执照、资质证书、质量安全环保职业健康证书及体系文件等，相关的公证、认证文件等； (4) 财务报表等其他文件
三	基础单价库	
1	参考定额表	分项工程所采用的定额编号及经验数据编号
2	单价分析表	分部分项工程的人材机单价分解表，该表的数据来自于定额库或承包商经验数据库
3	子单价表	作为单价分析表与基础数据库之间的一个缓冲库，其主要作用是将针对本项目对基础库进行的修改存在此表中，该数据将只会影响本项目，而不会影响基础数据库。如混凝土单价分析表的子单价表，如拌和楼混凝土拌制、搅拌站混凝土拌制、加冰拌和运输等
4	半成品费用表	主要是用来计算工程项目中的半成品的单价，如混凝土、自行生产骨料的单价等。在此可以输入计算半成品所采用的定额编号及经验数据。如混凝土单价分析表套用的 C20 混凝土、C20 泵送混凝土子单价分析表等
5	基础单价库	
5.1	风水电表	外购及自供风、水、电的单价
5.2	人工单价	各种不同来源的人工、不同工种的单价，及加权综合单价
5.3	材料单价	不同采购渠道材料的价格如 FOB、CIF、保险、运费、关税、消费税等的费用及详细计算过程表
5.4	机械台班费	机械设备台班费的详细的计算过程，如报价、保养、折旧等费用的计算表
5.5	运费及税费类	人、材、机等海运、陆运费、保险及相关关税等税费计算表
6	取费及调整系数	
6.1	各种取费表	涉及直接费、间接费、利润、风险计算的各项取费费率
6.2	调整系数	工效系数、不同工种来源比例系数、高原施工降耗系数等
6.3	汇率表	货币之间换算因子、调整公式等
7	分包询价	分包商报价及询价
8	零星项目询价	零星项目的询价

续表

序号	项目表格	内容
四	投标分项汇总	
1	人工费汇总表	各种不同来源、不同工种的人工费汇总表
2	材料费汇总表	各种材料总用量及辅助材料计算汇总表
3	机械费使用汇总表	各种机械设备的单价及总用量汇总表
4	设计费	深化设计、施工图设计等设计费
5	现场管理费表	计算现场管理费，分为现场管理人员工资、办公费、差旅交通费、固定资产使用费、工具用具费等费用计算表
6	临建设施表	计算工程项目临建设施的费用，该表中对工程中可能会出现的各种临建设施详细的列项，须按施工组织设计计算出相关的工程量，然后计算出临建设施的费用
7	间接费表	主要是计算承包商的间接费用，包括总部管理费、财务费用、投标费、工程业务费、保函手续费、保险、工程辅助设施费、预备费、利润、税金等费用计算表
8	BOQ 表	带标价的工程量清单，工程单价汇总表等
9	汇总表	
10	实物量法成本分析表	项目实物法的总费用构成表

3. 不完全实物法的投标报价模式

（1）不完全实物量法投标报价的概念

在国际工程中，由于对外报价采取工程量清单综合报价，而承包商对内采取实物量法的报价模式进行内部审标，然后修正调整对外投标报价及工程量清单的综合单价。实物法投标报价中直接费、间接费等以实物法为基础计算实际消耗，辅以定额法进行修正。具体做法是：直接费中人、材、机消耗采用以定额法为主编制并根据经验或施工组织设计修正调整消耗量，而间接费按实物量法测算编制（部分项目的费用测算，在投标阶段时间紧的情况下，可采取定额编制办法按照一定费率取费进行快速估算）。在国际工程投标中，由于投标时间比较紧，同时企业无现成的内部企业定额可用，采取以适当修正国内定额清单报价的实物量与定额法清单报价相结合的国际工程投标模式是适应当前国际工程投标的一种较好的投标报价方法。

定额法与实物量法相互佐证和转换，相互验证报价的准确性和偏差。在定额报价的模式下，国内的造价计算软件可以作为辅助投标编制单价分析，但是需要对其基础单价库、报价模式进行升级改造和优化。实物量法报价模式，使得投标报价工

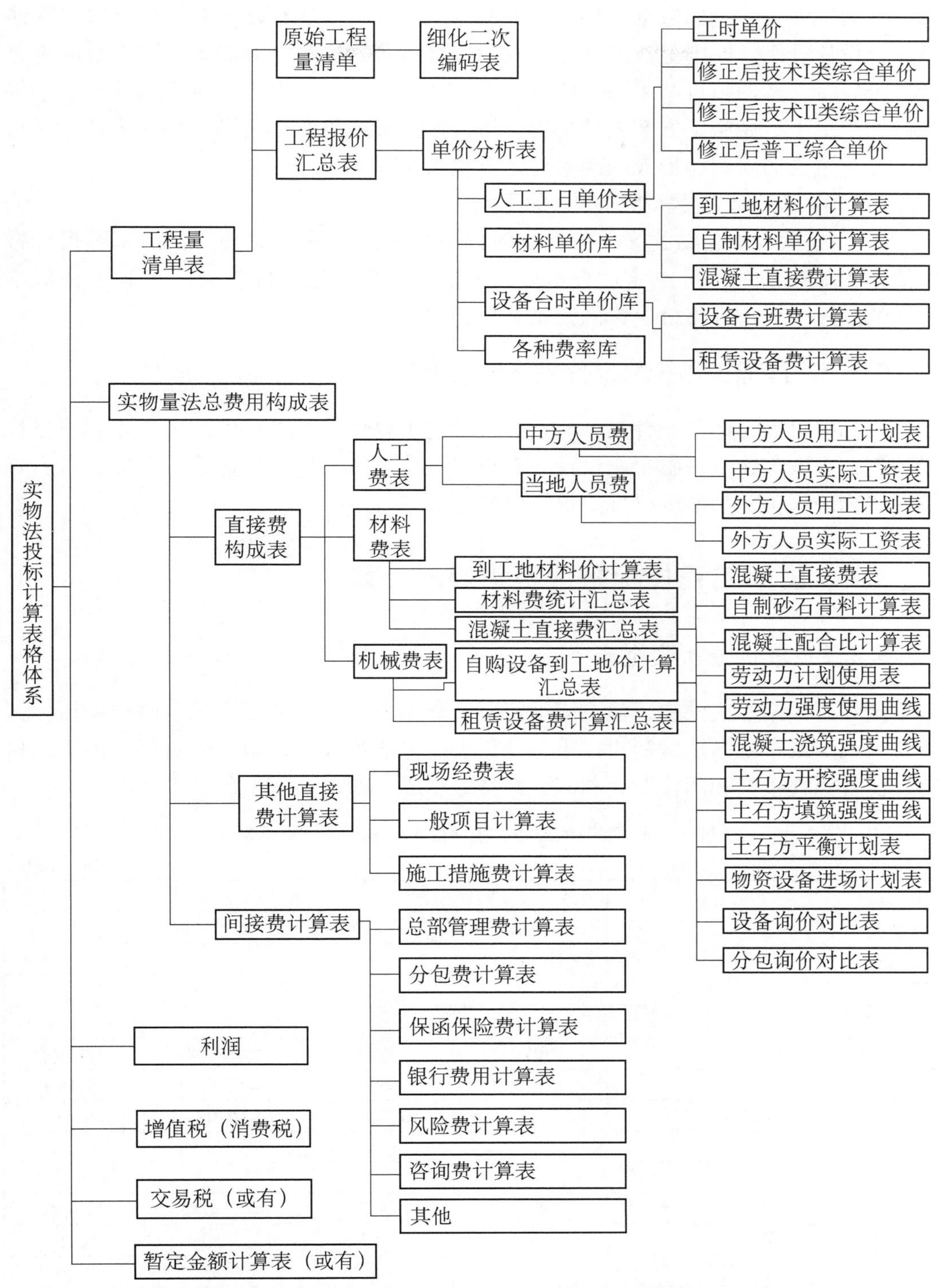

图 5－5　某国际水电工程投标实物量法投标报价表格体系示例图

作量变大，涉及大量的数据链接、处理和引用。为此要从整体上对投标报价计算体系进行设计升级。原则上，国际工程投标报价的实物法和定额法报价需平行同步进行，最后将二者的报价结果综合比较分析，修正报价，减少投标报价风险。在条件允许的情况下，做施工方案人员和投标报价人员最好为两套人马，相互佐证，避免个人经验主义的限制，形成两套报价计算成果文件。

（2）建立实物法投标报价体系的思路

① 建立适合本公司的国际工程投标程序及报价体系；② 建立国际工程投标报价体系相关数据库；③ 制定适合本公司的国际工程投标报价模式；④ 建立适应本公司的国际工程投标报价决策的策略及技巧方法。

5.3.3 国际工程投标报价表格体系设计

投标报价表格体系设计是做好投标报价的重要环节。以某国际水电工程项目投标为例，采取实物量法报价，设计一套投标报价整体计算表格体系，以便读者更好掌握实物法报价，为准确投标报价提供参考。

5.4 国际工程投标报价费用组成计算

5.4.1 单价分析表组成

国际工程招标文件中，业主或给定单价分析表模板，或需要承包商根据招标文件要求或当地常规做法编制投标单价分析表。一般情况下，单价分析表由人工、材料、设备等直接费和间接费、利润、税费等组成。如表 5－6、5－7 所示。

表 5－6　某国际公路工程项目单价分析表计算示例

（单位：美元）

工程：		×××公路建设工程			
活动：		沥青混凝土摊铺			
数量：		2 031.61			
单位：		m^3			
1. 材料					
描述		单位	数量	生产价格	总成本
1	砂	m^3	0.600 0	6.82	4.09
2	路面石子	m^3	0.600 0	16.00	9.60
所有材料					13.69
2. 工程劳动力					
描述		单位	数量	生产价格	总成本
1	普通工人	h	0.167 5	1.50	0.25
2	技术工人	h	0.056 5	4.28	0.24
3	机械操作人员	h	0.159 2	3.23	0.51

续表

劳动力成本小计					1.01
社会负担 =（按照劳动力成本收取百分比）（55% 到 71.18%）				71.18%	0.72
劳动力成本增值税 =（劳动力成本百分比 + 社会负担）				14.94%	0.26
劳动力成本总计					1.98
3. 设备、机械及工具					
	描述	单位	数量	生产价格	总成本
1	沥青拌和站	h	0.019 5	952.30	18.57
2	924F 105 HP 铲车	h	0.019 5	51.37	1.00
3	沥青摊铺机	h	0.019 5	117.70	2.30
4	振动碾	h	0.019 5	30.00	0.59
5	轮胎式压路机	h	0.019 5	24.40	0.48
6	推土机	h	0.019 5	90.00	1.76
7	40 000GAL 储水/油罐	h	0.019 5	10.75	0.21
8	3 TON 叉车	h	0.019 5	8.03	0.16
*	工具 =（劳动力成本总计百分比）			5%	0.10
所有设备、机械及工具					25.15
4. 管理及其他相关费用					
					总成本
*	管理及其他相关费用 =（1 + 2 + 3）百分比				20%
管理及其他相关费用					8.16
5. 利润					
					总成本
*	利润 =（1 + 2 + 3 + 4）百分比				5%
利润总计					2.45
6. 交易税					
*	税 =（1 + 2 + 3 + 4 + 5）百分比				3.09%
总税收					1.59
所有单价（1 + 2 + 3 + 4 + 5）					53.02
单价					53.02

说明：1. 本项目投标工程量清单报价为沥青混凝土摊铺工序报价（不含沥青混凝土材料供应）。2. 本工程投标报价的增值税为价内税，本表中的人工工时价格、材料计算价格不含增值税。3. 本报价单价分析表中管理费需要根据实际情况进行计算，投标时间比较紧张时，可直接取某一比例，如本示例表取 20% 比例。

表 5 – 7　某国际水电站工程项目单价分析表计算示例表

项目内容：C – 210 混凝土浇筑

清单价项号：9.3.4　　单位：m^3

参考技术规范：9.20.1　　效率 R：1.00

1. 设备					
描述	数量（A）	台班费（B）	费用（$C = A \times B$）	考虑工效费用（$D = C/R$）	%
振动器	0.432 5	1.250 0	0.540 6	0.540 6	0.26
水泵	0.043 2	5.000 0	0.216 0	0.216 0	0.10

续表

描述	数量（A）	台班费（B）	费用（$C=A\times B$）	考虑工效费用（$D=C/R$）	%
混凝土泵 50m³/h－PH	0.091 5	29.580 0	2.706 6	2.706 6	1.30
其他设备（5%）			0.173 2	0.173 2	
			小计 1	3.64	1.66
2. 人工					
描述	数量（A）	工时（B）	费用（$C=A\times B$）	考虑工效费用（$D=C/R$）	%
普通	3.866 4	2.770 0	10.709 9	10.709 9	5.14
工长	0.140 0	5.100 0	0.714 0	0.714 0	0.34
技术人员 2	0.120 0	8.750 0	1.050 0	1.050 0	0.50
技术人员 1	0.091 5	8.750 0	0.800 6	0.800 6	0.38
			小计 2	13.27	6.37
3. 材料					
描述	UNIDAD	CANTIDAD（A）	COSTO UNITARIO（B）	COSTO TOTAL（$C=A\times B$）	%
C－210 结构混凝土	m^3	1.04	95.49	99.309 6	47.67
养护用水	m^3	0.452 3	0.92	0.416 1	0.2
3. 材料					
描述	UNIDAD	CANTIDAD（A）	COSTO UNITARIO（B）	COSTO TOTAL（$C=A\times B$）	%
模板	m^2	4	21.34	85.36	40.97
			小计 3	185.08	88.85
4. 运输					
描述	UNIDAD	CANTIDAD（A）	COSTO UNITARIO（B）	COSTO TOTAL（$C=A\times B$）	%
搅拌车运输	m^3/km	1.04	2.94	3.057 6	1.47
隧洞内运输	m^3/km	0.52	6.62	3.442 4	1.65
			小计 4	6.5	3.12
其他费用计算	5. 直接费合计（1+2+3+4）			208.32	100
	6. 间接费			35%	72.91
	7. 利润			3%	8.44
	8. 预算价格（5+6+7）			289.67	

说明：1. 此示例表，考虑了综合工效系数 R，可以根据实际情况调整定工效；2. 人工分类中普工、工长、技术工人等人工工时消耗及工时单价为综合工日及综合工时价；3. 间接费计算可采取实物量法计算，然后分摊到每个分项工程，投标阶段时间紧张时，也可按照一定的百分比计取。

5.4.2 人工费计算

人工费计算主要有三方面工作：一是确定人工来源及工时单价；二是实物量法

报价体系中的人工工时汇总及人工费计算；三是根据实物量法的人工费及工时费转换为投标报价工程量清单的单价分析表中人工工时单价，完成清单报价。

在国际工程投标报价工作中，实物法计算与清单报价计算两种计算方法往往交织在一起，形成相互验证、校核、不断调整的过程，因此造成了人工工时单价及人工费计算工作十分复杂。从工程量清单报价的单价分析表形式看，有的国家要求提供综合工种及工时，计算综合人工费；有的国家要求细化不同工种，分别计算工时单价及人工费。同时，国际工程人工费的计算深受工程劳务组织形式、劳务供求关系、当地劳工比例限制、工效等因素影响，造成了劳工策划组织十分复杂，影响了工程总体人工费计算，进而影响了总体投标报价计算的速度及准确性。如在非洲、西亚、南美等国家，国外劳动力丰富，但是熟练技术工人缺乏；又如在巴基斯坦，机械设备操作手水平相对比较高，数量比较充足，但类似钢筋工、模板工、混凝土工、电焊工等技术工种相对比较缺乏；同时国外劳工比例限制、属地化程度的要求也影响了我国劳务的派遣。国外当地劳工费用进入工程清单报价单价工时计算，还需要根据当地法规规定对社会保险和福利、加班工资、个人所得税进行综合计算分析得出。

1. 人工费计算思路及注意问题

(1) 人工费计算的思路

① 根据施工组织计算实际用工量及人工费

根据施工组织设计所配置的用工数量，编制详细的施工进度计划，考虑人工施工流水搭接，安排劳动力使用计划，汇总计算分项工程、分部工程及单位工程得出总用工量。人工计划安排来源中要区分中方人员、当地雇员及第三国人员配置计划，并按岗位确定相应的工资标准，中方人员要区分本单位派驻员工和国内劳务派遣等雇工形式，本单位员工工资按承包商规定标准，中方派遣雇员工资标准根据投标期间国内市场调查价格和相关规定确定；工程所在国的当地人员工资标准根据现场考察实际水平确定（要充分掌握当地的工资和税收政策及标准）；第三国人员工资根据市场调查情况按岗位或协议的形式确定。

② 利用分包报价核算人工费

如项目所在地属地化程度比较好，且有充足可靠当地分包商的情况下，要求当地分包商进行报价，然后对比国内分包商报价，考虑当地雇员的人工工效及比例等因素，核实有效的用工量和人工费用。同时，这种情况下，也将用工量及人工单价的风险转移给分包商。

③ 根据定额法工时消耗计算人工费

a. 直接计算工时法

人工综合单价采取直接计算法，根据工作面人力配置计划，考虑一定施工流水搭接和劳动力的调配，一笔笔地按照实际发生计算我国工人从我国出发到回国的所有费用，以及当地工人所需开支的费用，然后计算得出综合人工单价。主要考虑的因素有工资、五金、交通费、通信费、保险、签证、补助、食宿、用工比例、工效等，然后考虑中外员工的比例及工效，计算综合加权工时单价或分类工时单价，进而计算得出投标报价的人工费。

b. 定额工时单价反算法

根据施工组织设计汇总的劳动力使用计划，计算每种总人工出勤工日数，按照相应的人工价格，计算得出项目总的人工费；然后根据套用定额或根据经验计算出的每种工种的比例，反算每种工种定额工日单价，综合考虑每种工种比例来源、工效等因素，乘以综合工效系数，作为投标报价单价分析表的工日（工时）单价，最后，得出投标报价工程量清单的人工工时单价和人工费。

（2）要注意的问题

① 日工工效问题

由于国际工程在管理环境、技术环境、政策法律环境、劳动力管理等诸多方面与国内有差异，导致用工工效、消耗量、人工工日单价、国内国家定额与行业定额以及承包商实际施工消耗经验数据均发生变化，可参照国内的预算定额适当调整工效及消耗量，要注意以下问题：

a. 我国工人在国内与国外工作的工效比。主要指我国工人在国外工作期间受工程组织（工作时间、节假日、报验程序、工程施工组织、中外方员工配合等）、工程技术标准（设计规范及标准适应性、施工规范、质量检测标准等）、语言沟通交流、安全职业健康卫生等造成工效降低。

b. 国内预算定额水平与企业施工管理实际水平的工效比。国内定额编制水平为行业平均管理水平，受地域、定额更新的时间等限制，造成定额施工方法相对滞后时代的发展。同时，在国外受当地资源水平的限制，造成国外施工管理工效降低；此外，定额价项编制的工况条件及内容与项目所处的实际情况也有一定的差异，要适当区分文化差异性导致的工效变化。如高原地区施工的工效相对于平原地区施工的工效有所降低，相应的人工消耗量要有所提高；机械设备的施工工效也有所降低，燃油不充分，需增加台时消耗量。有些设备还需要根据现场的工况条件，采取一定特别或加强手段，以满足施工需要，如设备需要专门定制，增加涡轮增压装置。

c. 我国派遣或当地或第三国雇佣劳动力的工效。首先了解当地有关法律规定，确定劳工比例、工资标准，确定劳动力来源。笔者曾经参加的一个国际工程项目，当地法律法规要求本国技术工人比例不低于20%、普工比例不低于80%。不同来源的工人直接影响工程施工工效，同时带来是否符合当地劳工比例规定的问题。

② 工种分类及数量比例分配问题

根据2002年水利部颁布的水利定额编制规定，人工工种分为工长、高级工、中级工、初级工等四类；国家经贸委 2002 水电工程定额规定，人工工种分为高级熟练工、熟练工、半熟练工、普工等四类。在国际工程中，有的国家的工程量清单报价中对人工的工种分类未作定性要求，人工工时可为综合加权人工工时，人工工时单价为综合人工工时单价；也有的国家在工程量清单报价时，对人工分若干类，如厄瓜多尔将人工分为技术工 I、技术工 II、操作手 I、操作手 II、普通工等五类。在投标报价时，首先要符合当地工程量清单报价对人工分类的要求。其次，在符合当地政策的前提下，可结合国内的分类方法，采取简化计算，将人工工种分类为技术工人、操作手、普工等三类。因此，在工程量清单报价组价时，人工种类对应归类、人工比例及工时消耗等问题，这直接影响了人工工时费计算的准确性。

（3）人工工效经验调整原则及参考思路

人工工效调整计算方式一般有三种方式：①参照国内定额工日消耗量的工效不作调整，而是以调整定额工日单价的形式体现出来。②考虑定额、施工工艺与投标施工方案不匹配性，可修正调整定额中的人工、设备及材料规格，同时相应调整工日工效，调整工日消耗量水平。如果在高原、冬雨季、隧洞地下施工等特殊情况下，还要考虑调增人工、设备等台时消耗量，或以调整定额工日单价的形式体现出来。需要报价人员既懂当地的法律法规，又要懂施工技术方案，同时还要熟练灵活运用定额。③如国内定额中没有类似的单价分析可供参考，报价人员要根据施工方案及经验新补充单价分析表。人工工效的调整方式可采取调整工时工效或调整工时单价两种方式体现。

根据经验测算，我国工人在国内工作和国外工作的工效比一般在 1∶0.8～1∶1.5 之间，我国工人与当地工人工效比一般在 1.5∶1.0～2.5∶1.0 之间，预算定额生产水平与实际生产水平的工效比一般在 1.0∶1.0～1.5∶1.0 之间，以上经验数据，可供投标报价参考。

2. 人工工日单价计算

（1）我国人工费组成计算

① 基本工资：境外基本工作日工资；

② 福利奖金：国外岗位工资及工人的奖金、加班费、过节费、高温补贴等费用；

③ 社会保险费：在国内需要支付的社会保险（或有）、在工程所在国需要交纳的社会保险费；

④ 所得税：在工程所在国和国内需要交纳的个人所得税；

⑤ 食宿费用：在工作期间的住宿、伙食费用；

⑥ 劳动保护费：在工作期间的劳动保护、置装（或有）等费用；

⑦ 出国前各项准备费用：出差体检、办理护照、签证、公认证等费用；

⑧ 往返交通费：工人往返途中各种国内及国际交通费。

在投标报价中，也有的承包商把①～④费用计入人工工日单价，把⑤～⑧计入开办费或管理费中，只是计算方法不同，对投标报价结果略有影响。此外，中国工人的人工标准也有的按照协议工资计算实际费用，并折算工日单价。

（2）援助工程项目的人工费组成计算

根据我国《对外援助成套项目工程量清单报价规则》，人工费包括中国人工费和当地人工费，分别填列，以企业定额工日含量乘以综合人工费单价计取。综合人工单价中各项指标的计算原则如下：

① 首先根据外经贸部有关文件规定，并结合工程拟派人员的具体情况，确定中国工人工资标准及有关补贴；其次，根据受援国雇佣劳工的有关政策规定、工资标准以及福利待遇，确定当地人工工资标准及有关补贴；然后，通过分析当地劳工资源的技能素质以及有关生活习俗习惯等状况，确定中外工人用工比例及工效系数，最后计算出综合人工单价。

② 外国工日单价以受援国现期用工费用标准为基础，并相应考虑受援国有关劳工法规定的人身保险、失业保险等用工附加费；

③ 中、外工效比建议控制在 1.5∶1.0～2.5∶1.0；

④ 中、外用工比例按下述综合用工比的原则确定：

a. 根据地区差异和工种差异分别确定以下推荐用工比指标。一般考虑在 ±20%范围内浮动。

b. 在上述推荐用工比的基础上，分别以工种定额工日占总工日的比例为权数计算中、外综合用工比，具体计算中、外公式如下：

$$\text{中、外综合用工比} = \sum[\text{推荐用工比权重} \times (\text{工种定额工日} \div \text{总工日})]$$

c. 按上述原则确定的综合用工比作为计算综合人工单价和控制施工技术组规模的理论计算公式，实际人员配置可在贯彻“一专多能”原则的基础上围绕上述理论计算合理浮动。

（3）当地人工单价计算

当地工人工资支付除按协议的工资支付外，可按照符合当地的法律法规各项要求进行支付，此种情况下，计算相对比较复杂。以某国当地人工工时单价计算为例说明人工单价计算包括的内容：

① 工作日基本工资。

② 带薪休息日工资、加班费、奖金、津贴等。如有的国家规定应额外支付加班费，特殊要求如下：每星期 40 小时以外的加班需另付正常工资 50%（指从 19 点至 24 点，除双方同意外，一般每天加班时间不得超过 4 个小时，每星期不得超过 12 个小时）或 100% 的加班费（指从午夜至凌晨 6 时及周末和节假日）。在某些特殊情况下或有事先授权时，另付加班工资可为正常工资的 25%。

③ 夜间、冬雨季施工增加的工资。拉美国家对夜间、隧洞地下工程施工的工作时间及工资系数做了明确规定。如厄瓜多尔规定工人可每周最短仅工作 30 个小时，隧洞等地下工程工作时间为 6 小时。

④ 工人在当地需要缴纳的社会保险费等费用。

⑤ 当地就近交通点至工区内的交通费用。

⑥ 支付招聘或解聘员工的费用。如厄瓜多尔规定：当辞退已过试用期的雇员时，需付如下补偿费用：a. 月工资 ×1.25 × 在本单位工作年限（不足一年按一年算）；b.（第十三个月工资 + 第十四个月工资）× 本年已在本单位工作的月份数/12；c. 若雇员尚未休本年的年休假还需付给雇员本年年休假应得的工资。

⑦ 法律规定其他额外权益、社保、个税等。有些国家还有法律规定的一些隐形社保成本，在投标阶段也不容忽视。

以某国际工程投标报价的人工成本为例，说明隐含的隐形国外人工成本计算：

a. 额外权益。根据该国现行的法案规定，雇员除享有正常工资外，每年还将享受约等于 3 个月工资的额外权益，具体条款解释如下：

- 公司利润。企业必须承认净利润的 15% 应由员工享有。
- 第 13 个月报酬。员工有权利在每年的 12 月 24 日之前，得到雇主所支付的一份报酬，相当于全年工资报酬所得的十二分之一。
- 第 14 个月报酬。员工除了目前有权享受的全部报酬之外，也应接受一个年度的奖金，应在每年 8 月 15 日之前支付完毕。
- 储备基金。为企业提供超过 1 年工作服务的员工有权利接受雇主为其每年支付的相当于 1 个月工资或者酬金作为其储备基金

b. 社保成本。根据该国《社会保障法》规定，该国的社会保险费用由企业和员工共同承担。2015 年规定，社保费用占工资总额比例的 21.6%，其中个人承担 9.45%（直接从工资中扣除，由企业代缴），企业承担 12.15%，而且社保缴费比例也在逐年提高。另外，企业还需向全国职业教育培训委员会缴纳雇员工资额的 0.50%，向教育信贷与奖学金委员会缴纳工资额的 0.50%，作为员工的培训基金。

c. 个税成本。根据税收政策，2015 年个人所得税根据年收入分为九档，缴纳比例为年收入的 0% ~35%。以月薪 2000 美元为例，每月需缴纳的个人所得税为 88.94 美元，缴纳比例约为年收入的 15%，位于个人所得税的第五档。由于该国教育体系相对落后，中高级技术人才短缺，因此大部分工程技术人员的工资水平都位于个人所得税的第四档至第六档之间，即个人所得税的缴纳比例在年收入的 10% ~20% 之间。

（4）人工单价计算

① 实物量法综合人工工日单价计算公式

$$综合工日单价\ W_{平} = W_{内} \times \%_{内} + W_{外} \times \%_{外} \times 1/A$$

$W_{平}$——平均工资；$W_{内}$——国内工人平均工资；$W_{外}$——国外工人平均工资；$\%_{内}$——国内工人工日占总工日的百分化；$\%_{外}$——国外工人工日占总工日的百分比；A——工效比。

表 5－8　某国际工程项目投标综合人工单价计算示例表

序号	名称	单位	费用标准	费用
一	国内人工综合单价			
1	基本工资	USD/（人·月）	月薪制：10 000 元/月	1 605.14
2	初次签证、体检、手续费	USD/（人·次）	护照 300 元；体检 800 元；签证 500 元	7.13
3	保险	USD/（人·月）	意外伤害险：1 800 元/年	24.08
4	国内交通费	USD/（人·月）	1 500 元/年	20.06
5	往返国际机票费（含期间食宿）	USD/（人·月）	一年往返标准：3 000USD/年	250.00
6	当地交通费	USD/（人·月）	150USD/年	12.50
7	劳保、置装等费	USD/（人·月）	800USD/年	66.67
8	长期工作签证	USD/（人·月）	工作签（三年）：200USD，签证费（一年）：30USD	6.39
9	通信费	USD/（人·月）	20USD/年	20.00
10	伙食费	USD/（人·月）	225USD/年	225.00
11	住宿费	USD/（人·月）	90USD/年	90.00
12	医疗卫生文体及培训等费	USD/（人·月）	150USD/年	150.00
	小计 1	USD/（人·月）		2 476.97
13	实际工作日	日	25	
14	中国工日单价	USD/（人·日）		99.08
二	当地人工综合单价			
1	薪金	USD/（人·月）	月薪制：450USD/月	450
2	人身医疗伤残保险费用	USD/（人·月）	166.5USD/月	166.5
3	其他费用（置装、卧具、劳保等）	USD/（人·月）	350USD/年	29.17
4	伙食费	USD/（人·月）	100USD/月	100
5	住宿费	USD/（人·月）	70USD/月	70
6	交通费	USD/（人·月）	10USD/月	10

续表

序号	名称	单位	取费标准	费用
7	医疗卫生文体及培训等费	USD/(人·月)	50USD/月	50
	小计 2	USD/(人·月)		875.67
8	实际工作日	日	22	
9	当地工日单价	USD/（人·日）		39.80
三	中外用工比		1:4	
四	中外工效比		1.35	
五	综合人工单价			
1	综合人工单价	USD/(人·日)		62.80

说明：1. 本表计算中 1 美元 =6.23RMB。2. 本表只是计算了一种国内工人与当地工人综合单价的情况。实际上，国内、国外对一些技术工人、技术管理人员还有不同分类方法，因此相应的基础工资标准也不一致。3. 本表中，未考虑当地工人加班、特殊工作面的人工工资调整系数。比如隧洞工作面与露天土方开挖的人工工资调整系数和日工作时间不同，工资调整系数及工时计算方法不同，必要时需要进行换算。4. 国际工程中，每个国家规定的年有效时间不一样，对节假日加班工资的补偿标准也不一致。本示例表国内外人工分别按 25 天、22 天，每天 8 小时工作时间考虑，没有考虑特殊的法定节假日情况。5. 综合考虑每个国家对技术工种、普通工人的中外劳工比例限制不一样。

以上计算只是考虑了正常的工时和单价，如遇到加班、隧洞等地下工程则需要相应调整日工作时间和工作报酬，根据实际涉及的工作面进行工效和工时调整。可在投标报价时另增设地下施工技术工人的工时单价，同时还要考虑项目社保、权益基金、培训教育基金等随法律法规变化进行调整计算。

② 修正定额工日单价计算

综合人工出勤工日单价除以中国工人在国内工作和国外工作的工效比，在国内环境下预算定额生产水平与实际水平的工效比，换算成定额工日单价。即：

定额工日单价 = 综合人工出勤工日单价/(工效比 1 + 工效比 2)

工效比 1 = 当地工人工效/中国工人工效

工效比 2 = 国内环境预算定额水平/实际生产水平

单项工种实际人工成本 = 实物量法计算的中外方人工总费用 × 修正后定额单项工种工日/总修正定额工种工日和

③ 规定的工程量清单工时单价

某些国际工程项目，在工程量清单报价中，按照当地的工种分类以及当地工时单价计算公式计算得出工时单价，作为投标报价工程量清单中的工时单价，如表 5 – 9 所示。

表 5 – 9　某国际工程当地人工工时单价计算示例表

工种描述	种类				
	I	II	III	IV	V
1. 名义工资	9.47	14.97	27.61	47.33	50.00

续表

工种描述	种类				
	I	II	III	IV	V
2. 名义月薪（30 天）	284.00	449.00	828.33	1 420.00	1 500.00
3. 名义年薪	3 408.00	5 388.00	9 939.96	17 040.00	18 000.00
4. 交通费	10.00	10.00	10.00	10.00	10.00
5. 十三月工资	23.67	37.42	69.03	118.33	125.00
6. 其他工资	—	—	—	—	—
7. 其他额外工资	30.00	72.00	166.00	317.00	217.00
8. 储备基金	23.67	37.42	69.03	118.33	125.00
9. 雇主贡献	34.51	54.55	100.64	172.53	182.25
10. 假期	11.83	18.71	34.51	59.17	62.50
11. 十四月工资	20.00	20.00	20.00	20.00	20.00
12. 工装	11.41	11.41	11.41	11.41	11.41
13. 其他	—	—	—	—	—
年工资	5 104.99	8 077.06	4 879.08	25 541.28	25 537.92
月工资	425.42	673.09	1 239.92	2 128.44	2 128.16
支付天数	365.00	365.00	365.00	365.00	365.00
日工资	13.99	22.13	40.76	69.98	69.97
工时单价	1.75	2.77	5.10	8.75	8.75

（5）人工费汇总计算

① 修正定额用工汇总计算

套取修正调整后的定额工日耗量，计算人工单价，以定额工日耗量和工日单价乘积，然后用定额人工费，根据工种比例，反算定额人工工时单价。此种方法可适用于以派遣中国工人为主的海外实施项目，如表 5－10 所示。

表 5－10　某国际工程项目投标定额法反算人工工时单价计算示例表

序号	名称	定额人工工时	工种所占比例	工种实际人工成本	反算后的工时单价
1	高级熟练工	428 516.71	0.06	1 561 403.14	7.17
2	熟练工	2 999 616.98	0.42	10 929 821.96	4.86
3	半熟练工	1 785 486.30	0.25	6 505 846.41	3.62
4	普工	1 928 325.20	0.27	7 026 314.12	2.44
5	合计	7 141 945.19	1.00	26 023 385.63	

② 实物量法人工费用计算案例

案例 5－1　某国际公路项目人工费用计算

某国际公路项目内容包括：新建 58.8km 沥青混凝土道路（双向四车道，宽度为10m，沥青路面宽2×3.5m，双向横坡2.5%，路肩宽度2.5+0.5m)，道路结构层为面层细粒式沥青混凝土4cm+粗粒式沥青混凝土5cm、级配碎石基层厚为22cm、次基层厚为21cm；排水工程包括纵向和横向排水42处管涵；新建桥梁包括6座单跨预应力混凝土简支T梁桥和1座7跨预应力混凝土连续箱梁桥；附属安全标识等附属工程。项目工期42个月。根据本工程施工安排，本标段路将分为11个施工队：土方施工2个队、次基层施工2个队、基层施工2个队、沥青铺装施工1个队、测量1个队、桥梁施工1个队、排水工程施工1个队、防护工程施工1个队、照明工程及交通标志标线施工1个队，高峰施工人数329人。

表5-11　某国际公路工程当地人工费计算示例表

单位：USD

序号	人员	人数	工月数	基础月工资	食宿交通	工资	费用总计
1	绿化工程师	1	24	4 550.00	100.00	4 650.00	111 600.00
2	HSE工程师	1	24	4 550.00	100.00	4 650.00	111 600.00
3	工长	11	196	1 235.00	100.00	1 335.00	261 660.00
4	机械操作手	60	1 171	949.00	100.00	1 049.00	1 228 379.00
5	司机	115	2 277	910.00	100.00	1 010.00	2 299 770.00
6	技工	38	664	503.00	100.00	603.00	400 392.00
7	普工	61	1 101	287.00	100.00	387.00	426 087.00
8	普工（测量）	6	122	287.00	100.00	387.00	47 214.00
9	试验工	3	66	910.00	100.00	1 010.00	66 660.00
10	机修工	2	48	949.00	100.00	1 049.00	50 352.00
11	普工（加油工）	1	24	287.00	100.00	387.00	9 288.00
12	普工（水车工）	2	48	287.00	100.00	387.00	18 576.00
13	普工（仓管）	1	24	287.00	100.00	387.00	9 288.00
14	普工（文书）	4	94	287.00	100.00	387.00	36 378.00
15	医护	1	24	1 040.00	100.00	1 140.00	27 360.00
16	普工（保洁）	2	48	287.00	100.00	387.00	18 576.00
17	HSE相关人员	3	68	910.00	100.00	1 010.00	68 680.00
18	保安	6	138	390.00	100.00	490.00	67 620.00
19	施工员	3	96	1 235.00	100.00	1 335.00	128 160.00
合计							5 276 040.00

说明：1. 本表人工、工月数等数据来源于表5-13中，根据工作面施工进度计划配置人工。2. 本表中的基础月薪包含了社保及相关税费。根据业主招标文件中单价分析表要求，将人工费的社保和税费分别单列，采用实物量法计算得出。3. 本表计算的工资栏不含节假日等加班工资，需要另考虑节假日、特殊工作面的加班工资。如采用三班制，则也要考虑工资调整系数。

表 5－12　某国际公路工程中方人员人工费计算示例表

单位：USD

序号	工种	人数	工作时间	人·月	月薪	生活费	法定加班费	探亲费	月工资	合计费用
1	项目经理	1	24	24	5 148	200.00	100.00	300.00	5 748.00	137 952.00
2	项目副经理	1	24	24	4 000	200.00	100.00	300.00	4 600.00	110 400.00
3	总工程师	1	24	24	4 000	200.00	100.00	300.00	4 600.00	110 400.00
4	总会计师	1	24	24	4 000	200.00	100.00	300.00	4 600.00	110 400.00
5	道路专家	1	24	24	2 689	200.00	100.00	300.00	3 289.00	78 936.00
6	结构专家	1	24	24	2 689	200.00	100.00	300.00	3 289.00	78 936.00
7	质量专家	1	24	24	2 689	200.00	100.00	300.00	3 289.00	78 936.00
8	线路专家	1	8	8	2 689	200.00	100.00	300.00	3 289.00	26 312.00
9	园林专家	0	24	0	2 689	200.00	100.00	300.00	3 289.00	—
10	环境专家	0	24	0	2 689	200.00	100.00	300.00	3 289.00	—
11	骨料加工系统经理	1	24	24	2 525	200.00	100.00	300.00	3 125.00	75 000.00
12	拌和站经理	1	24	24	2 525	200.00	100.00	300.00	3 125.00	75 000.00
13	实验室主任	1	24	24	2 525	200.00	100.00	300.00	3 125.00	75 000.00
14	综合办主任	1	24	24	2 525	200.00	100.00	300.00	3 125.00	75 000.00
15	翻译	6	24	144	1 705	200.00	100.00	300.00	2 305.00	331 920.00
16	厨师	2	24	48	885	200.00	100.00	300.00	1 485.00	71 280.00
17	出纳	1	24	24	1 705	200.00	100.00	300.00	2 305.00	55 320.00
小计 1		21								1 490 792.00
1	施工员	3	24	72	1 869	200.00	100.00	300.00	2 469.00	177 768.00
2	骨料加工系统操作手	2	22	44	1 869	200.00	100.00	300.00	2 469.00	108 636.00
3	测量员	3	24	72	1 869	200.00	100.00	300.00	2 469.00	177 768.00
4	材料员	3	24	72	1 869	200.00	100.00	300.00	2 469.00	177 768.00
5	实验员	2	22	44	1 869	200.00	100.00	300.00	2 469.00	108 636.00
6	机修工	2	24	48	1 869	200.00	100.00	300.00	2 469.00	118 512.00
7	爆破技工	8	17	136	1 869	200.00	100.00	300.00	2 469.00	335 784.00
8	拌和站操作手	1	22	22	1 869	200.00	100.00	300.00	2 469.00	54 318.00
小计 2		66								1 259 190.00
合计										2 749 982.00

表 5-13　某国际公路工程施工进度计划、人员及施工设备进场配置表

施工进度计划表

项目	2015年	2016年	2017年	2018年
土方开挖				
路基回填				
次基层				
基层				
沥青混凝土铺装				
排水工程				
桥梁工程				
防护工程				
道路标志标示				
质保期				

人员配备

设备人员名称	高峰数量	累计月份	1	2	3	4	5	6	7	8	9	10	11	12	13	14	15	16	17	18	19	20	21	22	23	24	25	26	27	28	29	30	31	32	33	34	35	36	37	38	39	40	41	42
			2015年												2016年												2017年												2018年					
		月份	1	2	3	4	5	6	7	8	9	10	11	12	1	2	3	4	5	6	7	8	9	10	11	12	1	2	3	4	5	6	7	8	9	10	11	12	1	2	3	4	5	6
HSE工程师	1	42	1	1	1	1	1	1	1	1	1	1	1	1	1	1	1	1	1	1	1	1	1	1	1	1	1	1	1	1	1	1	1	1	1	1	1	1	1	1	1	1	1	1
工长	10	272	2	2	2	6	6	6	8	9	9	9	9	9	9	9	9	9	9	9	10	10	10	10	10	10	9	9	9	9	9	9	8	6	2	2	2	1	1	1	1	1	1	1
土方开挖	1		1	1	1	1	1	1	1	1	1	1	1	1	1	1	1	1	1	1	1	1	1	1	1	1																		
路基回填	2		1	1	1	2	2	2	2	2	2	2	2	2	2	2	2	2	2	2	2	2	2	2	2	2	2	2	2	2	2	2												
次基层	2								2	2	2	2	2	2	2	2	2	2	2	2	2	2	2	2	2	2	2	2	2	2	2	2	2											
基层	1									1	1	1	1	1	1	1	1	1	1	1	1	1	1	1	1	1	1	1	1	1	1	1	1	1										
沥青混凝土铺装	1																				1	1	1	1	1								1	1	1	1	1							
排水工程	1					1	1	1	1	1	1	1	1	1	1	1	1	1	1	1	1	1	1	1	1	1	1	1	1	1	1	1	1	1										
桥梁工程	1					1	1	1	1	1	1	1	1	1	1	1	1	1	1	1	1	1	1	1	1	1	1	1	1	1	1	1	1	1										
防护工程	1					1	1	1	1	1	1	1	1	1	1	1	1	1	1	1	1	1	1	1	1	1	1	1	1	1	1	1	1	1										
道路标志标识	1																									1	1	1	1	1	1	1	1	1	1	1	1	1						
质保期	1																																						1	1	1	1	1	1
机械操作手	47	1437	30	30	30	35	35	35	37	40	40	40	40	40	40	40	40	40	40	40	47	47	47	47	47	40	40	40	40	40	40	40	45	45	42	42	42	34	0	0	0	0	0	0
司机	60	2123	54	54	58	59	59	59	59	59	59	59	59	59	59	59	59	59	59	59	60	60	60	60	60	59	59	59	59	59	59	59	60	60	60	60	60	59	0	0	0	0	0	0
技工	48	1392	0	0	0	48	48	48	48	48	48	48	48	48	48	48	48	48	48	48	48	48	48	48	48	48	48	48	48	48	48	48	48	48	0	0	0	0	0	0	0	0	0	0
土方开挖	0																																											
路基回填	0																																											
次基层	0																																											
基层	0																																											
沥青混凝土铺装	0																																											
排水工程	16					16	16	16	16	16	16	16	16	16	16	16	16	16	16	16	16	16	16	16	16	16	16	16	16	16	16	16	16	16										
桥梁工程	16					16	16	16	16	16	16	16	16	16	16	16	16	16	16	16	16	16	16	16	16	16	16	16	16	16	16	16	16	16										
防护工程	16					16	16	16	16	16	16	16	16	16	16	16	16	16	16	16	16	16	16	16	16	16	16	16	16	16	16	16	16	16										
道路标志标识	0																																											
质保期	0																																											
普工	70	1841	6	6	6	44	44	44	56	62	62	62	62	62	62	62	62	62	62	62	70	70	70	70	70	67	59	59	59	59	59	59	51	39	17	17	17	5	6	6	6	6	6	6
土方开挖	8		6	6	6	8	8	8	8	8	8	8	8	8	8	8	8	8	8	8	8	8	8	8	8	8																		
路基回填	16					16	16	16	16	16	16	16	16	16	16	16	16	16	16	16	16	16	16	16	16	16	16	16	16	16	16	16												
次基层	12								12	12	12	12	12	12	12	12	12	12	12	12	12	12	12	12	12	12	12	12	12	12	12	12	12											
基层	6									6	6	6	6	6	6	6	6	6	6	6	6	6	6	6	6	6	6	6	6	6	6	6	6	6										
沥青混凝土铺装	8																				8	8	8	8	8								8	8	8	8	8							
排水工程	4					4	4	4	4	4	4	4	4	4	4	4	4	4	4	4	4	4	4	4	4	4	4	4	4	4	4	4	4	4										
桥梁工程	4					4	4	4	4	4	4	4	4	4	4	4	4	4	4	4	4	4	4	4	4	4	4	4	4	4	4	4	4	4										
防护工程	4					4	4	4	4	4	4	4	4	4	4	4	4	4	4	4	4	4	4	4	4	4	4	4	4	4	4	4	4	4										
道路标志标识	5																									5	5	5	5	5	5	5	5	5	5	5	5	5						
质保期	6																																						6	6	6	6	6	6
拌合站、预制厂	8					8	8	8	8	8	8	8	8	8	8	8	8	8	8	8	8	8	8	8	8	8	8	8	8	8	8	8	8	8	4	4	4							

续表

普工（测量）	6	218		4	4	6	6	6	6	6	6	6	6	6	6	6	6	6	6	6	6	6	4	4	4		6	6	6	6	6	6	6	6	4	4	4		6	6	6	6	6	6
试验工	3	117		3	3	3	3	3	3	3	3	3	3	3	3	3	3	3	3	3	3	3	2	2	2	2	3	3	3	3	3	3	3	3	3	2	2	2	3	3	3	3	3	3
机修工	2	84	2	2	2	2	2	2	2	2	2	2	2	2	2	2	2	2	2	2	2	2	2	2	2	2	2	2	2	2	2	2	2	2	2	2	2	2	2	2	2	2	2	2
普工（加油工）	1	42	1	1	1	1	1	1	1	1	1	1	1	1	1	1	1	1	1	1	1	1	1	1	1	1	1	1	1	1	1	1	1	1	1	1	1	1	1	1	1	1	1	1
普工（水车工）	2	84	2	2	2	2	2	2	2	2	2	2	2	2	2	2	2	2	2	2	2	2	2	2	2	2	2	2	2	2	2	2	2	2	2	2	2	2	2	2	2	2	2	2
普工（仓管）	1	42	1	1	1	1	1	1	1	1	1	1	1	1	1	1	1	1	1	1	1	1	1	1	1	1	1	1	1	1	1	1	1	1	1	1	1	1	1	1	1	1	1	1
普工（文书）	4	166	3	3	4	4	4	4	4	4	4	4	4	4	4	4	4	4	4	4	4	4	4	4	4	4	4	4	4	4	4	4	4	4	4	4	4	4	4	4	4	4	4	4
医护	1	42	1	1	1	1	1	1	1	1	1	1	1	1	1	1	1	1	1	1	1	1	1	1	1	1	1	1	1	1	1	1	1	1	1	1	1	1	1	1	1	1	1	1
普工（保洁）	2	84	2	2	2	2	2	2	2	2	2	2	2	2	2	2	2	2	2	2	2	2	2	2	2	2	2	2	2	2	2	2	2	2	2	2	2	2	2	2	2	2	2	2
保安	6	246	4	4	4	6	6	6	6	6	6	6	6	6	6	6	6	6	6	6	6	6	6	6	6	6	6	6	6	6	6	6	6	6	6	6	6	6	6	6	6	6	6	6
HSE相关人员	3	122	2	2	2	2	3	3	3	3	3	3	3	3	3	3	3	3	3	3	3	3	3	3	3	3	3	3	3	3	3	3	3	3	3	3	3	3	3	3	3	3	3	3
操作手及司机数量计算																																												
吉普车	2	72	2	2	2	2	2	2	2	2	2	2	2	2	2	2	2	2	2	2	2	2	2	2	2	2	2	2	2	2	2	2	2	2	2	2	2	2						
皮卡车	2	72	2	2	2	2	2	2	2	2	2	2	2	2	2	2	2	2	2	2	2	2	2	2	2	2	2	2	2	2	2	2	2	2	2	2	2	2						
厢式货车	2	72	2	2	2	2	2	2	2	2	2	2	2	2	2	2	2	2	2	2	2	2	2	2	2	2	2	2	2	2	2	2	2	2	2	2	2	2						
自卸车	33	1188	33	33	33	33	33	33	33	33	33	33	33	33	33	33	33	33	33	33	33	33	33	33	33	33	33	33	33	33	33	33	33	33	33	33	33	33						
土方开挖					20	20	20	20	20	20	20	20	20	20	20	20	20	30	30	30	30	30	30	30	30	30																		
路基回填					17	17	17	17	17	17	17	17	17	17	17	17	17	71	71	71	71	71	71	71	71	71	71	71	71	71	71	71	10	10	10	10	10	10	10	10	10	10	10	10
次基层										3	3	3	3	3	3	3	3	3	3	3	3	3	3	3	3	3	3	3	3	3	3	3	3	3										
基层											2	2	2	2	2	2	2	2	2	2	2	2	2	2	2	2	2	2	2	2	2	2	2	2	2									
骨料运输								6	6	6	6	6	6	6	6	6	6	6	6	6	6	6	6	6	6	6	6	6	6	6	6	6	6	6	6	6	6							
水车	6	216	6	6	6	6	6	6	6	6	6	6	6	6	6	6	6	6	6	6	6	6	6	6	6	6	6	6	6	6	6	6	6	6	6	6	6	6						
油车	2	70	1	1	2	2	2	2	2	2	2	2	2	2	2	2	2	2	2	2	2	2	2	2	2	2	2	2	2	2	2	2	2	2	2	2	2	2						
10t随车吊	2	69	1	1	1	2	2	2	2	2	2	2	2	2	2	2	2	2	2	2	2	2	2	2	2	2	2	2	2	2	2	2	2	2	2	2	2	2						
40t拖车	1	36	1	1	1	1	1	1	1	1	1	1	1	1	1	1	1	1	1	1	1	1	1	1	1	1	1	1	1	1	1	1	1	1	1	1	1	1						
混凝土罐车	3	102			3	3	3	3	3	3	3	3	3	3	3	3	3	3	3	3	3	3	3	3	3	3	3	3	3	3	3	3	3	3	3	3	3	3						
沥青洒布车	1	10																			1	1	1	1	1								1	1	1	1	1							
叉车	1	36	1	1	1	1	1	1	1	1	1	1	1	1	1	1	1	1	1	1	1	1	1	1	1	1	1	1	1	1	1	1	1	1	1	1	1	1						
拖拉机	3	108	3	3	3	3	3	3	3	3	3	3	3	3	3	3	3	3	3	3	3	3	3	3	3	3	3	3	3	3	3	3	3	3	3	3	3	3						
拖拉机	0	0																																										
拖拉机	0	0																																										
双排座轻卡	2	72	2	2	2	2	2	2	2	2	2	2	2	2	2	2	2	2	2	2	2	2	2	2	2	2	2	2	2	2	2	2	2	2	2	2	2	2						
总计			54	54	58	59	59	59	59	59	59	59	59	59	59	59	59	59	59	59	60	60	60	60	60	59	59	59	59	59	59	59	60	60	60	60	60	59	0	0	0	0	0	0
挖掘机	2	72	2	2	2	2	2	2	2	2	2	2	2	2	2	2	2	2	2	2	2	2	2	2	2	2	2	2	2	2	2	2	2	2	2	2	2	2						
挖掘机	2	72	2	2	2	2	2	2	2	2	2	2	2	2	2	2	2	2	2	2	2	2	2	2	2	2	2	2	2	2	2	2	2	2	2	2	2	2						
推土机	7	252	7	7	7	7	7	7	7	7	7	7	7	7	7	7	7	7	7	7	7	7	7	7	7	7	7	7	7	7	7	7	7	7	7	7	7	7						
装载机	5	180	5	5	5	5	5	5	5	5	5	5	5	5	5	5	5	5	5	5	5	5	5	5	5	5	5	5	5	5	5	5	5	5	5	5	5	5						
挖掘装载机	3	108	3	3	3	3	3	3	3	3	3	3	3	3	3	3	3	3	3	3	3	3	3	3	3	3	3	3	3	3	3	3	3	3	3	3	3	3						
平地机	4	144	4	4	4	4	4	4	4	4	4	4	4	4	4	4	4	4	4	4	4	4	4	4	4	4	4	4	4	4	4	4	4	4	4	4	4	4						
压路机(光/凸)	7	252	7	7	7	7	7	7	7	7	7	7	7	7	7	7	7	7	7	7	7	7	7	7	7	7	7	7	7	7	7	7	7	7	7	7	7	7						
75t汽车吊	1	33				1	1	1	1	1	1	1	1	1	1	1	1	1	1	1	1	1	1	1	1	1	1	1	1	1	1	1	1	1	1	1	1	1						
混凝土拌和站	1	33				1	1	1	1	1	1	1	1	1	1	1	1	1	1	1	1	1	1	1	1	1	1	1	1	1	1	1	1	1	1	1	1	1						
碎石系统	1	32				1	1	1	1	1	1	1	1	1	1	1	1	1	1	1	1	1	1	1	1	1	1	1	1	1	1	1	1	1	1	1	1							
沥青拌和楼	1	10																			1	1	1	1	1								1	1	1	1	1							
沥青摊铺机	2	20																			2	2	2	2	2								2	2	2	2	2							
轮胎压路机	2	20																			2	2	2	2	2								2	2	2	2	2							
双钢轮碾	2	20																			2	2	2	2	2								2	2	2	2	2							
2t小振动碾	4	114				2	2	2	4	4	4	4	4	4	4	4	4	4	4	4	4	4	4	4	4	4	4	4	4	4	4	4	2	2	2	2	2	2						
碎石摊铺机	2	50								2	2	2	2	2	2	2	2	2	2	2	2	2	2	2	2	2	2	2	2	2	2	2	2	2	2									
碎石拌和站	1	25								1	1	1	1	1	1	1	1	1	1	1	1	1	1	1	1	1	1	1	1	1	1	1	1	1	1									
总计			**30**	**30**	**30**	**35**	**35**	**35**	**37**	**40**	**40**	**40**	**40**	**40**	**40**	**40**	**40**	**40**	**40**	**40**	**47**	**47**	**47**	**47**	**47**	**40**	**40**	**40**	**40**	**40**	**40**	**40**	**45**	**45**	**42**	**42**	**42**	**34**	**0**	**0**	**0**	**0**	**0**	**0**

表 5－14　某国际水电站工程施工用工计划示例表

时间		管理人员	测量工	安全工	电工	钻爆工	机手、司机	钢筋（电焊）工	模板工	砼工	钻灌工	砌筑装修工	金结制安工	系统运行人员	修理工	技工合计	辅助工	人员合计	中方员工	当地员工
2014 年	3 月	8	0	0	0	0	0	0	0	0	0	0		0	0	0	0	8	8	0
	4 月	10	9	5	9	9	27	0	0	0	0	0		0	0	59	24	93	10	83
	5 月	30	11	7	11	13	40	0	0	0	0	0		0	0	82	33	145	25	120
	6 月	40	11	7	11	13	54	16	19	0	0	0		0	7	138	55	233	113	120
	7 月	50	11	7	11	13	54	16	19	14	45	0		0	7	197	79	326	158	168
	8 月	50	11	7	11	13	54	16	19	14	45	30		22	7	249	100	399	189	210
	9 月	50	11	7	11	20	54	16	19	14	45	30		22	7	256	102	408	194	214
	10 月	50	11	7	11	32	54	16	19	14	45	30		22	7	268	107	425	201	224
	11 月	50	11	7	11	32	45	18	22	16	45	30		22	7	266	106	422	200	222
	12 月	50	11	7	11	32	45	18	22	16	45	30		22	7	266	106	422	200	222
2015 年	1 月	50	11	7	11	32	45	18	22	16	45	30		22	7	266	106	422	200	222
	2 月	50	11	7	11	32	45	18	22	16	45	30		22	7	266	106	422	200	222
	3 月	50	9	7	11	32	45	18	22	16	45	30		22	7	264	106	420	198	222
	4 月	50	9	7	11	32	54	18	22	16	45	30		22	7	273	109	432	204	228
	5 月	50	9	7	11	32	54	18	22	16	45	30		22	7	273	109	432	204	228
	6 月	50	9	7	11	32	54	18	22	16	45	30		22	7	273	109	432	204	228
	7 月	50	9	7	11	32	54	18	22	16	45	30		22	7	273	109	432	204	228
	8 月	50	9	7	11	32	54	18	22	16	45	30		22	7	273	109	432	204	228
	9 月	50	9	7	11	32	54	25	32	18	45	27		22	7	289	116	455	213	242
	10 月	50	9	7	11	32	45	25	32	22	45	27		22	7	284	114	448	210	238

续表

时间		管理人员	测量工	安全工	电工	钻爆工	机手、司机	钢筋（电焊）工	模板工	砼工	钻灌工	砌筑装修工	金结制安工	系统运行人员	修理工	技工合计	辅助工	人员合计	中方员工	当地员工
2016 年	11 月	50	9	7	11	32	45	25	32	22	45	27		22	7	284	114	448	210	238
	12 月	50	9	7	11	32	45	25	32	22	45	27		22	7	284	114	448	210	238
	1 月	50	9	7	11	32	45	25	32	22	45	27		22	7	284	114	448	210	238
	2 月	50	9	7	11	22	45	25	32	22	45	27		22	7	274	110	434	204	230
	3 月	50	9	7	11	22	45	25	32	22	45	27		22	7	274	110	434	204	230
	4 月	50	9	7	11	16	45	25	32	22	45	27		22	7	268	107	425	201	224
	5 月	50	9	7	11	16	45	25	32	22	36	27		22	7	259	104	413	195	218
	6 月	50	9	7	11	16	45	25	32	22	36	27		22	7	259	104	413	195	218
	7 月	50	9	7	11	15	45	25	32	22	36	27		22	7	258	103	411	195	216
	8 月	50	9	7	11	7	45	25	32	22	36	24		22	7	247	99	396	188	208
	9 月	50	9	7	11	7	45	25	32	22	36	24		22	7	247	99	396	188	208
	10 月	50	9	7	11	7	45	25	32	22	36	24		22	7	247	99	396	188	208
	11 月	50	9	7	11	7	45	25	32	22	36	24		22	7	247	99	396	188	208
	12 月	50	9	7	11	7	45	25	32	22	36	24		22	7	247	99	396	188	208
2017 年	1 月	50	9	7	11	7	45	25	32	22	36	24		18	7	243	97	390	186	204
	2 月	50	9	7	11	5	45	25	32	22	27	24		18	7	232	93	375	179	196
	3 月	50	9	7	11	5	36	18	27	18	27	27		18	7	210	84	344	166	178
	4 月	40	9	7	11	0	36	18	27	18	27	27		14	7	201	80	321	151	170
	5 月	40	9	7	11	0	36	18	23	14	18	18		9	7	170	68	278	132	146
	6 月	24	9	7	11	0	36	9	14	9	9	9		0	7	120	48	192	86	106
	7 月	16	5	4	5	0	18	5	7	5	5	5		0	4	62	25	103	48	55
	8 月	8	0	0	0	0	0	0	0	0	0	0		0	0	0	0	8	8	0
	9 月	6		0	0	0	0	0	0	0	0	0		0	0	0	0	6	6	0

表 5－15　某国际水电站工程人工费计算示例表

单位：USD

序号	名称	单位	数量	价格		备注
				单价	总价	
一	中方人工费				22 630 487. 95	
1	中方管理人员工资	人・月			7 999 351. 80	
1. 1	项目经理	人・月	44	8 333. 33	366 666. 52	计入间接费中项目管理费
1. 2	项目总工	人・月	44	7 083. 33	311 666. 52	计入间接费中项目管理费
1. 3	项目副经理	人・月	122	7 083. 33	864 166. 26	计入间接费中项目管理费
1. 5	中层管理人员及工程师	人・月	1 540	3 500. 00	5 390 000. 00	计入间接费中项目管理费
1. 6	管理人员社保	人・月	1 750	609. 63	1 066 852. 50	计入间接费中项目管理费
1. 7	项目部辅助人员	人・月	390	520		计入间接费中项目管理费
2	中方工人工资				14 631 136. 15	
2. 1	中方勤务人员	人・月	117	1 800. 00	210 600. 00	
2. 2	中方工人	人・月	5 198	2 500. 00	12 995 000. 00	
2. 3	中方工人社保	人・月	5 315	268. 21	1 425 536. 15	
二	当地人工费				5 671 055. 61	
1	当地工人					
1. 1	模板工	人・月	495	860. 00	425 700. 00	
1. 2	其他工人	人・月	7 129	600. 00	4 277 400. 00	
2	当地勤务人员	人・月	390	400. 00	156 000. 00	
3	当地人员社保	%	16. 71%	4 859 100	811 955. 61	
三	合计				28 301 543. 56	

3. 人工费平衡调整方法及思路

通过上述一系列的计算，可以初步得出综合工日单价的水平以及定额工日单价，但是得出的单价是否有竞争力，以此报价是否能够中标，必须进行一系列的分析评估及决策。

首先，要对本企业（或分包商）以往投标同类或类似工程的投标报价，以及国际同行在该地区投标报价按中标与未中标项目进行分类分析，分析基础单价的计算方法和价格水平；其次，进行市场调查，摸清现阶段人均工资水平和劳务市场劳动力、物资设备价格趋势，对其价格水平以及工程施工期内的变动趋势、变动幅度进行分析预测；再次，对潜在的竞争对手进行分析预测，分析其可能采取的价格水平，以及其造成的影响（包括对其自身和其他投标单位及其招标人的影响）；最后，确定企业参加市场竞争的定位策略。通过上述分析，对人工工日单价进行调整，挖掘调整的空间，降低其标准。

一般来说，用实物法计算出来的人工费和材料费要较定额法计算结果稍低，机械费中的一类费要较定额法计算结果稍高。人工费偏低的原因主要是由于在用实物法计算过程中，没有考虑完全所有工程的用工，包括一些零星用工、辅助用工以及次要项目的用工配置，仅考虑用于工程主要项目的主要用工。材料费采用实物法计算偏低的原因在于部分材料的损耗、辅助材料等没有完全考虑，仅考虑用于工程主要项目的主要材料。机械费偏高的原因主要在于定额法的定额编制年限机械相对陈旧、使用效率相对较低。另外，由于定额法反映的是社会生产的平均水平，企业施工水平应高于定额水平，实物法计算结果原则上应该低于定额法计算结果（但也不排除实物法计算结果高于定额法计算结果，主要原因可能在于施工方案的资源配置合理性，以及投标报价人员对方案的理解是否有偏差）。因此，我们必须利用实物量法计算结果对定额法计算结果进行修正。可按如下算式来计算修正人工费：

$$修正人工费 = [人工费实物(1+a) + 人工费定额(1-a)]/2$$

a 为经验系数，可取 10% ~15%。

5.4.3 材料及机械设备费计算

1. 材料单价及材料费计算

根据材料、设备规格、质量、执行的标准、供货条件、价格及当地的材料价格等综合确定采购来源及方式；根据材料的用途、经济性等情况，确定采取的进口方式（临时进口或永久进口）。有的招标文件设置当地国有成分的比例要求，即在当地所在国采购材料及设备要达到投标报价的某一个百分比；有的国家海关会限制某些产品的进口等。以上情况，均需要在材料采购过程中加以考虑。

（1）材料的来源

国际工程的材料来源主要有以下途径：一是从我国或第三国采购；二是从当地采购；三是从我国、第三国或当地所在的项目进行调拨。

（2）材料单价计算

① 当地采购材料价格计算

当地材料价格 =（材料供应价格 + 运杂费）×（1 + 场外运输损耗费费率）×（1 + 采购及保管费费率）- 包装回收价值

一般来说，运杂费（包括保险费）按实际发生计算，运输损耗费及采购保管费取某一个费率计算，一般取 2% ~5%。简便计算时，也可以根据经验，综合取费计算。

表 5－16　某国际工程当地采购材料单价计算示例表

单位：USD

序号	项目名称	单位	预算价	原价（不含税）	运杂费	采保费	装卸费
1	I 级钢筋	t	1 162.20	1 061.95	23.00	43.40	33.85
2	II 级螺纹钢 4 200kg/cm^2	t	1 256.99	1 150.44	23.00	46.94	36.61
3	预应力钢	t	2 271.31	2 097.35	23.00	84.81	66.15
4	型钢	t	1 655.13	1 522.12	23.00	61.80	48.21
5	硅酸盐水泥 32.5MPa	t	167.74	117.99	38.60	6.26	4.89
6	硅酸盐水泥 42.5MPa	t	187.34	136.28	38.60	7.00	5.46
7	硝铵炸药	t	1 927.09	1 782.00	17.00	71.96	56.13
8	乳化炸药	t	4 683.29	4 355.00	17.00	174.88	136.41
9	毫秒延时 17，25，50，75，100ms	个	3.87	3.35	综合取费计算		
10	非电雷管 2.2m	个	2.46	2.10			
11	非电雷管 2.7m	个	2.90	2.50			
12	非电雷管 3.2m	个	3.08	2.75			
13	非电雷管 4.8m	个	3.13	2.85			
14	非电雷管 6m	个	3.32	2.95			
15	非电雷管 9.2m	个	3.95	3.55			
16	火雷管	个	0.21	0.15			
17	导爆管 Riocord 3－N	m	0.49	0.35			
18	导爆管 Riocord 5－N	m	0.58	0.45			
19	导火索	m	0.32	0.25			
20	石油沥青	t	1 257.5	1 150	50	34.5	23
21	改性沥青	t	1 152.5	1 050	50	31.5	21
22	组合钢模板	kg	1.927	1.83	0.023	0.074	0.06
23	钢支撑	kg	1.355	1.28	0.023	0.052	0.04
24	空心钢	kg	1.958	1.86	0.023	0.075	0.06
25	汽油	kg	0.513	0.47	0.023	0.020	0.02
26	柴油	kg	0.523	0.48	0.023	0.020	0.02
27	电	kW·h	0.253				
28	石灰	kg	0.210	0.19	0.03		
29	细砂	m^3	21.49	14.16	6.50	0.83	0.64

续表

序号	项目名称	单位	预算价（USD）	原价（不含税）	运杂费	采保费	装卸费
30	砂料	m^3	21.49	14.16	6.50	0.83	0.64
31	分类砂料	m^3	21.49	14.16	6.50	0.83	0.64
32	混凝土砾石	m^3	18.84	11.62	6.50	0.72	0.57
33	破碎和筛选的砾石	m^3	23.04	15.65	6.50	0.89	0.69
34	铺路砾石	m^3	18.84	11.62	6.50	0.72	0.57
35	电焊条	kg	3.061	2.92	0.023	0.118	0.09
36	片石	m^3	16.15	9.03	6.50	0.62	0.48
37	圆木	m^3	365.04	221.00	130.00	14.04	10.95
38	锯材	m^3	516.88	432.00	65.00	19.88	15.51
39	氧气	m^3	3.352	3.20	0.023	0.129	0.10
40	乙炔	m^3	14.033	13.47	0.023	0.540	0.42
41	铁钉	kg	1.480	1.32			
42	铁丝	kg	1.480	1.32			
43	卡扣件	kg	1.428	1.35	0.023	0.055	0.04
44	钢材（板材）	t	1 284.810	1 212.39	23.00	49.42	38.54
45	钢绞线（7 根丝）	t	2 232.770	2 123.89	23.00	85.88	66.98

② 国内材料出口到国外工地价格计算

国内材料离岸价 FOB = 到发货港价格 + 报关费 + 装船费

国内材料到岸价 CIF = FOB 价 + 海运费 + 保险费（可买全程到工地保险）

国内材料到工地价格 = CIF 价 + 清关费（含通关手续费）+ 进口关税 + 港杂费 + 增值税 + 港口至施工现场的陆运费 + 装卸费 + 存储保管费（部分材料要考虑二次倒运及损耗费）+ 其他费用

上述各项费用包括海运费、海运保险费、港口装卸、提货、清关、商检、进口许可证、关税、其他附加税、港口到工地的运输装卸、保险和临时仓储费、银行信用证手续费，以及材料的采购费、样品费等。

③ 第三国采购进口材料价格计算

从第三国采购的材料价格，其预算价格的计算方法类似于从国内出口供应材料价格的计算。如果同一种材料来自不同的供应来源，则应按各自所占比重计算加权平均价格，作为预算价格。

第三国采购材料价格 = 第三国材料离岸价 FOB + 保险费 + 海运费 + 清关费 + 进口关税 + 港杂费 + 增值税 + 港口至施工现场的内陆运费 + 装卸费 + 存储保管费（部分材料要考虑二次倒运及损耗费）+ 其他费用

表 5－17　某国际工程从中国采购物资预算单价计算示例表

序号	项目	单位	数量	单价（万元人民币）	FOB 单价（USD）	海运费（USD）	国内杂费（USD）	CIF 单价（USD）	强制保险 1.75%（USD）	关税 18%（USD）	IGV3.5%（USD）	清关代理费 2%（USD）	陆运费 1.5%（USD）	其他 1%（USD）	现场价（USD）
1.01	套管式电源变压器	Un	1.00	400.00	649 582.64	40 000.00	4 444.44	694 027.09	12 145.47	124 924.88	24 290.95	13 880.54	10 410.406 3	6 940.270 88	886 619.60
2.1	80 英尺 SM 的钢制电线杆	u	5	4.364 1	3 315.00	645.217	92.174	4 052.39	70.917	729.430	141.834	81.05	60.79	40.52	5 176.93
2.2	85 英尺 SM 的电线杆	u	20	4.857 3	3 543.00	731.494	104.499	4 378.99	76.632	788.219	153.265	87.58	65.68	43.79	5 594.16
2.3	90 英尺 SM 的电线杆	u	2	5.938 2	3 958.00	645.217	92.174	4 695.39	82.169	845.170	164.339	93.91	70.43	46.95	5 998.36
2.4	110 英尺 SM 的电线杆	u	1	6.583 5	5 961.00	1 246.459	178.066	7 385.53	129.247	1 329.395	258.493	147.71	110.78	73.86	9 435.01
2.5	80 英尺 SMD 的电线杆	u	4	5.298 3	4 053.00	689.293	98.470	4 840.76	84.713	871.337	169.427	96.82	72.61	48.41	6 184.07
2.6	85 英尺 SMD 的电线杆	u	1	6.208 2	4 407.00	768.526	109.789	5 285.32	92.493	951.357	184.986	105.71	79.28	52.85	6 751.99
2.7	100 英尺 SMD 的钢制电线杆	u	3	7.345 8	5 917.00	1 086.032	155.147	7 158.18	125.268	1 288.472	250.536	143.16	107.37	71.58	9 144.57
2.8	80 英尺 A1M 的钢制电线杆	u	2	5.858 1	4 884.00	803.991	114.856	5 802.85	101.550	1 044.512	203.100	116.06	87.04	58.03	7 413.14
2.9	85 英尺 A1M 的钢制电线杆	u	3	6.659 1	5 335.00	1 124.746	160.678	6 620.42	115.857	1 191.676	231.715	132.41	99.31	66.20	8 457.59
2.10	90 英尺 A1M 的钢制电线杆	u	4	8.073 9	5 894.00	1 023.213	146.173	7 063.39	123.609	1 271.410	247.219	141.27	105.95	70.63	9 023.48
2.11	100 英尺 A1M 的钢制电线杆	u	4	9.123 3	7 157.00	1 277.195	182.456	8 616.65	150.791	1 550.997	301.583	172.33	129.25	86.17	11 007.77
2.12	110 英尺 A1M 的钢制电线杆	u	3	10.309 5	8 803.00	1 574.503	224.929	10 602.43	185.543	1 908.438	371.085	212.05	159.04	106.02	13 544.61
2.13	120 英尺 A1M 的钢制电线杆	u	4	11.649 6	9 834.00	1 906.354	272.336	12 012.69	210.222	2 162.284	420.444	240.25	180.19	120.13	15 346.21

续表

序号	项目	单位	数量	单价（万元人民币）	FOB 单价（USD）	海运费（USD）	国内杂费（USD）	CIF 单价（USD）	强制保险 1.75%（USD）	关税 18%（USD）	IGV3.5%（USD）	清关代理费 2%（USD）	陆运费 1.5%（USD）	其他 1%（USD）	现场价（USD）
2.14	85 英尺 A2M 的钢制电线杆	u	2	7.724 7	7 377.00	1 250.531	178.647	8 806.18	154.108	1 585.112	308.216	176.12	132.09	88.06	11 249.89
2.15	90 英尺 A2M 的钢制电线杆	u	1	8.808 3	8 005.00	1 415.288	202.184	9 622.47	168.393	1 732.045	336.787	192.45	144.34	96.22	12 292.71
2.16	100 英尺 A2M 的钢制电线杆	u	2	10.705 5	9 766.00	1 773.182	253.312	11 792.49	206.369	2 122.649	412.737	235.85	176.89	117.92	15 064.91
2.17	110 英尺 A2M 的钢制电线杆	u	2	12.135 6	11 866.00	2 191.907	313.130	14 371.04	251.493	2 586.787	502.986	287.42	215.57	143.71	18 359.00
2.18	120 英尺 A2M 的钢制电线杆	u	1	13.756 5	13 555.00	2 670.115	381.445	16 606.56	290.615	2 989.181	581.230	332.13	249.10	166.07	21 214.88
2.19	85 英尺 A3M 的钢制电线杆	u	1	10.278 0	9 019.00	1 532.668	218.953	10 770.62	188.486	1 938.712	376.972	215.41	161.56	107.71	13 759.47
2.20	100 英尺 A3M 的钢制电线杆	u	1	13.530 6	11 846.00	2 428.812	346.973	14 621.79	255.881	2 631.921	511.762	292.44	219.33	146.22	18 679.33
2.21	120 英尺 A3M 的钢制电线杆	u	1	15.289 2	16 557.00	3 244.515	463.502	20 265.02	354.638	3 647.703	709.276	405.30	303.98	202.65	25 888.56
2.22	85 英尺 PTM 的钢制电线杆	u	4	11.142 0	7 377.00	1 613.110	230.444	9 220.55	161.360	1 659.700	322.719	184.41	138.31	92.21	11 779.26

（3）风水电基础单价计算

风、水、电等基础单价分为两类来源：一类来源是外部购买，这种情况下要考虑从接入点到项目供应工作面相关设施及设备安装费用，如外购电；另一类来源是自供，要考虑安装自供风、水、电工作面相关人工、设施及设备安装全部费用。这两种情况，均要计算辅助人工、工程设施等费，分别摊销到风、水、电等中，也可将此部分费用作为临时工程费计入直接费中的临时设施费。另外，水、砂石骨料等属于资源类原材料，可能还要计取一定的资源开采及环境保护、试验、检测等费并摊销到相应的费中，也可以摊销到间接费中。

表 5 – 18　某国际工程投标混合用电价格计算示例表

编号	项目名称	计算式或参数	金额
一	电网供电		
1	电网供电比例（%）	X	
2	基本电价［USD/kW · h］	0. 9	
3	高压输电线路损耗率（%）	5	
4	变配电设备及线路损耗率（%）	7	
5	电网供电电价［USD/(kW · h)］	0. 9/[（1 –5%）+（1 –7%）]	A
二	自发电		
1	自发电比例（%）	Y	
2	发电机型号	柴油发电机 固定式 480kW	
3	发电机组时费	Z	
4	发电机组容量（kW）	480	
5	发电机出力系数	0. 85	
6	厂用电率（%）	5	
7	变配电设备及线路损耗率（%）	7	
8	自发电电价［USD/(kW · h)］	Z/[（480 ×0. 85 ×（1 – 5%）×（1 – 7%）] +0. 04 +0. 03	B
三	综合电价［USD/(kW · h)］	$(A\times X+B\times Y)/(A+B)$	

表 5 – 19　某国际工程投标用水价格计算示例表

编号	项目名称	计算式或参数	金额
1	水泵出力系数	0. 8	
2	供水损耗率（%）	10	
3	水泵型号	离心水泵单级双吸 135kW 9 台、55kW 1 台	

续表

编号	项目名称	计算式或参数	金额
4	水泵组时费	A	
5	水价（USD/m^3）	组时费/[（A×0.8×（1－10%）]+0.03	
6	综合水价（USD/m^3）		

表5－20　某国际工程投标用风价格计算示例表

编号	项目名称	计算式或参数	金额
一	基本参数		
1	空压机出力系数	0.8	
2	供风损耗率（%）	10	
3	供风设施维修摊销费（元/m^3）	0.003	
4	循环冷却水费（元/m^3）	0.008	
二	供风区1	供风比例 X	
1	空压机型号	电动固定式40m^3/min	
2	空压机组时费	A	
3	风价（元/m^3）	A/[（40×60×0.8×（1－10%）]	B
三	供风区2（40%）	供风比例 Y	
1	空压机型号	空气压缩机 油动移动式17m^3/min	
2	空压机组时费	C	
四	风价（USD/m^3）	C/[（17×60×0.8×（1－10%）]	D
五	综合风价（元/m^3）	$B\times X+D\times Y$	

（4）材料费计算

材料费＝主材材料费＋辅材材料费

主材材料费＝主材材料到工地仓库价格×主材材料数量×（1＋倒运等损耗系数）

辅材材料费＝主材材料费×辅材消耗系数（一般取2%～10%之间）

计算材料预算价格要注意问题：

①注意中间产品的材料费计算。如混凝土的材料费计算，首先要根据混凝土配合比拆分计算水泥、砂、石、外加剂的消耗量，考虑一定施工损耗量，然后乘以相应的材料预算单价，得到中间产品的材料费。关于混凝土配合比，有的情况下，国内外混凝土标号表示方法不一致，要注意国外与国内混凝土标号的换算。如欧美一些国家采用ASTM标准，混凝土强度表示为C200，可以按照水利部颁发的2002水利工程定额进行预估，并适当考虑工效系数，也可参考国内类似工程条件下的混

凝土配合比进行计算。如计算美标 C200 混凝土的直接费，投标阶段可预估选取国内 C25 混凝土的直接费进行计算。如果有当地的混凝土配合比第一手资料，也可以引用计算，这样计算结果更准确。

表 5-21 某国际工程混凝土强度换算示例表

序号	混凝土标号及级配	对应 ASTM 混凝土强度及级配
1	混凝土 C40 2 级配	混凝土 C350 2 级配
2	混凝土 C25 3 级配	混凝土 C200 3 级配
3	泵用混凝土 C25 2 级配	泵用混凝土 C200 2 级配
4	混凝土 C15 2 级配	混凝土 C100 2 级配
5	砌筑砂浆 100#	砌筑砂浆 7.5MPa

② 注意特殊情况下的材料预算价格变化。有的标书文件中规定对进口材料免收关税时，计算材料预算价格中不应计算关税。注意不同区域的材料二次倒运费用，如拌和站为不同区域集中供混凝土，混凝土单价计算中的运费也不同，混凝土材料供应的直接费也发生变化。

③ 要注意风水电等资源类材料供应的预算价格计算。由于国际工程项目所在国资源缺乏，尤其在非洲部分地区水、电供应非常短缺，要特别注意水电预算价格的计算。如水、砂石骨料开采不仅需要资源税或私人业主要求的资源开采费，同时还需要在相关部门办理相关检验认证手续费。同时还要注意不同工作面供电来源的比例。

④ 注意辅助材料的摊销问题。在实物量法计算的材料需求表中，我们仅能对用于工程的主要材料进行统计和规划，一些次要的消耗性材料往往不能提交详细的需求数量，利用定额计算出来的消耗数量较全面，基本涵盖了用于工程的全部材料，包括主材、次材、消耗性材料和周转性材料等。因此，利用实物法计算出来的结果不能真实地反映材料费的报价，要考虑辅助材料的辅助系数，一般取 2% ~ 10%之间。反之，也可以通过材料需求表主材用量对定额用量进行校核和调整。主材费用在整个投标报价中占有很大的比重，我们必须对主材费用进行反复校核。一方面可以通过定额统计量校核材料需求表；另一方面，可以通过材料需求表来验证定额统计消耗量的准确性。

由于定额中按材料的周转次数来进行摊销，零星材料对成本的影响较小。但对大型定型钢模板（如坝面、翼墙、闸门、桥墩、桥梁模板）要适当考虑一定的摊销次数，对于木模板、免拆金属模板则应一次全额摊销到相应的构筑物混凝土单价之中。

2. 机械设备台班单价及设备使用费计算

国际工程投标报价中机械设备使用费主要指施工机械设备费的计算，机械设备使用费计算主要包括两部分工作内容：一是采用实物量法计算总的施工机械费用；二是计算清单报价中的施工台时费，进入投标报价的单价分析表。

（1）机械设备来源

国际工程项目机械设备的来源主要有以下途径：一是从我国或第三国采购；二是当地采购；三是当地租赁（或融资租赁）；四是从我国、第三国或当地所在项目进行设备调拨。

（2）自购机械设备费计算公式

首先要计算机械设备原值。从我国或第三国采购机械原值计算方法是，国内由机械设备出厂（或到岸完税）价格和从生产厂（销售单位交货地点或口岸）运至项目使用现场验收入库的全部费用组成，包括保险、海运费关税、进口增值税等计入成本价。为了避免出口产品的双重纳税，各出口国在货物出口时免征增值税或由财政部门退还已征收的出口产品的增值税，而仅由进口国对进口产品征收增值税。设备在从采购国到项目所在国期间应该退税，因此，机械的预算价格中应扣减相应的退税值。设备到项目所在国的海关出关时应交纳项目所在国的增值税。

某承包商财务制度规定：机械设备调运费用如关税、港杂、内陆运输、人工费由调入项目承担，调运费用一次进入当期成本。当期费用较高的，经批复后可进行分期摊销，不得改变机械的净值和原值。因此，在报价时，对机械调运期间发生的关税、港杂、内陆运输费、人工费归入的财会科目，需要由承包商财务制度进行规定，或计入其他直接费用的施工机械进退场费用，或计入设备采购原值。

① 国内设备到工地价格计算

国内设备离岸 FOB 价 = 到港价格 + 报关费 + 装船费

国内设备到岸 CIF 价 = FOB 价 + 海运费 + 保险费（可以买全程到工地保险）

国内设备到工地价格 = CIF 价 + 特殊消费税（或有）+ 港杂费（报关及堆存费）+ 清关费（含通关手续费）+ 进口关税 + 增值税 + 港口至施工现场的内陆运费 + 装卸费

② 第三国采购设备进口价格计算

第三国采购设备价格 = 第三国设备到港 CIF 价 + 特殊消费税（或有）+ 港杂费（报关及堆存费）+ 清关费（含通关手续费）+ 进口关税 + 增值税 + 港口至施工现场的内陆运输保险费 + 装卸费。

③ 当地采购设备价格计算

当地设备价格 = 采购价格 + 运输保险费 + 装卸费

④ 实物量法投标报价中总费用构成表中机械设备使用费计算

机械设备使用费 = 施工机械固定费 + 机械使用费

施工机械固定费 = 折旧费 + 海运费 + 港杂费 + 当地陆运费 + 关税清关费

机械使用费 = 动力费 + 经常性维修及大修理费

某国际水电站工程、公路工程设备使用费计算示例见表 5－22、5－23 所示。

表 5－22　某国际工程混凝土直接费计算示例表

代码	编号	混凝土及砂浆标号	换算后混凝土及砂浆标号	级配	预算量						单价（元）
					水泥（kg）	粉煤灰（kg）	砂（m^3）	石子（m^3）	外加剂（kg）	水（m^3）	
M3 414A	1	混凝土 C100 3 级配	混凝土 C15 3 级配	3	179. 86		0. 46	1. 02		0. 138	309. 42
M3 415	2	混凝土 C100 4 级配	混凝土 C15 4 级配	2	157. 95		0. 4	1. 11		0. 121	292. 92
M3 562	3	碾压混凝土 C100	碾压混凝土 C15		71. 5	93. 5	0. 55	0. 91		0. 089	238. 24
M3 426	4	混凝土 C150	混凝土 C20	3	234. 3		0. 46	1. 01		0. 138	354. 52
M3 433	5	混凝土 C200	混凝土 C25	2	308		0. 54	0. 86		0. 165	415. 43
M3 434	6	混凝土 C200	混凝土 C25	3	256. 3		0. 44	1. 02		0. 138	375. 43
M3 434A	7	混凝土 C200	混凝土 C25	3	256. 3		0. 44	1. 02		0. 138	372. 87
M3 441	8	混凝土 C250	混凝土 C30	2	338. 8		0. 52	0. 86		0. 165	440. 82
M3 441A	9	混凝土 C250	混凝土 C30	2	338. 8		0. 52	0. 86		0. 165	437. 43
M3 442	10	混凝土 C250	混凝土 C30	3	281. 6		0. 42	1. 02		0. 138	395. 93
M3 449	11	混凝土 C300	混凝土 C35	2	375. 1		0. 5	0. 86		0. 165	471. 11
M3 453	12	混凝土 C350	混凝土 C40	2	422. 4		0. 51	0. 84		0. 165	512. 2
M3 454	13	混凝土 C350	混凝土 C40	3	353. 1		0. 36	1. 03		0. 138	454. 53
M3 521	14	混凝土 C100（掺粉煤灰 20%）	混凝土 C15（掺粉煤灰 20%）	4	125. 99	49. 5	0. 39	1. 11	0. 28	0. 121	281. 34
M3 520	15	混凝土 C100（掺粉煤灰 20%）	混凝土 C15（掺粉煤灰 20%）	3	144. 25	56. 1	0. 46	1. 02	0. 32	0. 138	298. 01
M3 526	16	混凝土 C150（掺粉煤灰 20%）	混凝土 C20（掺粉煤灰 20%）	3	187	62. 7	0. 46	1. 01	0. 34	0. 138	337. 24
M3 575	17	泵用混凝土 C150	泵用混凝土 C20	2	321. 64		0. 61	0. 85		0. 177	433. 63
M357A	18	泵用混凝土 C150	泵用混凝土 C25	2	441. 1		0. 58	0. 84		0. 188	527. 11
M341B	19	无砂混凝土	无砂混凝土	5	216. 7			1. 46		0. 138	335. 85
M3 615	20	接缝砂浆 C100#	接缝砂浆 150#		469		1. 05			0. 27	514. 18
M3 618	21	接缝砂浆 C250#	接缝砂浆 300#		625		0. 98			0. 266	649. 08

表 5－23　某国际水电站工程设备使用费计算示例表

序号	设备名称	规格	单位	数量	使用台时	原值（单价 USD）	原值（合计）	折旧	单重（t）	运输尺寸	报关及货代费	海运费用	海运保险	出口退税	关税	清关服务费	国外运输	机械费价格
	合计						14 961 209.99	11 827 717.29			55 265	736 865	22 442	−1 645 733	62 342	156 981	233 199	13 032 469
1	液压钻	ROC D7	Set	1	6 000	516 666.67	516 666.67	465 000.00	17.15	82.67	620.03	8 267.00	775	−56 833.33	0.00	5 249.34	1 627.54	481 538.91
2	反井钻机	BMC－200	Set	1	4 000	333 333.33	333 333.33	300 000.00	7.90	4.03	59.25	790.00	500	−36 666.67	0.00	3 341.23	749.71	305 440.19
3	潜孔钻	YQ－100B	Set	9	6 000	5 333.33	47 999.97	43 199.97	0.29	0.65	43.88	585.00	72	−5 280.00	0.00	485.85	247.69	44 634.39
4	手风钻	YTP－26	Set	20	6 000	833.33	16 666.60	16 666.60	0.024		3.60	48.00	25	−1 833.33	0.00	167.15	45.55	16 955.90
5	气腿式手风钻	YT28	Set	40	6 000	800.00	32 000.00	32 000.00	0.026		7.80	104.00	48	−3 520.00	0.00	321.04	98.70	32 579.54
6	液压反铲	$1.6m^3$	Set	1	7 000	341 666.67	341 666.67	256 250.00	35.10	117.20	879.00	11 720.00	512.5	−37 583.33	0.00	3 533.87	3 330.99	276 226.36
7	液压反铲	$1.2m^3$	Set	6	7 000	196 666.67	1 180 000.02	885 000.02	21.00	103.08	4 638.60	61 848.00	1 770	−129 800.00	0.00	12 418.48	11 957.40	977 632.50
8	液压反铲	$1.2m^3$	Set	4	2 000	196 666.67	786 666.68	314 666.67	22.00	103.08	3 092.40	41 232.00	1 180	−86 533.33	0.00	8 278.99	8 351.20	376 801.26
9	液压反铲	$0.3m^3$	Set	1	4 400	108 333.33	108 333.33	81 250.00	31.60	103.08	773.10	10 308.00	162.5	−11 916.67	0.00	1 186.41	2 998.84	96 678.85
10	推土机	TY220	Set	3	2 000	125 000.00	375 000.00	150 000.00	23.45	74.21	1 669.73	22 263.00	562.5	−41 250.00	0.00	3 972.63	6 676.22	185 144.08
11	自卸车	15t	Set	20	7 000	41 666.67	833 333.40	666 666.72	8.50	52.38	7 857.00	104 760.00	1 250	−91 666.67	46 904.67	9 380.93	16 133.00	806 047.65
12	二臂钻		Set	10	6 000	170 000.00	1 700 000.00	1 360 000.00	7.60	11.40	855.00	11 400.00	2 550	−187 000.00	0.00	17 114.00	7 212.40	1 399 131.40
13	扒渣机	LWL－120	Set	10	6 000	75 000.00	750 000.00	600 000.00	13.20	34.36	2 577.00	34 360.00	1 125	−82 500.00	0.00	7 843.60	12 526.80	658 432.40
14	装载机	LG－40	Set	7	6 000	41 666.67	291 666.69	233 333.35	13.80	58.27	3 059.18	40 789.00	437.5	−32 083.34	0.00	3 324.56	9 167.34	290 110.93
15	装载机	LG－40	Set	3	2 000	41 666.67	125 000.01	50 000.00	14.80	58.27	1 311.08	17 481.00	187.5	−13 750.00	0.00	1 424.81	4 213.56	74 617.95
16	梭式矿车	ST－14/6B	Set	8	6 000	38 333.33	306 666.64	260 666.64	8.40	17.26	1 035.60	13 808.00	460	−33 733.33	0.00	3 204.75	6 377.28	285 552.27
17	电瓶车	JXBK4	Set	8	6 000	41 666.67	333 333.36	333 333.36	8.00	9.48	568.80	7 584.00	500	−36 666.67	0.00	3 409.17	6 073.60	351 468.93
18	注浆机	GZ－30	Set	20	6 000	3 500.00	70 000.00	70 000.00	0.28	0.54	81.00	1 080.00	105	−7 700.00	0.00	710.80	531.44	72 508.24
19	混凝土喷射机	THSP－6	Set	10	6 000	3 000.00	30 000.00	30 000.00	1.10	2.45	183.75	2 450.00	45	−3 300.00	0.00	324.50	1 043.90	34 047.15
20	轴流风机	2×55kW	Set	12	7 800	13 000.00	156 000.00	124 800.00	3.00	1.47	270.00	3 600.00	234	−17 160.00	0.00	1 596.00	3 416.40	133 916.40
21	空压机	$20m^3/min$	Set	10	7 800	33 333.33	333 333.30	266 666.64	3.00	7.93	594.75	7 930.00	500	−36 666.66	0.00	3 412.63	2 847.00	281 951.02
22	移动空压机	$12m^3/min$	Set	6	7 800	18 333.33	109 999.98	87 999.98	2.10	15.55	699.75	9 330.00	165	−12 100.00	0.00	1 193.30	1 195.74	100 583.77
23	单钢轮振动碾	20t	Set	2	7 000	63 333.33	126 666.66	76 000.00	20.00	45.31	679.65	9 062.00	190	−13 933.33	0.00	1 357.29	3 796.00	91 084.94
24	双钢轮振动碾	12t	Set	2	7 000	113 333.33	226 666.66	136 000.00	12.00	42.66	639.90	8 532.00	340	−24 933.33	0.00	2 351.99	2 277.60	150 141.49

续表

序号	设备名称	规格	单位	数量	使用台时	原值（单价 USD）	原值（合计）	折旧	单重（t）	运输尺寸	报关及货代费	海运费用	海运保险	出口退税	关税	清关服务费	国外运输	机械费价格
25	手扶式振动碾	BW75S	Set	2	7 000	20 000.00	40 000.00	24 000.00	5.00		75.00	1 000.00	60	-4 400.00	0.00	410.00	949.00	26 494.00
26	拌和站	HZS75	Set	1	7 800	216 666.67	216 666.67	162 500.00	85.00	255.	1 912.5	25 500.00	325	-23 833.33	0.00	2 421.67	8 066.50	200 725.67
	拌和站	HZS50	Set	2	7 800	100 000.00	200 000.00	120 000.00	85.00	255	3 825	51 000.00	300	-22 000.00	0.00	2 510.00	16 133.00	193 768.00
27	钢制储料罐	500t	Set	9	7 800	91 666.67	825 000.03	577 500.02	52.00		3 510	46 800.00	1 237.5	-90 750.00	0.00	8 718.00	44 413.20	682 178.72
28	钢制储料罐	100t	Set	3	7 800	25 000.00	75 000.00	52 500.00	12.00		270.00	3 600.00	112.5	-8 250.00	0.00	786.00	3 416.40	60 684.90
29	搅拌运输车	6.0m³	Set	8	7 000	75 000.00	600 000.00	450 000.00	11.00	76.19	4 571.40	60 952.00	900	-66 000.00	0.00	6 609.52	8 351.20	531 384.12
30	轨道式砼运输车	3m³	Set	10	5 000	33 333.33	333 333.30	333 333.30	5.20	14.41	1 080.75	14 410.00	500	-36 666.66	0.00	3 477.43	4 934.80	357 736.28
31	混凝土输送泵	HTB30	Set	5	6 000	100 000.00	500 000.00	500 000.00	6.60	33.81	1 267.88	16 905.00	750	-55 000.00	0.00	5 169.05	3 131.70	527 223.63
32	针梁台车	ϕ3.1m	Set	0	5 000	55 000.00	0.00	0.00	45.00		0.00	0.00	0	0.00	0.00	0.00	0.00	0.00
33	竖井滑模	ϕ4.4m	Set	0	4 000	15 900.00	0.00	0.00	5.90		0.00	0.00	0	0.00	0.00	0.00	0.00	0.00
34	混凝土缓降溜管		Set	0	5 000	2 613.33	0.00	0.00	7.85		0.00	0.00	0	0.00	0.00	0.00	0.00	0.00
35	汽车式起重机	QY50	Set	1	7 800	255 000.00	255 000.00	204 000.00	40.40	125.33	939.98	12 533.00	382.5	-28 050.00	0.00	2 675.33	3 833.96	224 364.77
36	汽车起重机	25t	Set	1	7 800	153 333.33	153 333.33	122 666.66	31.00	101.40	760.50	10 140.00	230	-16 866.67	0.00	1 634.73	2 941.90	138 373.79
37	振动喂料机	ZSW-490×110Ⅱ	Set	1	7 800	43 333.33	43 333.33	39 000.00	5.30	12.24	91.80	1 224.00	65	-4 766.67	0.00	445.57	502.97	41 329.34
38	颚式破碎机	PE870×1060	Set	1	7 800	121 666.67	121 666.67	109 500.00	30.50		228.75	3 050.00	182.5	-13 383.33	0.00	1 247.17	2 894.45	117 102.87
39	振动给料机	GZG1003	Set	2	7 800	6 666.67	13 333.34	12 000.01	0.76		11.40	152.00	20	-1 466.67	0.00	134.85	144.25	12 462.51
40	圆振动筛	3YK2160	Set	1	7 800	58 333.33	58 333.33	52 500.00	12.46	24.52	183.90	2 452.00	87.5	-6 416.67	3 039.27	607.85	1 182.45	57 013.70

续表

序号	设备名称	规格	单位	数量	使用台时	原值（单价 USD）	原值（合计）	折旧	单重（t）	运输尺寸	报关及货代费	海运费用	海运保险	出口退税	关税	清关服务费	国外运输	机械费价格
41	反击式破碎机	PF－1210Ⅱ	Set	1	7 800	86 666.67	86 666.67	78 000.00	14.10		105.75	1 410.00	130	－9 533.33	0.00	880.77	1 338.09	81 864.61
42	除铁器		Set	2	7 800	5 000.00	10 000.00	9 000.00	0.95		14.25	190.00	15	－1 100.00	0.00	101.90	180.31	9 501.46
43	立轴式破碎机	PL－8500	Set	1	7 800	103 333.33	103 333.33	93 000.00	23.50		176.25	2 350.00	155	－11 366.67	0.00	1 056.83	2 230.15	98 968.23
44	圆振动筛	2YA1848	Set	1	7 800	36 666.67	36 666.67	33 000.00	8.97	17.94	134.55	1 794.00	55	－4 033.33	0.00	384.61	851.25	36 219.41
45	脱水筛	ZKR1230	Set	1	7 800	26 666.67	26 666.67	24 000.00	2.60	5.20	39.00	520.00	40	－2 933.33	0.00	271.87	246.74	25 117.61
46	洗砂机	FC－12	Set	1	7 800	25 000.00	25 000.00	22 500.00	8.10	16.00	120.00	1 600.00	37.5	－2 750.00	0.00	266.00	768.69	25 292.19
47	电子皮带秤	WPC－DTⅡ	Set	1	7 800	1 666.67	1 666.67	1 500.00			0.00	0.00	2.5	－183.33	0.00	16.67	0.00	1 519.17
48	振动给料机	GZG633	Set	6	7 800	3 333.33	19 999.98	17 999.98	0.50		22.50	300.00	30	－2 200.00	0.00	203.00	284.70	18 840.18
49	胶带机20米	B650/B800	Set	13	7 800	7 666.67	99 666.71	89 700.04	2.00	6.00	585.00	7 800.00	149.5	－10 963.34	0.00	1 074.67	2 467.40	101 776.61
50	电力变压器	315kVA	Set	7	7 800	8 333.33	58 333.31	52 499.98	1.45	3.50	183.75	2 450.00	87.5	－6 416.66	0.00	607.83	963.24	56 792.30
51	电力变压器	400kVA	Set	2	7 800	9 666.67	19 333.34	17 400.01	1.58	3.72	55.80	744.00	29	－2 126.67	0.00	200.77	299.88	18 729.46
52	电力变压器	630kVA	Set	1	7 800	11 666.67	11 666.67	10 500.00	2.35	4.39	32.93	439.00	17.5	－1 283.33	0.00	121.06	223.02	11 333.51
53	柴油发电机	10kV	Set	2	7 800	633 333.33	1 266 666.66	1 266 666.66	17.50	33.79	506.85	6 758.00	1 900	－139 333.33	0.00	12 734.25	3 321.50	1 291 887.26
54	柴油发电机	500kVA	Set	2	7 800	82 666.67	165 333.34	132 266.67	4.20	10.50	157.50	2 100.00	248	－18 186.67	0.00	1 674.33	797.16	137 243.66
55	柴油发电机	200kVA	Set	2	7 800	33 333.33	66 666.66	53 333.33	1.85	4.49	67.35	898.00	100	－7 333.33	0.00	675.65	351.13	55 425.46
56	柴油发电机	100kVA	Set	2	7 800	18 333.33	36 666.66	29 333.33	1.06	2.56	38.40	512.00	55	－4 033.33	0.00	371.79	201.19	30 511.71
57	油罐车	BJ－9000	Set	2	7 800	54 666.67	109 333.34	87 466.67	10.00	67.50	1 012.50	13 500.00	164	－12 026.67	6 141.67	1 228.33	1 898.00	105 269.50
58	加油车	DD402Y	Set	1	7 800	45 750.00	45 750.00	36 600.00	6.00	39.00	292.50	3 900.00	68.63	－5 032.50	2 482.50	496.50	569.40	41 927.03

续表

序号	设备名称	规格	单位	数量	使用台时	原值（单价 USD）	原值（合计）	折旧	单重（t）	运输尺寸	报关及货代费	海运费用	海运保险	出口退税	关税	清关服务费	国外运输	机械费价格
59	平板拖车	15t	Set	1	7 800	41 666.67	41 666.67	33 333.34	7.00	52.00	390.00	5 200.00	62.5	−4 583.33	2 343.33	468.67	664.30	40 118.81
60	载重汽车	10t	Set	1	7 800	25 966.67	25 966.67	20 773.34	4.95	26.51	198.83	2 651.00	38.95	−2 856.33	1 430.88	286.18	469.76	24 418.06
61	木工设备		Set	1	8 000	7 832.00	7 832.00	7 048.80	2.00	4.00	30.00	400.00	11.75	−861.52	0.00	82.32	189.80	7 762.67
62	机修设备		Set	2	8 000	15 664.00	31 328.00	28 195.20	2.00	4.00	60.00	800.00	46.99	−3 446.08	0.00	321.28	379.60	29 803.07
63	钢筋设备		Set	3	8 000	18 000.00	54 000.00	48 600.00	2.00	4.00	90.00	1 200.00	81	−5 940.00	0.00	552.00	569.40	51 092.40
64	测量仪器		Set	3	8 000	15 000.00	45 000.00	36 000.00	0.50	1.00	22.50	300.00	67.5	−4 950.00	0.00	453.00	142.35	36 985.35

表 5－24　某国际公路工程设备费计算示例表

序号	名称	型号	单位	数量	单价	运方	运吨	FOB（USD）	港杂（USD）	海运费（USD）	海运保险	CIF（USD）	特殊消费税	进口税（USD）	清关费	陆运费	折旧额	残值	动力费	辅助用油	维护费	出口退税 11%
1	吉普车	TOYOTA	台	2	60 000	25		120 000.00			120.00	120 120.00		—	1 201.20		60 000.00	60 000.00	15 324.99	3 831.25	18 198.18	13 200.00
2	皮卡车	福特	台	4	38 000	20		152 000.00			152.00	152 152.00		—	1 521.52		76 000.00	76 000.00	25 541.65	6 385.41	23 051.03	16 720.00
3	厢式货车	5t	辆	2	26 446	49		52 892.56				52 892.56	7 933				26 446.28	26 446.28	11 972.65	2 993.16	7 933.88	5 818.18
4	挖掘机	DE300	台	4	181 818	131	30	727 272.73	694.21	8 700.00	735.97	736 708.70		—	7 367.09	24 000	363 636.37	363 636.3	84 911.81	21 227.95	115 211.4	80 000.00
5	挖掘机	DE220	台	28	131 901	83	23	3 693 223.14	3 725.62	46 690.00	3 739.9	3 743 653.05		—	37 436.53	168 000	1 846 611.6	1 846 611	824 144.03	206 036.0	592 363.4	406 254.55
6	推土机	SHANTUI SD22	台	4	120 000	73	23.4	480 000.00	541.49	6 786.00	486.79	487 272.79		—	4 872.73	24 000	240 000.00	240 000.0	83 246.87	20 811.72	77 421.83	52 800.00
7	装载机	ZL50GN	台	5	57 190	79	16.7	285 950.41	483.06	6 053.75	292.00	292 296.16		—	2 922.96	30 000	142 975.21	142 975.2	98 335.37	24 583.84	48 782.87	31 454.55
8	挖掘装载机	MJ918	台	2	11 000	79	10	22 000.00	115.70	1 450.00	23.45	23 473.45			234.73	12 000	11 000.00	11 000.00	42 711.32	10 677.83	5 356.23	2 420.00
9	平地机	SHG190	台	4	119 008	74	20	476 033.06	462.81	5 800.00	481.83	482 314.89		—	4 823.15	24 000	238 016.53	238 016.5	108 788.53	27 197.13	76 670.71	52 363.64
10	压路机	XS183	台	6	110 000	41	13	660 000.00	451.24	5 655.00	665.66	666 320.66		—	6 663.21	36 000	330 000.00	330 000.0	101 315.23	25 328.81	106 347.6	72 600.00
11	自卸车	HONGYAN 12m^3	台	62	53 719	65	13	3 330 578.51	4 662.81	58 435.00	3 389.0	3 392 402.52	508 860	169 620.13	33 924.03	248 000	1 665 289.3	1 665 289	1 642 233.7	410 558.4	576 592.0	366 363.64
12	水车	DONGFENG 10m^3	台	3	37 025	56	14	111 074.38	242.98	3 045	114.12	114 233.50	17 135.	5 711.68	1 142.34	12 000	55 537.19	55 537.19	12 132.29	3 033.07	19 963.13	12 218.18
13	油车	DONGFENG 8m^3	台	2	37 355	57	7.3	74 710.74	84.46	1 058.50	75.77	75 845.01	11 376	3 792.25	758.45	8 000	37 355.37	37 355.37	23 498.32	5 874.58	13 259.36	8 218.18
14	10t 随车吊	DONGFENG 5t	台	1	68 099	87	8.3	68 099.17	48.02	601.75	68.70	68 769.62	10 315	3 438.48	687.70	4 000	34 049.59	34 049.59	10 216.66	2 554.17	11 534.37	7 490.91

续表

序号	名称	型号	单位	数量	单价	运方	运吨	FOB (USD)	港杂 (USD)	海运费 (USD)	海运保险	CIF (USD)	特殊消费税	进口税 (USD)	清关费	陆运费	折旧额	残值	动力费	辅助用油	维护费	出口退税 11%
15	40t 拖车	DONGF ENG DF L4 251A8	台	1	54 760	64	9.85	54 760.33	56.98	714.13	55.47	55 529.93	8 329.5	2 776.50	555.30	4 000	27 380.17	27 380.17	10 500.46	2 625.12	9 429.26	6 023.64
16	低平板半挂	SGZ9400 TDP		1	25 455	131	46.52	25 454.55	269.12	3 372.70	28.83	28 856.08		1 442.80	288.56	4 000	25 454.55	0.00		—	5 188.12	2 800.00
17	集装箱半挂运输车	SGZ9400 TJZ	辆	1	22 231		32	22 231.40	185.12	2 320.00						4 000	22 231.40	-0.00		—	600.00	2 445.45
18	25t 汽车吊	QY25 K-Ⅱ	台	2	134 600	107	29.4	269 200.00	340.17	4 263.00	273.46	273 736.46		—	2 737.36	8 000	134 600.00	134 600.0	21 284.71	5 321.18	42 671.07	29 612.00
19	混凝土拌和站	hzs35 35 方/h	台	1	81 699	250		81 699.00	—	27 300.00	109.00	109 108.00		—	1 091.08	105 000	40 849.50	40 849.50	—	—	32 279.86	8 986.89
20	混凝土罐车	$8m^3$	辆	3	73 554	85	13	220 661.16	225.62	2 827.50	223.49	223 712.15			2 237.12	12 000	110 330.58	110 330.	21 710.41	5 427.60	35 692.39	24 272.73
21	碎石系统	180 方/h	套	1	306 452	870		306 451.61	—	17 100.00	323.55	323 875.16		—	3 238.75	150 000	153 225.81	153 225		—	71 567.09	33 709.68
22	发电机	1 000kW	台	1	213 790	20	7.45	213 790.00	43.10	540.13	214.33	214 544.46			2 145.44	6 000	149 653.00	64 137.00	333 214.53	83 303.63	33 403.49	23 516.90
23	发电机	500kW	台	2	88 314	20	4.6	176 628.10	53.22	667.00	177.30	177 472.40			1 774.72	6 000	88 314.05	88 314.05	250 240.10	62 560.03	27 787.07	19 429.09
24	发电机	200kW	台	3	28 745	15	1.78	86 235.00	30.89	387.15	86.62	86 708.77		—	867.09		43 117.50	43 117.50	595 835.70	148 958	13 136.38	9 485.85
25	发电机	100kW	台	2	21 367	10	1.36	42 734.00	15.74	197.20	42.93	42 974.13		—	429.74		21 367.00	21 367.00	40 043.64	10 010.91	6 510.58	4 700.74
26	发电机	50kW	台	3	9 884	2	0.96	29 652.89	16.66	208.80	29.86	29 891.55		—	298.92		14 826.45	14 826.45	23 796.31	5 949.08	4 528.57	3 261.82
27	移动式空压机	$11.3m^3$	台	5	46 000	2	2.545	230 000.00	73.62	922.56	230.92	231 153.48		—	2 311.53	15 000	115 000.00	115 000	36 325.91	9 081.48	37 269.75	25 300.00
28	叉车	XG550-DT2	台	1	24 666	45	5	24 666.00	28.93	362.50	25.03	25 053.53			250.54	6 000	12 333.00	12 333.00	1 986.57	496.64	4 695.61	2 713.26
29	沥青拌和楼	QLB-2000	套	1	580 000	2 100		580 000.00	—	101 400.00	681.40	682 081.40		—	6 820.81	390 000	116 000.00	464 000	365 328.90		161 835	63 800.00
30	沥青罐			1	100 000			100 000.00	—	—		100 000.00					30 000.00	70 000.00	—	—	15 000.00	11 000.00
31	沥青摊铺机	福格勒 1800-2L	台	1	400 000	230	17.5	400 000.00	101.24	1 268.75	401.27	401 670.02		—	4 016.70	6 000	80 000.00	320 000	3 547.45	886.86	61 753.01	44 000.00
32	沥青洒布车	华威东风(5 吨)	台	1	48 000	45		48 000.00	—	—	48.00	48 048.00		—	480.48	6 000	14 400.00	33 600.00	4 256.94	1 064.24	8 179.27	5 280.00

续表

序号	名称	型号	单位	数量	单价	运方	运吨	FOB（USD）	港杂（USD）	海运费（USD）	海运保险	CIF（USD）	特殊消费税	进口税（USD）	清关费	陆运费	折旧额	残值	动力费	辅助用油	维护费	出口退税 11%
33	轮胎压路机	CLG630R（30000 公斤）	台	2	66 116	70	20	132 231. 40	231. 40	2 900. 00	135. 13	135 266. 53		—	1 352. 67	12 000	39 669. 42	92 561. 98	3 405. 55	851. 39	22 292. 88	14 545. 45
34	双钢轮碾	HD13 813 吨	台	2	120 000	70	12. 5	240 000. 00	144. 63	1 812. 50	241. 81	242 054. 31		—	2 420. 54	12 000	72 000. 00	168 000	3 405. 55	851. 39	38 471. 23	26 400. 00
35	2t 小振动碾	LUOJI AN 1t	台	0	46 281	2		—	—	—	—	—		—	—	1 600	—	—	—	—	240. 00	-
36	道路划线机		台	1	13 223	25		13 223. 14	—	—	13. 22	13 236. 36		—	132. 36	6 000	6 611. 57	6 611. 57	141. 90	35. 48	2 905. 31	1 454. 55
37	路面清扫机		台	2	34 711	25		69 421. 49	—	—	69. 42	69 490. 91		—	694. 91	6 000	34 710. 75	34 710. 75	141. 90	35. 48	11 427. 87	7 636. 36
38	测量设备		套	3	60 000	5		180 000. 00	—	—	180. 00	180 180. 00		—	1 801. 80	500	90 000. 00	90 000. 00		—	27 372. 27	19 800. 00
39	加油设备		套	1	10 000	200		10 000. 00	—	—	10. 00	10 010. 00		—	100. 10		5 000. 00	5 000. 00		—	1 516. 52	1 100. 00
40	地磅		套	1	12 000	30		12 000. 00	—	—	12. 00	12 012. 00		1 801. 80	120. 12	6 000	12 000. 00	—		—	2 990. 09	1 320. 00
41	实验设备		套	1	100 000	25		100 000. 00	—	7 800. 00	107. 80	107 907. 80		16 186. 17	1 079. 08	6 000	100 000. 00	—		—	19 675. 96	11 000. 00
42	其他小型设备		套	1	200 000	20		200 000. 00	—	—	200. 00	200 200. 00		50 050. 00	2 002. 00	6 000	200 000. 00	—		—	38 737. 80	22 000. 00
43	拖拉机	附带圆盘犁	台	4	8 500	65	7. 26	34 000. 00	168. 00	2 105. 40	36. 11	36 141. 51			361. 42	12 000	17 000. 00	17 000. 00	499 481. 23	124 870. 3	7 275. 44	3 740. 00
46	双排座轻卡	JAC 1. 5t	台	2	10 000	45		20 000. 00	—	—	20. 00	20 020. 00	3 003	1 001. 00	200. 20		10 000. 00	10 000. 00	21 568. 51	5 392. 13	3 183. 18	2 200. 00
47	租赁回收机		台	0				—	—	—	—	—			—	—	—	—		—	—	-
48	潜孔钻机		台	0	75 000	45		—	—	—	—	—			—		—	—		—	—	-
49	钢筋弯曲切断机		台	4	700	15		2 800. 00	—	—	2. 80	2 802. 80			28. 03	6 000	2 800. 00	—		—	1 324. 62	308. 00
50	圆盘锯		台	4	600	15		2 400. 00	—	—	2. 40	2 402. 40			24. 02		2 400. 00	—		—	363. 96	264. 00
51	电焊机		台	10	1 200	10		12 000. 00	—	—	12. 00	12 012. 00			120. 12		12 000. 00	—		—	1 819. 82	1 320. 00

续表

序号	名称	型号	单位	数量	单价	运方	运吨	FOB（USD）	港杂（USD）	海运费（USD）	海运保险	CIF（USD）	特殊消费税	进口税（USD）	清关费	陆运费	折旧额	残值	动力费	辅助用油	维护费	出口退税11%
52	振捣棒		个	20	165	5		3 300.00	—	—	3.30	3 303.30			33.03		3 300.00	—		—	500.45	363.00
53	水泵		台	3				—	—	—	—	—			—		—	—			—	-
54	手风钻		台	20	1 000			20 000.00	—	—	20.00	20 020.00			200.20		20 000.00	—			3 033.03	2 200.00
55	张拉设备		套	2	1 452			2 903.23	—	—	2.90	2 906.13			29.06		2 903.23	—			440.28	319.36
56	注浆设备		套	1	1 452			1 451.61	—	—	1.45	1 453.06			14.53		1 451.61	—			220.14	159.68
57	碎石摊铺机	福格勒1800－2HD	台	1	310 000		17.5	310 000.00	101.24	1 268.75	311.27	311 580.02			3 115.80	6 000	155 000.00	155 000.0	20 102.23	5 025.56	48 104.37	34 100.00
58	碎石拌和站	100方/小时	套	1	110 000			110 000.00		17 600.00	127.60	127 727.60			1 277.28	66 000	55 000.00	55 000.00				12 100.00
59	合计							14 641 729.61	13 598.08	341 613.07	14 805	14 973 597.16	566 953	255 820.81	148 207.05	1 458 100	7 167 846.9	7 473 882	5 340 691.9	1 243 840	2 496 108	1 610 590.26

表5－24　附表

<table>
<tr><td colspan="2">汇率</td><td>6.20</td><td>USD：RMB</td><td rowspan="2">关税税率</td><td rowspan="2">施工设备为0，自卸车为5，吉普车为50%，轿车为42%，皮卡车为37CIF＋IVA×CIF</td><td>增值税 IVA</td><td>14.94%</td></tr>
<tr><td colspan="2">港杂费（USD）</td><td>5.79</td><td>方或吨</td><td>USD：当地币</td><td>6.96:1</td></tr>
<tr><td colspan="2">海运费（USD）</td><td>72.50</td><td>方或吨</td><td>汽油 BS.</td><td>3.72</td><td>USD/L</td><td>0.473</td></tr>
<tr><td colspan="2">海运保险（USD）</td><td>0.10%</td><td>CIF＋海运费</td><td>清关服务费 USD</td><td colspan="2">1.00%</td><td>CIF计价基础，含港口杂费</td></tr>
<tr><td colspan="2">设备涡轮增压系数</td><td>1.00</td><td></td><td rowspan="3">运输费至工地</td><td colspan="2">USD/40′集装箱</td><td>15 000</td></tr>
<tr><td rowspan="2">海运费(USD)</td><td>40尺柜</td><td>3 900</td><td></td><td colspan="2">USD/台设备，如反铲机、装载机</td><td>6 000</td></tr>
<tr><td>20尺柜</td><td>2 000</td><td></td><td colspan="2">车辆类</td><td>4 000</td></tr>
</table>

（3）机械台班单价计算

2002 年水利部颁发的《水利工程机械台班费用定额》中，机械费分为一类费用与二类费用，其中一类费用是不可变费用，以金额形式表示，价格为 2002 年水平，包含折旧费、修理及替换设备费、安拆费；二类费用为可变费用，包含机上人工、动力、燃料等消耗材料数量，二类费用的计算方法为人工、动力、燃料消耗数量 × 相应预算单价。

① 一类费用计算

a. 折旧费

a）计算公式。水利部 2002 版《水利工程机械台班费用定额》中规定：

台班折旧费 = 预算价格 ×（1 － 残值率）× 时间价值系数/耐用总台班；

台班折旧费 = 预算价格 ×（1 － 残值率）× 年折旧率/机械年工作台时。

b）折旧计算时间。一般来说，固定资产从投入使用的次月开始计提折旧，退出使用次月起停止计提折旧，固定资产折旧足额后，仍可继续使用的，不再计提折旧；提前报废的，不补提折旧。实物法的折旧年限，按照根据承包商财务制度相关规定的折旧年限确定。

c）折旧方法。每个承包商均有不同的折旧方法，一般有直线折旧法、年数之和折旧法、加速折旧法，承包商一般采取加速折旧法，并规定了施工机械设备的折旧方法及折旧年限、折旧率。折旧的残值要根据当时当地的实际情况确定，有的甚至不考虑残值的回收。折旧方式主要考虑以下几点影响因素：（a）在该地区的发展战略；（b）是否存在后续工程；（c）项目实施工期的长短。

d）耐用总台班。《中华人民共和国企业所得税法实施条例》第五十九条和第六十条规定：固定资产按照直线法计算的折旧，准予扣除。税务主管部门对建筑施工企业规定：机器、机械和其他生产设备的折旧年限为 6 年，运输设备的折旧年限为 4 年。国际工程施工，不同区域的施工条件、操作手的水平、维修保养情况、设备的被盗与损坏率情况，运输设备的各种配件及修理工水平的情况。因此，投标报价时充分考虑到当地的自然条件、社会环境风险。可根据以往经验报价：国外工程中的机械设备一般考虑 4 ~ 5 年，运输设备一般为 3 年，较大工程甚至一次折旧完成。对于沥青混凝土拌和站及大型破碎机等，因设备的原值比较大，根据实际情况按 10 年计取折旧。也可以根据国外情况，综合考虑每年的台班数，沥青混凝土拌和站为 80 个台班，其他设备为 250 个台班。

e）残值率。残值一般取为 2% ~ 5%。国外项目的工期 3 年以上，计算时一般将残值定为 0。设备购置不考虑贷款支付，时间价值系数考虑为 1。

某承包商财务制度规定，境外项目设备折旧年限及折旧率计算示例如表 5 － 25、5 － 26、5 － 27 所示。全新固定资产采用加速折旧法计提折旧，折旧年限如下：

表 5－25　某国际工程投标全新固定资产折旧年限表

类别	折旧年限（年）	备注
船舶等大型设备（如拌和楼、沥青摊铺机）	15	
房屋及建筑物	10	
简易房	1	
生活及管理设施	3	
施工机械、生产设备	5	
运输设备	3	

固定资产折旧不计残值。

表 5－26　某国际工程投标全新固定资产各年折旧率表（%）

折旧率	1	2	3	4	5	6	7	8	9	10	11	12	13	14	15
3 年期	45	35	20												
5 年期	35	30	20	10	5										
10 年期	18	16	15	13	11	9	7	5	4	2					
15 年期	15	14	13	11	9	8	7	6	5	4	3	2	1	1	1

以内部调拨方式取得的固定资产（含购入二手固定资产）各年折旧率（%）如下：

表 5－27　某国际工程投标二手固定资产各年折旧率示例表（%）

折旧率	第 1 年	第 2 年	第 3 年
运输设备	60%	40%	
其他设备	50%	30%	20

b. 实物量法投标时折旧计算原则

在拉美等国家的机械设备使用中没有设备报废的概念，但比较注重设备的日常维修保养，因此机械设备使用 10～20 年设备比较常见。主要原因为：一方面当地资源比较匮乏，不生产大型机械设备，主要依赖从欧美日韩等发达国家进口；另一方面，进口的设备质量本身比较好，设备原值也比较高，日常使用维修保养比较到位，设备使用状态良好，设备保值率高。而国内设备质量与欧美等发达国家相比，质量相对较低，设备原值较低，国内设备施工维修、配件更换等比较方便，单次维修保养费用低，导致我们使用时与其注重设备的日常维修保养，倒不如加快设备的折旧，更换设备来得方便简单一些，设备的保值率低。这些均是导致我国承包商设备折旧与国际工程市场折旧不同的重要原因之一。

在国际工程投标报价过程中，设备费可占直接成本费的 25%～40%，为了增加投标报价的竞争力，考虑后续项目的经营需要，可以以减缓设备折旧速度、折旧年限适当延长等方式减少项目的机械设备使用折旧费，增加投标竞争力。原则上对于使用频率比较高的土石方设备折旧可以适当调低折旧率，采取加强日常维护保养方式。建议土石方设备工期在 1～3 年内，折旧率在 60%～70%；特大型设备，使用频率较少的设备，适当考虑加速折旧，并考虑一定 3% ~5% 的残值。对于工期较短项目的设备折旧，可以考虑直线折旧。

② 二类费用计算

a. 大修理费及经常修理费

a）大修理费

大修理费指机械设备按规定的大修间隔台班必须进行大修理，以恢复其正常功能所需的费用。

台时大修理费 =（一次大修理费用 × 大修理次数）/机械耐用总台时

大修理次数 =（耐用总台时/大修间隔台时）- 1

大修理一次费用：可以参照同类或相近机械的大修理一次费用占机械预算价格的比例予以取定。

b）经常修理费

经常修理费包括修理费、润滑费及擦拭材料费。

修理费 = 大修理间隔期内的修理费之和/大修理费间隔台时

=（中修理费 + 各级保养费）/大修理费间隔台时

润滑费及擦拭材料费 = 机械年润滑及擦拭材料费/年工作台时

台班经常修理费 = 台班大修理费 × K

式中：K 为台班经常修理费系数。

K = 典型机械台班经常性修理费/典型性机械台时大修理费

国际水电工程一般都是野外施工，可利用的资源有限，根据项目规模大小及设备总体情况，可采取自建机械维修及保养修理厂，配备国内修理工，从国内或第三国采购维修配件、进口修理设备如机床、钻台等，以满足日常设备维修保养需要。大修理费及经常修理费的费用计算比较复杂，有的承包商通过对国外竣工项目的财务报表进行分析得出经验数据：在一般情况下，国际工程施工且全部采用新设备的项目，在项目工期为 3 年的情况下，如投入的设备 75% ~85% 为国产设备，则修理与配件费占折旧费的 25% ~45%；如果全部是进口设备，则修理与配件费占折旧费的 10% ~20%。投标时充分考虑项目的风险，如投入的设备 75% ~85% 为国产设备，经验做法可按折旧费的 40% 计取大修费及经常修理费。备品备件费按照设备 CIF 价值的 10% ~20% 计取。日常维护保养费可按 CIF 价格的 15% ~30% 计取。

综合起来，大修费及经常修理费可以按照 CIF 价格的 20% ~50% 计取。轻型车辆可取低值（20%），土石方设备可取高值（40% ~50%）。

c）安拆及辅助设施费

安拆及辅助设施费包括机械在施工现场进行安装、拆卸所需的人工费、材料费、试运转费以及安装所需的辅助设施费，在国外项目中因计算与确认较为困难，实际操作中计入其他直接费用中的临时设施费用，投标报价阶段可按照设备 CIF 价格的 5% ~10% 左右计取。

采取实物量法计算单台设备的台班费比较复杂，即使同规格型号的挖掘机在砂石骨料场、坝基大土石方开挖、局部开挖等不同的工作面，设备的使用频率、工作强度、工效也不一样，造成油耗、维护保修等成本也不一样，导致实际台班费也不一致。

b. 二类费用

二类费用为可变费用，可变使用费中的人工工日数及动力燃料消耗量，参考使用机械台班费用定额中的数值。可变费用中人工费、汽油、柴油和水的费用按所在国的市场价格计取。

a）人工费计算。考虑国内工人与当地工人的工效，可按照《水利工程机械台班费用定额》中人工工时乘以调整工效比系数（1.15 ~1.25）进行计算。人工工时乘以工时单价，即得人工费。

b）动力费计算。动力费计算主要为燃油费、电力费等计算。电力供应有社会公共电网供电和自供电两种。燃油费用计算比较复杂，综合设备工作台时数、工作的频率、满负荷情况下额定耗油量，乘以设备综合利用经验系数，计算动力费用。燃油费 = 机械设备的额定马力 × 耗油量/（马力 · 小时）× 燃油价格 × 使用系数。一般使用系数取值在 0.4 ~0.8，一般土石方设备、主发电机等常用持续设备经验系数在0.7 ~0.8，混凝土拌和站、备用发电机等设备经验系数在 0.4 ~0.6。

c. 其他费用

养路费及车船使用税等计入间接费用的税金中。

机械设备进口清关时，需缴纳特殊消费税，进入设备购置原值，进而影响了设备台班费计算。如笔者参加南美某水电工程施工建设，其中国内出口 $8m^3$，混凝土运输车特殊消费税为40%。

d. 半定额半经验系数法计算施工设备的台时费

国际工程投标时，有时根据承包商对国际工程实物法的经验，直接将机械设备台班费中的一类费用（可以参考国内定额的一类费用组成），乘以一个经验系数 K，K 取值一般为 1.2 ~1.3。二类费用采用定额的实物消耗，对人工的工效乘以修正系数 P_1，P_1 取值一般为 0.9 ~1.2。高原地区考虑设备需要专项定制涡轮增压装置，同时考虑一定的施工降效修正系数 P_2，一般可取 1.0 ~1.5。

此种方法适用于在投标阶段时间比较紧，且在当地已经有在建的工程项目使用的机械设备台班费或设备市场租赁台班费或分包商报价设备台班费进行综合参考，在投标阶段可以采用半经验半定额法进行估算，但是要慎重使用。本书列示该估算方法，供投标报价参考。某国际工程机械设备台班费经验系数法计算示例见表5 -28所示。一般情况下，机械台班费要根据计算给出较为妥当。

表5-28　某国际工程机械设备台班费经验系数法计算示例表

单位：元

序号	名称及规格	台时费	一类费用（调整系数 P_1 =1.25）					二类费用（调整系数 P_2 =1.0）									
			折旧费	维修保养费	安装拆卸费	小计（一类费用）	小计（二类费用）	人工（工时）		汽油（kg）		柴油（kg）		电（kW·h）		风（m^3）	
								单价	54.95	单价	3.75	单价	2.00	单价	1.24	单价	0.23
								数量	金额	数量	金额	数量	金额	数量	金额	数量	金额
一	土石方机械																
1009	液压单斗挖掘机 $1m^3$	257.25	35.63	25.46	2.18	63.27	178.165	2.7	148.365			14.9	29.8				
1011	液压单斗挖掘机 $2m^3$	372.89	89.06	54.68	3.56	147.3	188.765	2.7	148.365			20.2	40.4				
1013	液压单斗挖掘机 $3m^3$	540.07	174.56	83.44		258	217.565	2.7	148.365			34.6	69.2				
1031	轮胎式装载机 $3m^3$	230.74	51.15	38.37		89.52	118.835	1.3	71.435			23.7	47.4				
1042	推土机59kW	179.07	10.8	13.02	0.49	24.31	148.68	2.4	131.88			8.4	16.8				
1043	推土机74kW	206.42	19	22.81	0.86	42.67	153.08	2.4	131.88			10.6	21.2				
1047	推土机132kW	281.56	43.54	44.24	1.72	89.5	169.68	2.4	131.88			18.9	37.8				
1076	自行式平地机135kW	298.36	53.87	46.03		99.9	173.48	2.4	131.88			20.8	41.6				
1080	自行式振动碾17.4t	321.27	80.13	34.35		114.48	178.165	2.7	148.365			14.9	29.8				
2011	强制式砼搅拌站 $60m^3/h$	809.41	245.44	96.18		341.62	382.382	5	274.75					86.8	107.63		
2028	轮胎式混凝土搅拌车 $6m^3$	325.09	60.45	116	6.95	183.4	95.835	1.3	71.435			12.2	24.4				
2083	螺旋空气输送机65t/h	537.73	3.2	3.12	0.45	6.77	529.269	1.3	71.435					68.7	85.19	1 620.2	372.65
2087	针梁模板台车洞径6.0m	654.60	170.37	35.77		206.14	396.926	7	384.65					9.9	12.28		

续表

序号	名称及规格	台时费	一类费用（调整系数 $P_1=1.25$）				小计（二类费用）	二类费用（调整系数 $P_2=1.0$）									
			折旧费	维修保养费	安装拆卸费	小计（一类费用）		人工（工时）		汽油（kg）		柴油（kg）		电（kW·h）		风（m^3）	
								单价	54.95	单价	3.75	单价	2.00	单价	1.24	单价	0.23
								数量	金额	数量	金额	数量	金额	数量	金额	数量	金额
2088	针梁模板台洞径8.0m	774.32	247.79	52.04		299.83	399.53	7	384.65					12	14.88		
2092	钢模台车面积20m²	540.47	95.72	21.1		116.82	394.446	7	384.65					7.9	9.796		
2096	钢模台车面积150m²	841.58	271.79	78.08		349.87	404.242	7	384.65					15.8	19.592		
2097	钢模台车面积200m²	1 102.19	460.06	96.61		556.67	406.35	7	384.65					17.5	21.7		
2098	溢流面滑模台车 缝宽8.0m	277.65	83.78	12.57		96.35	157.215	2.5	137.375					16	19.84		
2099	溢流面滑模台车 缝宽12.0m	341.71	125.67	18.95		144.62	160.935	2.5	137.375					19	23.56		
2100	混凝土面板滑模台车缝宽8.0m	244.06	54.21	16.26		70.47	155.975	2.5	137.375					15	18.6		
2101	混凝土面板滑模台车缝宽12.0m	290.59	81.32	24.39		105.71	158.455	2.5	137.375					17	21.08		
2102	竖井滑模台车5.0m	531.72	88.5	13.28		101.78	404.49	7	384.65					16	19.84		
2103	竖井滑模台车7.0m	637.35	156.47	23.47		179.94	412.426	7	384.65					22.4	27.776		
三	运输机械																
3004	载重汽车5t	117.07	7.77	10.86		18.63	98.435	1.3	71.435	7.2	27						

续表

序号	名称及规格	台时费	一类费用（调整系数 $P_1=1.25$）					二类费用（调整系数 $P_2=1.0$）									
			折旧费	维修保养费	安装拆卸费	小计（一类费用）	小计（二类费用）	人工（工时）		汽油（kg）		柴油（kg）		电（kW·h）		风（m^3）	
								单价	54.95	单价	3.75	单价	2.00	单价	1.24	单价	0.23
								数量	金额	数量	金额	数量	金额	数量	金额	数量	金额
3013	自卸汽车 8t	127.98	22.59	13.55		36.14	91.835	1.3	71.435			10.2	20.4				
3019	自卸汽车 20t	187.21	50.53	32.84		83.37	103.835	1.3	71.435			16.2	32.4				
3055	洒水车 8.0m^3	126.86	15.89	21.93		37.82	89.035	1.3	71.435			8.8	17.6				
8010	电动移动式空压机 6.0m^3/min	116.38	2.24	4.59	0.67	7.5	108.883	1.3	71.435					30.2	37.448		
9022	单级离心水泵 11～17kW	93.24	0.31	1.76	0.51	2.58	90.655	1.3	71.435					15.5	19.22		
9143	钢筋弯曲机 ϕ6～40	81.10	0.53	1.45	0.24	2.22	78.875	1.3	71.435					6	7.44		
9146	钢筋切断机 20.0kW	95.93	1.18	1.71	0.28	3.17	92.763	1.3	71.435					17.2	21.328		
9147	钢筋调直机 4～14kW	85.09	1.6	2.69	0.44	4.73	80.363	1.3	71.435					7.2	8.928		
9148	型钢剪断机 13kW	98.53	8.65	4.59	1.33	14.57	83.959	1.3	71.435					10.1	12.524		

e. 施工机械设备的进口

承包商的施工设备进口分为临时进口和永久进口。临时进口是指设备在规定的时间内（一般以工程项目工期为期限）通过办理临时进口手续到项目所在地，当完成该设备的施工使命后，即可办理返程回国手续。主要适用于特大型通用施工设备或特殊工程的大型设备（如反井钻机）情况。设备的永久进口是指设备到岸后，办理相关手续，缴纳了增值税等各种税费后，在当地合法化，项目施工完成后，在当地永久使用，也可以下场变卖处理。承包商一般采取永久进口的方式，除非有特殊情况（如来不及办理永久进口的手续）才办理临时进口手续。

案例5－2　某国际水电工程项目反井钻机设备临时进口

某国际水电站的调压井施工，项目包括两座调压井，深度200～400m，调压井上井口、下井口直径分别为2.7m、4m，根据施工进度计划安排，调压井施工工期一年，中间连续施工。新购买大型反井钻机从经济价值上全部一次性摊销到本项目的两座调压井土石方开挖单价上显然不合适，而施工一年后面临设备下场的问题。而投标阶段采取定额编制单价方法，并没有考虑购买新设备全部摊销的方案，因此经过综合考虑，在施工阶段，承包商与国内专业从事煤炭行业的单位合作，采取了临时进口反井钻设备的方案，大大减少了调压井施工的摊销费用，降低了施工成本，取得了良好的经济效益。

案例5－3　某国际水电工程项目自卸车临时进口

某国际工程中，由于种种原因，自卸车设备已经抵达进口港，而设备的相关手续还不齐全，无法采取永久进口方式；或者进口国对设备的车型有限制性规定，无法办理永久进口手续。分析原因：某国际工程水电站项目为承包商在该国承接的第一个水电工程项目，承包商对自卸车设备的清关要求调研不充分，而合作的代理公司当时也没有办理过类似的设备清关手续，当两台国产自卸车到港前发现，车辆底盘标号为当年限制永久进口的车型，于是承包商只好通知清关代理公司改为自卸车临时进口方案。

5.4.4　材料设备物流运输费计算

1. 国际工程项目物流运输分类

按照物资类型，国际工程物流运输分为工程材料、设备及施工机械等三大类。根据施工惯例，承包商通常会全部或大部分从国内采购，然后，再根据项目进度和供货计划以分批集中的方式发往工程所在地，每批发运物资货量大、地域分布广、货源组织难度大、品种规格多，每批次货物可能涉及多达几十种，甚至上百种报关品名，对报关、报检技术要求高。

按照物资发货的计划性情况，国际工程物流运输可以分为两大类：第一类指的是按照正常的时间节点对国际项目的装备及物资进行配送；第二类指的是针对某种突发性情况而需要的紧急物资，这类物资的数量在项目的物资总量中占据的份额较小，但却制约着项目的进展。紧急物资的物流任务必须提前进行设定，若某类特定的紧急情况发生则立刻启动这类突发性物流，从而有效地保障整个项目对该类物资的需求。

2. 国际工程物流运输相关术语

《2000 年国际贸易术语解释通则》（INTERCOMS2000）专业术语见表 5 – 29 所示。

表 5 – 29　《2000 年国际贸易术语解释通则》（INTERCOMS2000）物流运输术语表

序号	代码	全称	中文名称	适合运输方式
1	EXW	EX Works	工厂交货	任何运输方式，包括多式联运
2	FCA	Free Carrier	货交承运人	任何运输方式，包括多式联运
3	FAS	Free Alongside Ship	船边交货	海运及内河运输
4	FOB	Free On Board	装运港船上交货	海运及内河运输
5	CFR	Cost and Freight	成本加运费	海运及内河运输
6	CIF	Cost Insurance Freight	成本保险运费	海运及内河运输
7	CPT	Carriage Paid to	运费付至	任何运输方式，包括多式联运
8	CIP	Carriage Insurance Paid	运费、保险费付至	任何运输方式，包括多式联运
9	DAF	Delivered At Frontier	边境交货	任何运输方式，包括多式联运
10	DES	Delivered Ex Ship	目的港船上交货	海运及内河运输，包括多式联运
11	DEQ	Delivered Ex Quay	目的港码头交货	海运及内河运输，包括多式联运
12	DDU	Delivered Duty	未完税交货	任何运输方式，包括多式联运
13	DDP	Delivered Duty Paid	完税后交货	任何运输方式，包括多式联运

3. 关税的种类

按照不同的标准，关税有多种分类方法，主要有以下四种分类方式：

按征收对象分类，可分为进口关税、出口关税和过境关税三类；

按征收目的分类，可分为财政关税和保护关税；

按征税计征标准分类，可分为从价税、从量税、复合税、滑准税；

按货物国别来源而区别对待的原则，可分为最惠国关税、协定关税、特惠关税和普通关税等。

4. 国际物流运输费用计算

与国内工程相比，国际工程的永久工程的设备及材料、施工物资及施工机械设备等均涉及国际物流运输、出口贸易等环节，因此，准确计算施工物资及施工机械设备的国际工程运输及进出口物流贸易费是国际工程投标报价中的组成基础环节之一。

（1）国际工程运输物流费用构成

在国际多式联运方式下，集装箱货物的运费一般包括从装船港承运人码头堆场或货运站至卸船港承运人码头堆场或货运站的全过程费用。如由承运人负责安排全程运输，所收取的运费中还应包括国内外陆运输的费用。一般来说，集装箱货物运费的结构应包括海上运输费用、陆运输费用、各种装卸费用、搬运费、手续费及服

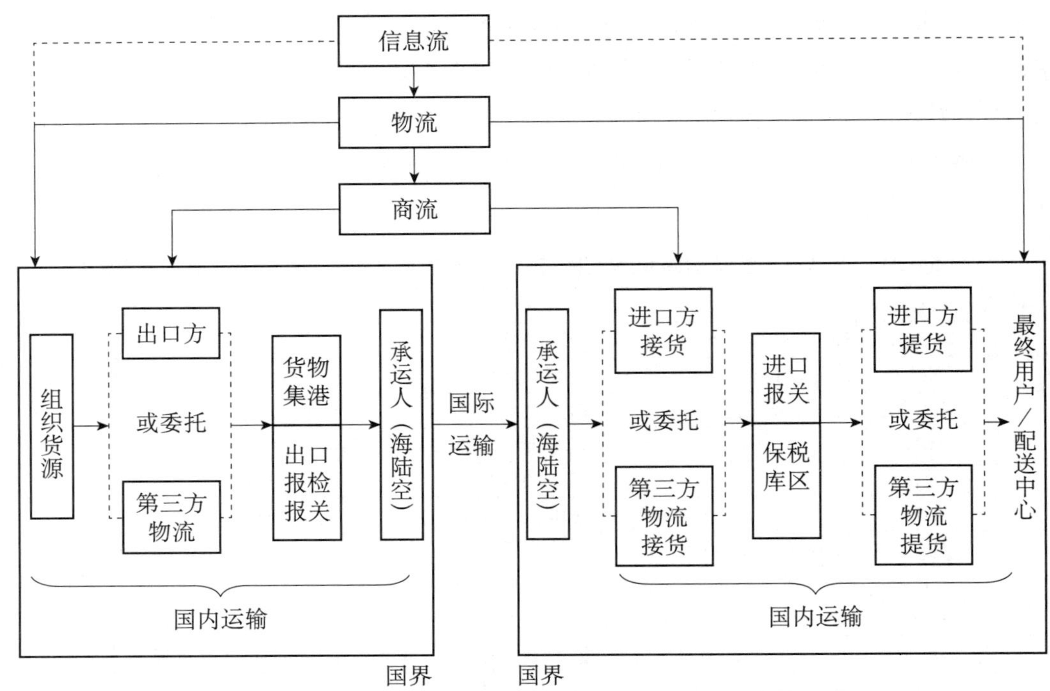

图 5－6　国际工程物流运输及进出口贸易示意图

务费等。

根据物资设备的来源不同，国际工程运输物流费主要分三类：

① 从我国国内采购（含国内项目调拨）

从国内采购（含项目下场设备物资调拨）的物资、材料设备运输至项目所在国的工地仓库，主要包括的费用为：境内物流费用、国际运输费（海运费、保险费等，一般以海运费为主，下文以海运费的计算为例进行说明）、当地费用等三类费用组成。

• 境内物流费。主要包括出厂检验费、包装费、内陆运费、离岸港杂费（主要包括订舱、装船、装卸、商检、仓储、把关、必要的二次倒运等方面的费用）、出口关税（退税）、货运代理费等。

• 国际运输费。主要包括海运费、保险费（可以买物资设备出厂到项目工地的全程所有保险费用，但有的国家在进口关税的税基计算中，只认可在本国国内保险公司买的保险作为税基计算的基础）等。

• 当地费用。主要包括到岸港杂费、清关费、进口关税、各种税费（如增值税、特殊消费税、临时进口的保险费等）、代理公司服务费、至工地的运输费、保险费、装卸费（包括必要的二次倒运费）、储存及保管费等。

② 从第三国采购（含第三国项目调拨）

从第三国采购（含项目下场设备物资调拨）的物资、材料设备运输至项目所在国的工地仓库，主要费用包括第三国境内物流费用（调拨物资设备时，可能产生物资设备再出口的相关费用，视所在国有关法律法规的要求而定）、国际运输费（国内离岸港及国外到岸港杂费、海运费、保险费等）、当地陆运费，以上费用的计算方法与从我国国内采购（含国内项目调拨）的物资、材料设备的费用计算类似。

③ 当地采购（含当地项目调拨）

从当地采购的物资、材料设备的费用，包括当地运输费、装卸费、保险费、必要的二次倒运费、储存及保管费等。

（2）国际工程运输方式

① 国际工程物流从运输方式看，一般以水上运输（海运、河运等）和陆上运输（铁路、公路）为主，必要时辅以航空、管道等运输方式。

② 从船舶的运营方式看，海运又划分为班轮运输和租船运输两种。

班轮运输（Liner Shipping），是指轮船公司将船舶按事先制定的船期表（Sailing Schedule），在特定海上航线的若干个固定挂靠的港口之间，定期为非特定的众多货主提供货物运输服务，并按事先公布的费率或协议费率收取运费的一种船舶经营方式。

租船运输（shipping by chartering），又称租船，是海洋运输的一种方式，是指租船人向船东租赁船舶用于货物运输的一种方式。租船运输适用于大宗货物运输，有关航线和港口、运输货物的种类以及航行的时间等，都按照承租人的要求，由船舶所有人确认。租船人与出租人之间的权利义务以双方签订的租船合同确定。运费表现形式：运费率。即按所载货物的每单位重量或单位容积所表现的金额。例：35 美元/吨；整船包价。按提供的船，定一笔整船运费。租船费用较班轮低廉，且可选择直达航线，故大宗货物一般采用租船运输。租船方式主要有定程租船和定期租船两种。

③ 从材料设备的装载方式看，海上运费主要以集装箱（Container）、散装船运输为主。

表 5－30　某航运公司提供的标准集装箱尺寸表

标准集装箱尺寸				
集装箱	内部尺寸	门尺寸	开顶尺寸	重量
20 尺标准柜	长：5890 mm 宽：2350 mm（B2） 高：2390 mm（H2）	宽：2330 mm（B1） 高：2290 mm（H1）	—	最大载货量：2400 kg 皮重：2300 kg 最大有效载荷：2100 kg
40 尺标准柜	长：12050 mm 宽：2350 mm（B2） 高：2390 mm（H2）	宽：2330 mm（B1） 高：2290 mm（H1）	—	最大载货量：30480 kg 皮重：3800 kg 最大有效载荷：26680 kg
40 尺加高柜	长：12020 mm 宽：2350 mm（B2） 高：2690 mm（H2）	宽：2330 mm（B1） 高：2580 mm（H1）	—	最大载货量：30480 kg 皮重：4020 kg 最大有效载荷：26460 kg

续表

标准集装箱尺寸				
集装箱	内部尺寸	门尺寸	开顶尺寸	重量
20 尺开顶柜	长：5890 mm 宽：2350 mm（B2） 高：2360 mm（middle） 高：2300 mm（side）	宽：2330 mm（F） 宽：1830 mm（G） 宽：2200 mm（H） 高：2280 mm（I） 高：1900 mm（K）	长：5580 mm（A） 长：5480 mm（B） 宽：2200 mm（C） 宽：1900 mm（D+E）	最大载货量：24000 kg 皮重：2200 kg 最大有效载荷：21800 kg
40 尺开顶柜	长：12000 mm 长：2330 mm 高：2370 mm（B2） 高：2310 mm（side）	宽：2300 mm（F） 宽：1830 mm（G） 宽：2200 mm（H） 高：2280 mm（I） 高：1900 mm（K）	长：11800 mm（A） 长：11310 mm（B） 宽：2205 mm（C） 宽：1720 mm（D+E）	最大载货量：30480 kg 皮重：3800 kg 最大有效载荷：26680 kg
20 尺框架柜	长：5946 mm（L1） 长：5624 mm（L2） 宽：2358 mm（B1） 宽：2235 mm（B2） 高：2260 mm（H1）	——	——	最大载货量：24000 kg 皮重：2500 kg 最大有效载荷：21500 kg
40 尺框架柜	长：11835 mm（L1） 长：11712 mm（L2） 宽：2318 mm（B1） 宽：2232 mm（B2） 高：1978 mm（H1）	——	——	最大载货量：30480 kg 皮重：4750 kg 最大有效载荷：25730 kg
20 尺罐式集装箱	长：5946 mm（L1） 长：5624 mm（L2） 宽：2358 mm（B1） 宽：2235 mm（B2） 高：2260 mm（H1）	——	——	最大载货量：24000 kg 皮重：2500 kg 最大有效载荷：21500 kg
20 尺平板柜	长：6058 mm 宽：2438 mm 高：335 mm（of bottom）	——	——	最大载货量：24000 kg 皮重：2100 kg 最大有效载荷：21900 kg
40 尺平板柜	长：12192 mm 宽：2438 mm 高：610 mm（of bottom）	——	——	最大载货量：45000 kg 皮重：4200 kg 最大有效载荷：40800 kg
20 尺冷藏柜	长：6058 mm 宽：2438 mm 高：2216 mm（of bottom）	——	——	最大载货量：45000 kg 皮重：2100 kg 最大有效载荷：21900 kg
40 尺冷藏柜	长：12192 mm 宽：2438 mm 高：2216 mm（of bottom）	——	——	最大载货量：45000 kg 皮重：4200 kg 最大有效载荷：40800 kg

（3）海运费计算

国际工程运输费一般以海运费为主，本书重点介绍海运费计算。

① 运费计算基础

运费单位（Freight Unit），是指船运公司用以计算运费的基本单位。由于货物种类繁多，打包情况不同，装运方式有别，计算运费标准不一。

- 整箱装：整箱即整柜，是指货方自行将货物装满整箱以后，以整集装箱为运费的单位进行计算。这种情况在货主有足够货源装载一个或数个整箱时通常采用，除有些大的货主自己置备有集装箱外，一般都是向承运人或集装箱租赁公司租用一定的集装箱。空箱运到工厂或仓库后，在海关人员的监管下，货主把货装入箱内、加锁、铝封后交承运人并取得站场收据，最后凭收据换取提单或运单。
- 拼箱装：是指承运人（或代理人）接受货主托运的数量不足整箱的小票货运后，根据货类性质和目的地进行分类整理。把去同一目的地的货，集中到一定数量拼装入箱。由于一个箱内有不同货主的货拼装在一起，所以叫拼箱。由船方以能收取较高运价为准，运价表上常注记 M/W 或 R/T，表示船公司将就货品的重量吨或体积吨二者中择其运费较高者计算。这种情况在货主托运数量不足装满整箱时采用。拼箱货的分类、整理、集中、装箱（拆箱）、交货等工作均在承运人码头集装箱货运站或内陆集装箱转运站进行。

拼箱有三种形式：一个发货人对应多个收货人、多个发货人对应一个收货人、多个收货人对应多个收货人。

拼箱可以分为直拼或转拼，直拼是指拼箱集装箱内的货物在同一个港口装卸，在货物到达目的港前不拆箱，即货物为同一卸货港。运输期短，方便快捷。

② 运费分类计算方法

采用班轮运输费的费用一般包括基本运费和附加费。基本运费计算方法有：

- 整箱装。首先选择好集装箱类型、规格和数量（不同规格集装箱可混选），然后乘以集装箱的运费，再计算总的海运费。
- 拼箱装。拼箱分按体积与重量计算两种方式：

按体积计算，X_1 = 单位基本运费（MTQ）×总体积；

按重量计算，X_2 = 单位基本运费（TNE）×总毛重。

取 X_1、X_2中较大的一个。

- 按重量吨计收，称为重量吨，表内列明“W”，以每公吨或每长吨为计算单位。
- 按货物体积计收，称为尺码吨，表内列明“M”，一般按 1 立方米或 40 立方英尺为一尺码吨作为计算单位。
- 按货物的体积或重量计，依船方选择而计算，表内列为“W/M”，选择重量吨和尺码吨中较高的为运费计算依据，是一种较为常见的运费计算方式。

• 按商品的 FOB 价值的一定百分比计收，称为从价运费（Ad Valorem），表内列明为 Ad Val 或 A. V.，主要适用于高价值材料设备。

• 按混合标准计收，如 W/M plus AV 等。即按重量吨或尺码吨再加从价运费。

• 议价计算费用。附加费一般包括：超长附加费、超重附加费、选择卸货港附加费、变更卸货港附加费、燃油附加费、港口拥挤附加费、绕航附加费、转船附加费和直航附加费等。

• 此外，还有一些商品是按件（per unit）或头（per head）计收，前者如车辆等，后者如活牲畜等。对于大宗商品，如粮食，矿石，煤炭等，因运量较大，货价较低，容易装卸等原因，船公司为了争取货源，可以与货主另行商定运价。

根据运价表计算运费，是一项比较复杂的工作，不仅需要熟悉运价表的基本内容，还需要细心工作，在计算运费时，除按照航线和商品的等级，先按基本费率（Basis Rate）算出基本运费，然后还要查出各种附加费用的项目，并将需要支出的附加费一一计算在内。这些附加费用项目较多，例如，因商品的不同，港口不同，或其他原因，都可能有附加费，还要随时掌握它的变动情况。

（4）投标表海运费及物流费计算

国际工程海运费及物流费用十分复杂，一般采用以下四种计算方法：

① 逐一计算每种材料物资设备的运输方式，确定采取集装箱运输还是散货运输的方式。

• 一般来说，工程的大型机械设备、钢筋、管道等所占体积比较大、不容易装入集装箱或吨位比较重，整件或同类产品易于包扎整批的物资设备，可以采取散货运输，机电设备、整套或零散物资可采取集装箱运输。

• 确定计费方式。通常有：按货物重量、货物尺码或体积、货物重量或尺码，选择其中收取运费较高者计算运费；按货物 FOB 价收取一定百分比作为运费，称为从价运费；按每件为一单位计收；由船货双方临时议定价格收取运费，称为议价。

• 确定贸易公司或货运代理公司。向出口贸易公司、货代公司、船运公司等进行询价了解，同时选择服务质量好、价格优惠、出口退税等有保障的公司作为合作伙伴。

• 逐项计算每种材料物资设备的运输物流费用。

② 抽取数量较大、价值较高的主要物资设备，计算得出运输物流费用，与材料的 FOB 价值相比得出一定的比例，并参照类似的项目、国家、材料设备等运输发送情况，总结经验数据，并适当选取使用某一比例。投标阶段，如无法计重和体积材料，按经验数值计算，一般按 FOB 价的 20% ~35% 计取。运输保险费一般取 FOB 价值的 1.0‰ ~1.5‰计取。

③ 根据施工进度计划、材料设备物资清单计划，确定整体的统筹发运方案，计算相关材料物资设备运输费用。也可以采取实物法计算，分别估算设备、材料的重量体积，估算运费。

④ 根据详细的发货清单及发货计划等详细资料（材料设备的规格尺寸、体积、重量、数量、采购计划、批次等），请货代公司或船运公司进行发运物资统筹并计算报价，能比较准确计算物流运输费用。

（5）国际工程物资设备出口报关容易出现的问题

① 商品税则归类出现错误

在报关工作中，正确查询出口商品的税号是报关工作的一个重点，同时也是一个难点。如果报关人员不能准确了解物资设备用途、规格等就很难做出正确归类。如果报关人员做出错误归类的话，很可能导致该设备不能通关。当然，如果归类恰当，掌握了一些技巧及方法，可以节约大量的物流成本，增加额外的经济收益。

案例 5－4　某国际水电站工程项目主营地物资整体采购运输清关

某大型水电工程项目部的营地物资整体采购，包括彩钢房及连接走廊系统、生活食堂及办公家具、供电照明系统、上下水管线系统及辅助系统等生活营地物资，营地物资的 CIF 价约为 280 万 USD。按照当地海关清关手册，如果选择海关关税目录代码中整体的营地物资系统，关税适用税率为 10%，如果采取分项进口或分项报关时，关税计算复杂，反而可能增加成本，如彩钢房、电力电缆、上下水管线、家具等关税税率分别为 10%、15%、15%、30%，当然也有个别物资为零关税。初步计算，采取整体进口营地物资方式进口，可节约成本约 30 万 USD，也减少报关的麻烦，节约了通关时间。

② 报关工作与其他环节工作脱节

报关工作与物资设备商检工作脱节，导致物资设备不能顺利通关。由于企业很多时候将出口物资设备的商检工作和报关工作交由不同的人员负责，如果这些人员在开展工作时缺乏必要沟通的话，很容易出现同一物资设备的报关信息与商检信息不一致的情况，而导致报关人员在现场申报时因出口货物通关单的信息与报关单信息不一致而不能通关。笔者曾经经历一个工程项目，分包商以承包商名义办理货物出口，在货物中夹带一些当地海关限制进口的产品（如白炽灯泡），或夹带物品未按要求进行报关（如节能灯），也未提前通知承包商负责办理清关的工作人员，造成本批空运物资在机场被滞留扣押一个星期。经过当地代理公司与有关方的协调，承包商做出书面道歉及澄清，由于前期承包商信誉良好，在缴纳一定的罚款后，才免除禁运 3 个月的处罚。本来空运物资为紧急情况下非正常发货运输方式，反而因为侥幸心理或工作的不仔细，导致货物延期到项目现场。报关工作的脱节，影响了工程进度，对企业形象也造成了一些负面的影响，得不偿失。

③ 报关工作与出口退税工作脱节，导致企业不能顺利退税

搞好出口退税工作，就必须要搞好出口报关工作：一方面，由于主管退税机关

对于退税单证的审核非常严格，因此单据的准确性以及单据之间的逻辑性对于保证企业顺利退税至关重要。从实际操作来看，出口货物报关单退税专用联作为企业办理出口退税的一个必备凭证，其经常出现与增值税专用发票信息不一致的情况，从而影响企业退税。并且企业报关完成后要想对报关单的信息进行更改非常困难，因此企业要想顺利退税，就必须保证做好报关工作。

（6）国际工程材料设备出口报关技巧

① 申请关税减免或享受关税减让优惠

国际工程承包中，工程款多来自世界银行或世界金融机构贷款，贷款的国家政府往往对于工程所用的设备、配件甚至材料采取免进口税的优惠政策。免税政策一般分两种操作方式：一是工程所在国家对项目很重视，直接可以在货物报关时，就实行免税；二是报关时先缴税，然后承包商持进口税单到业主报销，由业主与国家财政核销该税项。可以利用免税的优惠政策为没有免税政策的项目集中进口大量高价值的设备和零部件，从而达到合理避税的目的。

② 最大限度利用工程所在国资源，避免关税发生

充分了解工程所在国家的资源、技术及加工能力等状况，在工程技术规范和设计要求许可范围内，进行经济性比较后，尽量利用当地加工制造件、材料、配件和设备，避免了在工程国当地可以解决的部分加工件、材料、配件和设备的进口税发生。

③ 灵活用足当地关税政策

施工机械设备和配件的进口税率差别较大，部分物资在办理相关检疫手续上还存在一定的困难。通过研究海关关税手册等相关规定，可以尽量将关税率较高或难以办理检疫认证手续的某些特殊物资以设备或整体进口方案中附件的名义进口，不仅可以节省进口税，还可以合规办理一些特殊产品的进口。

案例 5－5　某国际水电工程机械设备的轮胎进口

该项目单独机械设备的轮胎进口需要办理所在国 INNE 质量检疫手续。在项目前期，承包商曾经成功办理少量的轮胎进口。项目实施过程中，当地政府为了保护当地轮胎进口供货商，承包商申请办理 INNE 手续非常困难。如设备的空气滤芯这些易耗品，尽管国家允许进口，但当地主管部门几乎不批准，办理进口手续增加了项目的成本。后来，经与当地清关代理公司咨询研究，将轮胎或滤芯作为设备的随身配件或厂家赠送备品备件，当填报物资清关代理时也按整体物资或设备的附件进行了归类，或采取设备整体进口方式，从技术上解决了无法单独发运轮胎及滤芯等物资的问题。

④ 物资设备的报价策略

国际工程实施中，需要进口大量的设备、零部件及物资材料，有的承包商为了节省关税，降低物资设备的原价，以此来填报出口报关单和“发票”，从而在工程所在国入关时，就节省了进口货物关税。一般不建议因为少交关税，而填报低价。

因为物资设备进口缴纳关税、增值税后，已经在当地合法化，相关的成本进入了项目总成本，减少了产生项目净利润后多缴纳的所得税和企业利润税等税。根据经验，建议在关税税率低于物资设备进口的增值税税率的情况下，进行“低价高报”来填报出口报关单和“发票”，特别对于关税为 0 的出口商品，更应该采取“低价高报”原则，有的甚至可以将原价提高 50% ~150% 。在关税税率大于增值税税率的情况下，如果没有特别的需要，建议采用正常填报出口报关单和“发票”。

⑤ 分散携带方式

国际工程实施中，对一些价值高、重量小的设备、工量器具等，以及一些急用零部件，可以采用人工分散携带的方式运抵项目，这样既可以保证设备运输质量、安全，达到及时利用的目的，很多情况下又可以避免较高关税的征收。当然，分散式携带也要注意物品的数量和价值，如果数量及价值超过一定的数值，在某些海关也会面临着重新缴纳关税或受处罚的可能性。

⑥ 临时进口变永久进口

国际工程物资进口方式分为临时进口和永久进口两部分。永久进口的设备物资关税或找业主报销，或在合同中规定编、投标时将该税款计入永久进口项报价中。临时进口分两种情况：一种是免税情况的临时进口，另一种是不免税情况的临时进口。一般要求临时进口的设备物资均要在工程完成后返出口，即从工程所在国家出口，运回我国国内或运到新的工程所在国。大部分国家规定了设备临时进口时间一般为项目合同工期，工期结束后返出口的设备物资，工程所在国家、政府将根据承包商提供的已缴进口税单，按每年平均比例减免，返还原征税额；有的国家规定为 5 年，对免征税设备物资，工程完工后返出口后，则不存在关税返还，但若不返出口，则要补足未服役到 5 年的差额税款部分。一般情况下，承包商经营运作得好，可以做到既不返出口，将设备用于该国新工程项目，又不补交未服役满 5 年的税差部分，达到了节、避税目的。

5.4.5　人材机费用汇总计算示例

表 5 -31　某国际工程清单人材机汇总表

编号	名称及规格	单位	预算单价（USD）	数量
1	高级熟练工	工时	7.10	211 067.59
2	熟练工	工时	4.81	2 107 845.20
3	半熟练工	工时	3.55	1 771 442.06
4	普工	工时	2.43	2 811 524.10
5	电焊条	kg	3.06	5 200.16
6	氧气	m^3	3.35	198.89
7	乙炔气	m^3	14.03	96.62

续表

编号	名称及规格	单位	预算单价（USD）	数量
8	水泥	t	181.88	3 544.21
9	水泥	t	181.88	8 358.71
10	水泥 32.5	t	162.85	46.02
11	水泥 42.5	t	181.88	47 062.01
12	钢筋	t	1 220.38	3 244.61
13	钢筋 ϕ8～12mm	t	1 220.38	136.29
14	钢筋	kg	1.22	377.43
15	钢板（综合）	t	1 448.72	140.86
16	圆钢	t	1 128.35	4.91
17	圆钢 ϕ10mm	t	1 271.92	
18	型钢	kg	1.61	220 248.29
19	钢轨	t	1 607.00	280.68
20	钢管	t	1 606.92	0.21
21	钢管	kg	1.61	12 791.07
22	预埋钢管 1.5″	m	4.60	387.93
23	定向钢套管 ϕ108mm×4mm	m	58.00	387.93
24	钢材	t	1 606.92	27.30
25	钢模板	kg	2.19	1 487.53
26	组合钢模板	kg	2.18	39 660.31
27	原木	m^3	398.72	2.24
28	圆木	m^3	365.04	5.26
29	木材	m^3	365.04	370.38
30	枕木	m^3	398.72	323.15
31	板材 1	m^3	516.88	0.15
32	板材 2	m^3	516.88	1.68
33	枋材 3	m^3	516.88	2.55
34	板枋材 4	m^3	516.88	306.71
35	硝铵炸药	t	1 870.96	1.41
36	硝铵炸药 2#	t	1 870.96	95.48
37	非电毫秒雷管	发	3.13	33 775.65
38	非电毫秒雷管	个	3.13	482 046.50
39	电雷管	发	3.87	15 564.39
40	导爆管	m	0.49	2 055 830.24
41	导电线	m	0.32	202 187.90
42	导爆索	m	0.49	27 330.03
43	汽油	t	513.00	84.86
44	柴油	t	523.00	2 616.27

续表

编号	名称及规格	单位	预算单价（USD）	数量
45	机油	kg	3. 98	25. 40
46	砂	m^3	22. 36	3 608. 50
47	砂	m^3	22. 36	112 491. 56
48	砂砾石	m^3	14. 43	23 961. 00
49	砂砾石	m^3	14. 43	109. 20
50	块石	m^3	9. 67	292. 11
51	块石	m^3	9. 67	14 646. 44
52	小石	m^3	22. 36	15 217. 08
53	黄（黏）土	m^3	4. 00	9 166. 24
54	土工布	m^2	3. 00	60 119. 61
55	复合土工膜	m^2	2. 58	49 523. 20
56	编织袋	条	0. 25	248 576. 00
57	草袋	条	0. 25	175 479. 12
58	外加剂	kg	1. 33	2 265. 76
59	外加剂	m^3	1. 33	581. 49
60	外加剂	m^3	1. 33	112 339. 28
61	粉煤灰	t	265. 67	6 892. 65
62	预制混凝土构件	m^3	150. 00	84. 91
63	钻头 ϕ45mm ~ 48mm	个	120. 00	2 310. 18
64	钻头 ϕ100mm ~ 102mm	个	165. 00	463. 23
65	合金钻头	个	11. 13	12 978. 51
66	岩芯管	m	35. 00	1 572. 51
67	钻杆	kg	1. 80	37 496. 56
68	钻杆	m	1. 80	1 171. 60
69	风钻钻杆	kg	1. 69	7 084. 81
70	钻杆接头	个	45. 00	1 126. 13
71	锚杆 ϕ20mm	kg	1. 38	30 994. 50
72	锚杆 ϕ22mm	kg	1. 38	569 470. 56
73	锚杆 ϕ25mm	kg	1. 38	202 136. 97
74	工作锚具	套	260. 00	352. 67
75	螺栓	kg	1. 55	4 215. 28
76	铁丝	kg	1. 48	14 178. 51
77	铁件及预埋铁件	kg	1. 87	193. 94
78	铁件	kg	1. 87	6 687. 14
79	铁钉	kg	1. 48	176. 21
80	铁道附件	t	1 607. 00	19. 39
81	铅丝 10#	kg	1. 48	1 410. 67
82	镀锌管接头 ϕ32mm	个	4. 00	3. 12
83	冲击器	套	400. 00	30. 89
84	卡扣件	个	1. 43	69 815. 32
85	扩孔器	个	130. 00	383. 44

续表

编号	名称及规格	单位	预算单价（USD）	数量
86	草皮	m^2	0.50	6 038.74
87	塑料止水带	kg	4.50	7 596.05
88	橡胶止水带	m	24.19	16 649.50
89	沥青漆	kg	5.80	0.08
90	丙酮	kg	12.00	1 214.72
91	电	kW·h	0.32	11 452 356.82
92	风	m^3	0.06	27 169 214.83
93	水 1	m^3	0.23	123 857.38
94	水 2	m^3	0.23	448 404.17
95	乙炔气 1	m^3	14.03	2 083.39
96	乙炔气 2	m^3	14.03	701.10
97	乙炔 3	kg	11.99	119.23
98	氧气 1	m^3	3.35	3 495.78
99	氧气 2	m^3	3.35	1 994.94
100	电焊条	kg	3.06	26 259.86
101	破布	kg	1.00	73.60
102	石棉橡胶板	kg	1.50	35.24
103	油漆	kg	7.20	1 396.08
104	银粉漆	kg	7.20	1 295.28
105	速凝剂	t	1 790.00	320.92
106	脱模剂	kg	1.00	8 574.29
107	煤	kg	0.30	5 891.55
108	导向帽	个	22.00	352.67
109	滑模	kg	1.35	3 948.27
110	零星材料费	元	0.17	1 299 364.37
111	LDJ 胶	kg	2.50	17 706.88
112	PVC 胶	kg	5.00	1 495.04
113	碎石	m^3	14.43	166 931.20
114	钢绞线 ϕ15.24mm	kg	2.23	41 614.67
115	混凝土墩钢垫板	kg	0.20	4 232.00
116	导孔钻头 ϕ216mm	个	3 333.33	3.05
117	潜孔钻钻头	个	217.74	261.42
118	扩孔钻头体 ϕ1 400mm	个	33 333.33	1.50
119	普通钻杆 ϕ182mm	m	833.33	21.04
120	灌浆管 聚氯乙烯 3/4″	m	1.39	13 401.33
121	定位止浆环	个	120.00	352.67
122	对中支架（隔离架）	个	38.00	7 053.33
123	岩芯箱	个	6.00	872.00
124	金刚石钻头	个	145.50	956.57
125	螺栓 M16～22mm	kg	1.00	111.42
126	螺杆 M16mm $L=700$mm	kg	1.55	41 990.76

续表

编号	名称及规格	单位	预算单价（USD）	数量
127	钩头螺栓 ϕ12mm $L=150$mm	kg	1. 50	161. 66
128	螺杆 M16mm $L=900$mm	kg	1. 80	2 561. 76
129	工具锚夹片摊销	副	235. 00	211. 60
130	滚刀	把	200. 00	18. 22
131	镀锌角钢 L50mm × 5mm	kg	1. 60	3. 04
132	PVC 管 DN50	m	2. 09	1 169. 91
133	PVC - U 塑料排水管 DE110	m	5. 36	13 445. 25
134	PVC - U 塑料排水管 DE75	m	3. 22	1 384. 97
135	钢纤维	kg	2. 10	623 500. 64
136	PVC 管 DN100	m	5. 26	543. 66
137	钢支撑	kg	1. 53	1 099 568. 00
138	不锈钢管 20mm × 2mm	m	2. 30	884. 89
139	不锈钢管 ϕ25mm × 1mm	m	2. 60	1 283. 09
140	工字钢	kg	1. 61	2 375. 67
141	SNS 被动防护网	m^2	53. 00	555. 04
142	混凝土杆 10m	根	550. 00	38. 85
143	型钢立柱	t	1 606. 92	0. 20
144	针钢模摊销	项	27. 80	57 132. 36
145	PVC 管 DN150	m	11. 07	2 163. 00
146	金属柱	t	3 500. 00	0. 21
147	乳化炸药	kg	4. 55	616 691. 53
148	隧洞钢轨每方混凝土摊销费	m^3	4. 57	219. 46
149	隧洞钢轨每方混凝土摊销费	项	4. 57	54 065. 26
150	隧洞高压电缆	m	77. 00	12 304. 40
151	白布 0. 9m	m^2	0. 78	1. 27
152	不锈钢管 ϕ60mm × 2mm	m	16. 41	1 371. 58
153	催干剂	kg	4. 70	5. 20
154	镀锌铁丝 8#	kg	1. 48	97. 53
155	防锈漆	kg	7. 20	647. 64
156	砂纸	张	0. 09	189. 21
157	油漆溶剂油	kg	2. 36	335. 06
158	预埋铁件	kg	1. 87	537. 55
159	其他材料费	元	0. 17	1 857 016. 89
160	泵送混凝土 C20W8F50 级配 2	m^3	92. 21	953. 27
161	水泥砂浆 1：3	m^3	56. 32	262. 30
162	混凝土 C10 SN425 水灰比 0. 75 级配 2	m^3	65. 53	2 880. 77
163	混凝土 C20 SN425 水灰比 0. 55 级配 2	m^3	75. 60	4 820. 76
164	C25 SN425 水灰比 0. 50 级配 2	m^3	84. 12	1 722. 75
165	C30 SN425 水灰比 0. 45 级配 2	m^3	90. 31	66 361. 26

续表

编号	名称及规格	单位	预算单价（USD）	数量
166	C35 SN425 水灰比0.40 级配2	m^3	98.58	28 103.92
167	C15 SN525 水灰比 0.54（碾压混凝土）	m^3	65.42	81 090.00
168	C25 SN425 水灰比 0.44 级配 2（泵送）	m^3	103.69	2 499.73
169	M5.0 SN425	m^3	63.18	55.73
170	M7.5 SN425	m^3	68.82	374.07
171	M10 SN425	m^3	77.43	795.00
172	M25 SN425	m^3	120.10	267.33
173	单斗挖掘机 电动 4m^3	台时	188.24	566.07
174	单斗挖掘机 液压 反铲 0.6m^3	台时	38.46	5 313.68
175	单斗挖掘机 液压 反铲 1m^3	台时	48.05	4.96
176	单斗挖掘机 液压 反铲 1.6m^3	台时	59.17	18 160.60
177	单斗挖掘机 液压 反铲 2m^3	台时	63.85	55.32
178	轮式装载机 3m^3	台时	44.19	7 273.22
179	推土机 功率 74kW	台时	33.94	4 416.42
180	推土机 功率 88kW	台时	38.57	4 612.62
181	推土机 功率 132kW	台时	49.99	9.86
182	履带式拖拉机 功率 74kW	台时	28.54	43.08
183	自行式平地机 功率 44kW	台时	27.58	58.96
184	轮胎碾 重量 9～16t	台时	23.27	43.08
185	振动碾 自行式 重量 17t	台时	56.85	82.82
186	压路机 内燃 重量 12～15t	台时	18.62	684.11
187	蛙式夯实机功率 2.8kW	台时	10.17	1 021.38
188	风钻 手持式	台时	10.57	35 760.56
189	风钻 气腿式	台时	15.10	46 488.18
190	潜孔钻 低风压 100 型	台时	45.93	3 422.20
191	反井钻机 LM－200	台时	101.50	1 214.66
192	凿岩台车 液压二臂	台时	237.73	16 730.03
193	液压平台车	台时	41.52	6 159.43
194	立爪式扒碴机 120m^3/h	台时	41.70	5 532.56
195	修钎设备	台时	113.77	392.77
196	胶轮车	台时	0.15	3 464.57
197	地质钻机 300 型	台时	23.57	33 677.31
198	灌浆泵 中低压 泥浆	台时	20.53	24 557.03
199	灰浆搅拌机	台时	12.23	282.13
200	灰浆搅拌机 200L	台时	9.80	14 221.78
201	泥浆泵 功率 100kW	台时	50.68	607.31
202	灌浆自动记录仪	台时	5.37	12 088.86
203	混凝土搅拌站 强制式 60m^3/h	台时	128.81	3 924.22
204	混凝土搅拌机 出料 0.4m^3	台时	13.32	45.92

续表

编号	名称及规格	单位	预算单价（USD）	数量
205	混凝土搅拌机 出料 0.75m^3	台时	15.73	119.23
206	强制式混凝土搅拌机 出料 0.25m^3	台时	13.86	10 569.81
207	强制式混凝土搅拌机 出料 1m^3	台时	37.28	161.79
208	混凝土搅拌车 3m^3	台时	39.51	17 621.39
209	混凝土搅拌车 搅拌容积 6m^3	台时	84.60	11 081.22
210	混凝土输送泵 输送量 60m^3/h	台时	75.77	2 821.29
211	混凝土泵车 排出量 80m^3/h	台时	135.00	163.81
212	混凝土喷射机 4～5 m^3	台时	46.26	7 932.56
213	混凝土湿喷机 4～5m^3/h	台时	50.00	2 637.25
214	振捣器 插入式 功率 2.2kW	台时	1.19	26 102.16
215	振捣器 变频机组 功率 4.5kW	台时	1.88	1 945.73
216	混凝土平仓机 D31P－20	台时	77.98	1 796.70
217	混凝土振动碾 BW202AD	台时	59.46	1 796.70
218	五头刷毛机 BW103A	台时	36.62	166.95
219	混凝土吊罐 3m^3	台时	2.49	452.86
220	风水枪 耗风量 2～6m^3/min	台时	12.74	9 401.70
221	混凝土冲毛机 GCHJ－20	台时	36.81	1 394.73
222	拉模动力设备	台时	19.42	240.94
223	针梁钢模行走及液压系统 15m^2	台时	6.83	12 653.67
224	针梁钢模行走及液压系统 30m^2	台时	9.83	88.44
225	竖井滑模行走及液压系统 25m^2	台时	3.20	965.22
226	电磁除铁器 MC03－150L	台时	22.35	
227	载重汽车 汽油型 4t	台时	18.50	467.20
228	载重汽车 汽油型 5t	台时	19.45	11 416.84
229	载重汽车 柴油型 10t	台时	25.85	254.25
230	自卸汽车 柴油型 5t	台时	23.83	110.80
231	自卸汽车 柴油型 12t	台时	30.87	
232	自卸汽车 柴油型 15t	台时	37.66	95 732.81
233	自卸汽车 柴油型 20t	台时	55.13	5 617.38
234	蓄电池机车 重量 8t	台时	16.43	26 477.91
235	梭式矿车 容积 8m^3	台时	10.26	26 477.91
236	螺旋输送机 螺旋直径×长度 300mm×30m	台时	13.48	3 924.22
237	胶带输送机 固定式 带宽×运距 500mm×30m	台时	10.26	3 924.22
238	胶带输送机 固定式 带宽×运距 800mm×30m	台时	16.57	10 569.81
239	5#胶带输送机 固定式 带宽×运距 800mm×62m	台时	22.84	—
240	2#胶带输送机 固定式 带宽×运距 800mm×46m	台时	20.35	—

续表

编号	名称及规格	单位	预算单价（USD）	数量
241	1#胶带输送机 固定式 带宽×运距 800mm×42m	台时	19.73	—
……	……	……	……	……
273	门座式起重机 10/30t 高架 10~30t	台时	121.55	293.15
274	塔式起重机 10t	台时	50.18	336.19
275	桥式起重机 双梁 20t /5t	台时	23.38	44.86
276	履带式起重机 油动 15t	台时	47.63	285.31
277	汽车起重机 汽油型 5t	台时	30.52	290.41
278	汽车起重机 柴油型 8t	台时	34.28	1 544.09
279	汽车起重机 柴油型 10t	台时	39.93	246.29
280	汽车起重机 柴油型 25t	台时	55.45	22.50
281	叉式起重车 内燃 3t	台时	15.46	20.26
282	张拉千斤顶 YKD－18	台时	0.09	183.39
283	张拉千斤顶 YCW－150	台时	2.10	278.61
284	卷扬机 5t	台时	13.15	361.66
285	卷扬机 8t	台时	15.12	54.99
286	卷扬机 10t	台时	18.11	96.13
287	空气压缩机 电动移动式 排气量 $3m^3$/min	台时	15.08	27.57
288	空气压缩机 电动移动式 排气量 $9m^3$/min	台时	26.80	27.92
289	空气压缩机 油动移动式 排气量 $9m^3$/min	台时	21.27	2.15
290	离心水泵 单级 功率 17kW	台时	10.72	249.62
291	离心水泵 单级双级 功率 20kW	台时	14.82	836.77
292	潜水泵功率 2.2kW	台时	6.47	94 867.20
293	潜水泵功率 3~5kW	台时	7.65	518 882.66
294	电动油泵 型号 ZB4－500	台时	16.41	461.99
295	轴流通风机 功率 2×55kW	台时	36.63	64 574.91
296	电焊机 交流 20~25kVA	台时	4.79	11 444.58
297	电焊机 交流 50kVA	台时	11.48	70.01
298	电焊机 直流 16kVA	台时	5.86	183.39
299	电焊机 直流 30kVA	台时	10.46	25 464.91
300	对焊机 电阻 150kVA	台时	35.56	954.76
301	半自动切割机	台时	4.61	20.26
302	钢筋弯曲机 ϕ6~40mm	台时	10.39	2 471.16
303	钢筋切断机 功率 20kW	台时	14.47	954.76
304	钢筋调直机 功率 4~14kW	台时	9.80	1 404.07
305	型钢剪断机 功率 13kW	台时	12.03	282.39
306	电动煨弯机 规格 ϕ500~180mm	台时	19.07	0.07
307	卷板机 20mm×2 000mm	台时	22.81	10.13

续表

编号	名称及规格	单位	预算单价（USD）	数量
308	剪板机 13mm×2 500mm	台时	20.94	17.36
309	刨边机 规格 9m	台时	38.28	0.12
310	普通车床 ϕ250～400mm	台时	13.34	50.65
311	摇臂钻床 ϕ35～50mm	台时	12.03	49.44
312	牛头刨床	台时	12.60	41.96
313	裁口机	台时	10.52	2.28
314	平面刨床	台时	9.14	22.24
315	弯管机 ϕ300mm	台时	13.42	25.93
316	剪板机 6.3mm×3 000mm	台时	13.72	11.72

5.4.6　其他直接费计算

1. 其他直接费计算

本部分的其他直接费计算包括临时设施费、施工措施费及其他费用等。

（1）临时设施费

临时设施费包括施工现场临时工程费、临时生产生活设施费。

• 临时工程设施：施工导流、围堰、临时封堵、临时施工道路等，根据施工方案据实际计算。

• 临时生活生产加工设施：① 生产生活设施，如现场办公室及宿舍（含场区硬化）；② 生产加工车间及加工系统，如土石料场、砂石料加工系统、混凝土拌和浇筑系统、木工钢筋机修等加工厂、混凝土预制构件厂和大型施工设备运输安装拆除等；③ 小型临时设施摊销，如脚手架搭拆、零散场地平整、风水电支管支线的架设拆移、场内施工排水、支线道路养护、临时值班休息场所搭拆等。

（2）施工措施及其他费

施工措施及其他费计算包括：冬雨季施工增加费、特殊地区施工增加费、夜间施工增加费、安全文明施工措施（HSE 施工措施）、检验试验费等费用。

原水利部 2002 年定额中现场管理费包括：现场人员的工资和劳动保护费、办公费、固定资产使用费、工具用具使用费、保险费等费用。

（3）HSE 管理及社会责任

国际工程招标文件中一般对承包商的 HSE 管理体系、HSE 管理人员、HSE 管理执行的相关规范标准及适用的法律法规提出明确的要求，除此之外，有的招标文件还针对项目的特殊部位 HSE 管理提出具体的要求，特别注意按所在国家的法律法规的规定要求进行费用估算。在投标阶段，根据经验，一般取直接费的1.5%～3.5%。

在项目投标过程中，有的项目还列示了一项社会责任费用。将履行社会责任与项目的征地移民社区协调工作等结合起来，有助于提升企业品牌形象。在投标阶段，可取直接费的0.5% ~1.5%，也可根据实际考虑计算列支费用。

综上，可根据项目规模、复杂程度以及当地的法律法规要求，HSE 管理及企业社会责任费按直接费的 1.5% ~5% 之间取费计算。在实物量法计算中，有的承包商将 HSE 管理费归入间接费中。

2. 其他直接费计算方法

其他直接费计算方法分为实物量法及定额费率法。在投标阶段，临时工程费、临时生活生产加工设施一般要根据施工方案和施工进度计划、施工总平面布置进行详细计算。主要的临时设施、临时工程、主要车间及加工厂一般要进行实物量法计算。

（1）实物量法计算

根据项目投标的施工方案，计算临时设施的工程量，乘以相应的预算单价，得到临时设施费。投标阶段无法判断的其他零星临时设施费，视情况确定，一般可按直接费的 0.5% ~1% 计取。

（2）定额费率法

水利部 2002 年《水利工程建筑施工定额》的临时设施费、现场管理费估算按照枢纽工程、引水及河道工程两类分别计取。在项目投标时间比较紧的情况下，可以参照临时设施费标准进行估算，如表 5 - 32、5 - 33、5 - 34 所示。

表 5 - 32　临时设施费费率表

编号	项目名称	其他直接费			
		冬雨季施工费	夜间施工增加费	特殊地区施工增加费	其他
1	取费系数	0.5% ~4%	0.5% ~0.7%	根据情况计算工效	1% ~1.5%
2	调整系数	根据项目规模、施工环境条件等现场考察情况确定			

表 5 - 33　枢纽工程现场经费费率表

序号	工程类别	计算基础	现场经费费率（%）		
			合计	临时设施费	现场管理费
一	建筑工程				
1	土石方工程	直接费	9	4	5
2	砂石备料工程（自采）	直接费	2	0.5	1.5
3	模板工程	直接费	8	4	4
4	混凝土浇筑工程	直接费	8	4	4
5	钻孔灌浆及锚固工程	直接费	7	3	4
6	其他工程	直接费	7	3	4
二	机电、金属结构设备安装工程	人工费	45	20	25

表 5－34　引水工程及河道工程现场经费费率表

序号	工程类别	计算基础	现场经费费率（%）		
			合计	临时设施费	现场管理费
一	建筑工程				
1	土方工程	直接费	4	2	2
2	石方工程	直接费	6	2	4
3	模板工程	直接费	6	3	3
4	混凝土浇筑工程	直接费	6	3	3
5	钻孔灌浆及锚固工程	直接费	7	3	4
6	疏浚工程	直接费	5	2	3
7	其他工程	直接费	5	2	3
二	机电、金属结构设备安装工程	人工费	45	20	25

注：若自采砂石料，则费率标准同枢纽工程。

按照实物量法计算的施工辅助工程费用见表 5－35、5－36 所示。

表 5－35　某国际水电工程项目施工辅助工程费用计算示例表

序号	工程项目	单位	工程量	单价（元）	合价（万元）
	施工辅助工程				83 645
一	导流工程				4 482
1	大坝上下游围堰				576
	石方开挖	m^3	2 300	101. 28	23
	喷混凝土	m^3	60	2 422. 35	15
	混凝土	m^3	2 500	828. 10	207
	锚杆 4. 5m	根	120	510. 51	6
	石渣混合料填筑	m^3	29 460	26. 38	78
	高压旋喷墙	m^2	1 000	1 534. 58	153
	复合土工膜	m^2	1 530	25. 00	4
	围堰拆除	m^3	29 800	30. 36	90
2	排沙泄洪洞进口驼形堰围堰				144
	石渣混合料	m^3	9 450	26. 38	25
	高喷墙	m^2	590	1 534. 58	91
	围堰拆除	m^3	9 450	30. 36	29
3	导流洞				3 761
	石方开挖	m^3	22 900	101. 28	232
	洞挖	m^3	26 610	248. 30	661
	喷混凝土	m^3	1 210	2 422. 35	293
	C20 混凝土	m^3	7 820	1 952. 35	1 527
	钢筋	t	470	14 922. 32	701
	$L=4.5$m 锚杆	PCS	210	510. 51	11
	$L=3$m 锚杆	PCS	3 310	408. 41	135
	排水孔	m	1 660	80. 99	13
	固结灌浆	m	990	850. 89	84
	回填灌浆	m^2	3 470	299. 39	104

续表

序号	工程项目	单位	工程量	单价（元）	合价（万元）
二	临时交通工程				58 257
	场内交通	km	17.3	12 267 420	21 223
	施工支洞	项	1	370 344 965	37 034
三	其他施工辅助工程	项	1		20 906

表 5－36　某国际水电工程项目施工辅助工程费用计算示例表

一	施工道路					147 565.0	
	临时施工道路					147 565.0	
	施工道路	泥结石路面，宽 5m	km	1.0	50 974.0	50 974.0	
	施工道路	泥结石路面，宽 7m	km	1.5	64 394.0	96 591.0	
二	施工电源					367 926.8	
1	土建及金结工程					21 540.0	
	土方开挖		m^3	1 800	2.4	4 320.0	
	发电机房	3.6m×6m	m^2	150	114.8	17 220.0	
2	供配电系统					346 386.8	
	电力变压器	SCB10－1000/10	台	1	655.7	655.7	
	电力变压器	SCB10－600/10	台	1	655.7	655.7	
	低压开关柜	XWC2－04－C－4004	台	4	1 229.5	4 918.0	
	开关箱	XLW1	个	20	167.2	3 344.0	
	架空线路	10kV，LGJ－185	km	10	30 000.0	300 000.0	
	电缆导线	ZR－YJV 3×50＋1×16	m	300	32.7	9 810.0	
	电缆导线	ZR－YJV 3×35＋1×10	m	500	23.4	11 700.0	
	电缆导线	ZR－YJV 3×70＋1×25	m	200	45.6	9 120.0	
	电缆导线	ZR－YJV 3×16＋1×6	m	500	11.7	5 850.0	
	阀型避雷器	FS－10	组	2	166.7	333.4	
三	施工营地					868 687.9	
1	土建和金结工程						
	土方开挖		m^3	474.5	1.7	806.8	
	M7.5 浆砌石挡墙		m^3	200	44.5	8 900.0	
	排水沟	200mm×200mm	m	100	22.0	2 200.0	
	围墙	H＝2.5m，24 砖墙	m	400	41.0	16 400.0	
	铁丝网	H＝1.8m，木桩@8m	m	1 200	6.6	7 920.0	
2	营地设施						并入间接费的项目管理费中
	警卫室		m^2	4.5	180.3	811.4	
	项目部住房（员工）	标准开间 3.6m×6m	m^2	918	146.9	134 854.2	活动板房（$10m^2$/人）
	办公室	标准开间 3.6m×6m	m^2	450	146.9	66 105.0	活动板房
	劳工住房	标准开间 3.6m×6m	m^2	1 386	146.9	203 603.4	活动板房（$5m^2$/人）
	项目部食堂		m^2	200	180.3	36 060.0	砖墙彩钢瓦房

续表

	劳工食堂		m^2	150	180.3	27 045.0	砖墙彩钢瓦房
	娱乐室		m^2	240	146.9	35 256.0	活动板房
	诊所		m^2	60	180.3	10 818.0	砖墙彩钢瓦房
	停车棚	10 位	m^2	200	82.0	16 400.0	钢管柱，彩钢瓦棚
	现场施工用房	20 间	m^2	150	131.2	19 680.0	集装箱彩钢瓦房
	锅炉房		m^2	60	82.0	4 920.0	钢管柱，彩钢瓦棚
	生活用品仓库		m^2	120	146.9	17 628.0	活动板房
	化粪池	$3m^3$/个	个	2	800.0	1 600.0	
	垃圾站		m^3	40	88.0	3 520.0	
	混凝土地面	C15，厚 10cm	m^3	721.83	140.0	101 056.2	
	场平		m^2	5 070	0.5	2 535.0	
3	医院						
	仪器设备		项	1	972.5	972.5	
	急救设备		项	1	41 008.2	41 008.2	
	常用消耗品		项	1	1 368.0	1 368.0	
	办公设备		项	1	3 403.3	3 403.3	
	医院运行费		项	1	102 916.9	102 916.9	
4	配电系统						
	供电线路	4mm	m	1 000	0.3	300.0	
	供电线路	16mm	m	2 000	0.3	600.0	
四	通信设备					34 300.0	
1	对讲机		对	10	1 500.0	15 000.0	
2	固定电话		门	10	30.0	300.0	
3	手机		部	20	500.0	10 000.0	
4	卫星电话		台	2	4 000.0	8 000.0	
5	宽带互联网		套	1	1 000.0	1 000.0	
五	场内设施					738 499.2	
1	砂石加工系统						
2	供风系统					30 261.1	
2.1	土建及金结工程					27 474.4	
	土方开挖		m^3	1 000	2.4	2 400.0	
	空压机房	标准开间 3.6m×6m	m^2	21.6	131.2	2 833.9	排架管柱，彩钢瓦房，C15 混凝土
	钢管 DN125		m	1 000	13.2	13 200.0	
	通风管（内撑式）	ϕ600mm	m	735	12.3	9 040.5	
2.2	主要设备清单					2 786.7	
	轴流式风机	55kW	台	3	491.8	1 475.4	
	固定式空压机	LG20－20/7（$20m^3$/min）	台	1	655.7	655.7	$20m^3$

续表

	移动式空压机	4L－20/8（20m³/min）	台	4	163.9	655.6	
3	供水、排水系统					163 681.0	
3.1	供水					69 187.5	
	土方开挖		m^3	175	2.4	420.0	水池：200m³，1个
	M7.5浆砌石		m^3	144.2	66.7	9 618.1	水池：50m³，3个
	M10砂浆抹面		m^2	88.4	2.5	221.0	立面
	C20混凝土		m^3	35	100.0	3 500.0	
	抽水机房		m^2	120	180.3	21 636.0	砖墙彩钢瓦房
	镀锌钢管DN100		m	200	16.2	3 240.0	
	镀锌钢管DN75		m	500	12.1	6 050.0	
	镀锌钢管DN50		m	500	7.9	3 950.0	
	镀锌钢管DN25		m	1 000	3.7	3 700.0	
	多级离心泵	$Q=32m^3/h$，$h=80m$	台	4	934.4	3 737.6	
	饮用水净化系统		套	2	6 557.4	13 114.8	
3.2	厂房排水					94 493.5	
	潜水泵	2.2kW	台	5	167.2	836.0	
	潜水泵	7.5kW	台	5	479.5	2 397.5	
	钢管	DN100	m	300	16.2	4 860.0	
	排水费用		月	36	2 400.0	86 400.0	
4	混凝土拌和系统					62 748.8	
4.1	土建部分					41 519.0	
	土方开挖		m^3	100	2.4	240.0	
	土石方填筑		m^3	0	2.6	0.0	
	C15地面混凝土		m^3	50	90.0	4 500.0	
	C20钢筋混凝土		m^3	50	100.0	5 000.0	
	钢筋		t	5	1 800.0	9 000.0	
	钢结构		t	2	2 000.0	4 000.0	皮带机
	水泥库房		m^2	100	131.2	13 120.0	砖墙彩钢瓦房
	值班房		m^2	30	180.3	5 409.0	
	场平		m^2	500	0.5	250.0	
4.2	拌和系统设备安装及拆除					21 229.8	
	强制式搅拌站	HZS50	座	1	9 590.2	9 590.2	
	骨料仓	4m×17m	套	1	3 200.2	3 200.2	
	水泥罐	200t	座	2	4 219.7	8 439.4	
5	钢筋加工厂（包括钢筋库）					31 481.6	
	土方开挖		m^3	9	2.4	21.6	
	C15混凝土		m^3	11	90.0	990.0	
	碎石地面		m^2	300	5.0	1 500.0	

续表

	钢筋加工车间	6m×9m	m^2	200	98.4	19 680.0	轻钢架结构
	办公室、工具房	3.6m×6m	m^2	50	180.3	9 015.0	砖墙彩钢瓦房
	场地平整		m^2	550	0.5	275.0	
6	模板加工厂					28 276.4	
	土方开挖		m^3	36	2.4	86.4	
	C15 混凝土		m^3	94	90.0	8 460.0	
	碎石地面		m^2	300	5.0	1 500.0	
	加工车间	标准开间	m^2	50	180.3	9 015.0	砖墙彩钢瓦房
	办公室、工具房	标准开间 3.6m×6m	m^2	50	180.3	9 015.0	砖墙彩钢瓦房
	场平		m^2	400	0.5	200.0	
7	金属结构拼装厂				0.0	184 150.0	
	拼装平台		m^2	600	300.0	180 000.0	
	成品、半成品堆放场		m^2	700	5.0	3 500.0	室外，碎石地面
	场平		m^2	1 300	0.5	650.0	
8	机械修配厂及设备停放场					45 985.8	
	土方开挖		m^3	17.4	2.4	41.8	
	场平		m^2	290	0.5	145.0	
	C15 混凝土		m^3	40.6	90.0	3 654.0	
	机械修理车间		m^2	100	131.2	13 120.0	钢结构棚
	主修车间		m^2	120	131.2	15 744.0	钢结构棚
	仓库工具车间	标准开间 3.6m×6m	m^2	30	180.3	5 409.0	砖墙彩钢瓦房
	办公及值班室		m^2	40	180.3	7 212.0	砖墙彩钢瓦房
	机械临时停放场		m^2	200	3.3	660.0	
9	仓库系统					83 669.8	
9.1	物资仓库					50 258.0	
	土方开挖		m^3	45	2.4	108.0	
	C15 混凝土		m^3	55	90.0	4 950.0	
	劳保库		m^2	50	180.3	9 015.0	砖墙彩钢瓦房
	五金材料库		m^2	50	180.3	9 015.0	砖墙彩钢瓦房
	办公室		m^2	30	180.3	5 409.0	砖墙彩钢瓦房
	综合材料库		m^2	60	180.3	10 818.0	砖墙彩钢瓦房
	仪器仪表仓库		m^2	60	180.3	10 818.0	砖墙彩钢瓦房
	场平		m^2	250	0.5	125.0	
9.2	油库					6 920.0	
	土方开挖		m^3	6.6	2.4	15.8	
	场平		m^2	150	0.5	75.0	
	C15 混凝土		m^3	7.4	90.0	666.0	
	办公室		m^3	30	180.3	5 409.0	砖墙彩钢瓦房
	加油设备		套	3	32.8	98.4	
	储油罐	5 000L	套	2	327.9	655.8	
9.3	炸药库					26 491.8	

续表

	土方开挖		m^3	33.6	2.4	80.6	
	场平		m^2	250	0.0	0.0	
	C15 混凝土		m^3	52.58	90.0	4 732.2	
	炸药库		m^2	25	200.0	5 000.0	砖墙混凝土屋面
	雷管、导火索库		m^2	15	200.0	3 000.0	砖墙混凝土屋面
	保卫值班室		m^2	10	180.3	1 803.0	砖墙彩钢瓦房
	避雷装置钢材及安全标识、接地、除静电等		项	1	3 500.0	3 500.0	
	铁丝网		m^2	120	9.8	1 176.0	铁丝网高 0.80m
	围墙		m^2	300	24.0	7 200.0	24 砖墙高 2.5m
10	试验室					108 244.7	
	试验检测中心	标准开间 3.6m×6m	m^2	60	163.9	9 834.0	砖墙彩钢瓦
	所需设备		项	1	98 360.7	98 360.7	
	场平		m^2	100	0.5	50.0	
11	弃碴场				0.0	0.0	
12	规划取料场				0.0	0.0	
13	轨道系统		项	1	200 000	200 000	

5.4.7 深化设计费

由于国外招标文件设计深度与国内招标文件设计深度不一致，因此要研究招标文件中实施阶段的图纸设计的责任，特别是在交钥匙或总承包工程中，要注意因地、因事制宜，以适应国外市场竞争的需求。在投标报价中，勘察设计费作为直接费一项独立费用单独列入投标报价。

根据目前掌握资料，国际设计收费可参照国外有关设计收费标准，由设计方和委托方共同协商确定，一般可按工程造价的 5% ~10% 计取。根据项目业主的招标设计深度、设计阶段及项目复杂程度，一般可按工程造价的 2% ~6% 计取。

设计收费还可以按工时计算。按合同确认的费用标准与投入的工时，按月结算。这种收费办法在国外广泛应用于总体规划、可行性研究、工程监理、技术支援以及施工详图等项目。工程地质、测量、试验费，可按工程造价费用 0.5% ~0.7% 计取。

5.4.8 间接费计算

间接费包括总部管理费、分包管理费、现场施工管理费、代理及法律咨询费、保函手续费、保险费、税金、临时设施工程费和贷款利息、风险费等费用。间接费主要是依据工程项目具体情况以及招标文件的具体规定进行计算，投标阶段，部分间接费也可采用某一费率方式计算。

1. 总部管理费

总部管理费，也称公司管理费，是指承包商公司总部收取的管理费，是主要用于维持公司正常营业开支的一项费用，不包括工地项目管理费。根据项目竞争性、特殊性、市场需要等综合情况进行投标决策，在投标报价时综合取值。

实物量法计算中，一般单列分包商的总部管理费，一般可按分包工程合同价格的 1% ~5% 计取，必要时，可适当调整降低费率。

2. 分包工程费

分包工程费一般包括分包商工程报价、总包管理费和利润。分包商工程报价是分包商根据分包的工程量清单进行报价，包括分包工程的直接费、间接费（含分包商的总部管理费、现场项目管理费、反担保保函费）、利润等。以上费用分别对应分摊计入实物量法报价体系的相应项中计算。分包商总包管理费，指总承包商对分包商收取的总包管理费（不同于上文中提到的承包商的总部管理费）。一般情况下，总包管理费可按分包工程报价的 1% ~5% 计算。

3. 项目管理费

项目管理费主要是项目部管理人员工资、其他服务人员工资、项目部日常运行发生的车辆燃油维护费用、差旅费（工程所在地发生费用或第三国出差费用）、办事处费用、营地维护费用、规费［按照中方人员数量取定（含国内劳务）］。投标阶段，如投标报价时间比较紧的情况下，可按照直接费的3% ~5% 计取（当然，特殊情况下，为了项目竞争的需要，也可以适当降低项目管理费费率）。

表 5 – 37　某国际项目项目管理费示例表

<table>
<tr><th>序号</th><th colspan="3">项目</th><th>单位</th><th>数量</th><th>工资</th><th>时间</th><th>合计</th></tr>
<tr><td rowspan="7">1</td><td rowspan="7">管理人员工资</td><td rowspan="2">高级管理人员</td><td>项目经理</td><td>人</td><td></td><td></td><td></td><td></td></tr>
<tr><td>商务经理、经理、总工程师</td><td>人</td><td></td><td></td><td></td><td></td></tr>
<tr><td rowspan="2">中级管理人员</td><td>部门主任</td><td>人</td><td></td><td></td><td></td><td></td></tr>
<tr><td>副主任、工程师</td><td>人</td><td></td><td></td><td></td><td></td></tr>
<tr><td colspan="2">一般管理人员</td><td>人</td><td></td><td></td><td></td><td></td></tr>
<tr><td colspan="2">小计</td><td></td><td></td><td></td><td></td><td></td></tr>
<tr><td colspan="2" style="display:none"></td></tr>
<tr><td rowspan="5">2</td><td rowspan="5">其他人员工资</td><td colspan="2">项目部司机</td><td>人</td><td></td><td></td><td></td><td></td></tr>
<tr><td colspan="2">技工（包括司机）</td><td>人</td><td></td><td></td><td></td><td></td></tr>
<tr><td colspan="2">其他人员（食堂）</td><td>人</td><td></td><td></td><td></td><td></td></tr>
<tr><td colspan="2">其他人员（医护）</td><td>人</td><td></td><td></td><td></td><td></td></tr>
<tr><td colspan="2">小计</td><td></td><td></td><td></td><td></td><td></td></tr>
</table>

续表

序号	项目			单位	数量	工资	时间	合计
3	外方人员工资	管理人员		人				
		工程师		人				
		普工		人				
		小计				以上费用按人工费计算表费用计算		
4	办公费用	办公车辆使用费		辆		按实际运行费用计算		
		通信费	管理人员	人		100 美元/月		
			工人	人		20 美元/月		
			网络费	项		根据当地价格		
		小计						
5	食堂经费	中方		人		目前按 6 美元/天		
		外方		人		根据前方调查		
		小计						
6	差旅费			项		现场发生的在所在国和第三国出差费用（预计）		
7	办事处费用			项		按预算进行估算		
8	营地维护			项				
9	规费			项				
	合计							

表 5－38　某国际工程项目主营地建筑费用计算示例表

序号	项目名称	规格型号	单位	数量	单价	金额（USD）
1	营地设施					
	管理层住房	1×2 套	m^2	130	146.9	19 097.00
	员工住房	标准 3.6m×6m	m^2	864	146.9	126 921.60
	办公室	标准 3.6m×6m	m^2	432	146.9	63 460.80
	劳工住房	标准 3.6m×6m	m^2	3 024	146.9	44 225.60
	业主工程师办公住房	标准 3.6m×6m	m^2	380	146.9	55 822.00
	项目部食堂		m^2	403	183.3	73 869.90
	劳工食堂		m^2	518	183.3	94 949.40
	娱乐室		m^2	150	146.9	22 035.00
	诊所		m^2	86	146.9	12 633.40
	停车棚	20 位	m^2	300	83.3	24 990.00
	现场施工用房	20 间	m^2	576	133.3	76 780.80
	球场	1 个	m^2	900	38.0	34 200.00
	场平		m^2	13 528	2.5	33 820.00
2	PE 供水管	DN100，PN1.0	m	1 200	11.3	13 560.00
	PE 供水管	DN25，PN1.0	m	2 000	1.4	2 800.00
3	配电系统					
	供电线路	150mm² 铜芯	m	1 500	53.0	79 500.00
	供电线路	16mm² 铝芯	m	4 500	0.3	1 350.00

表 5－39　某国际工程人员进退场费计算表格示例

序号	项目名称	单位	数量	单价	金额（USD）	备注
一	进场费				1 579 589. 00	
	人员进场				1 941 780. 00	
	中方人员进场	人·次	588	3 260	1 916 880. 00	
	当地人员进场	人·次	1 245	20	24 900. 00	
二	退场费				2 174 979. 00	
	人员退场				1 941 780. 00	
	中方人员退场	人·次	588	3 260	1 916 880. 00	
	当地人员退场	人·次	1 245	20	24 900. 00	

4. 代理人佣金（咨询服务费）

投标时，承包商一般在工程所在地物色代理人，负责承包商在当地的相关手续，协助收集资料，通报消息，甚至摸清业主及其他承包商的标底，疏通环节等，在工程中标后应支付代理人佣金。代理人的佣金，各国和各地区有不同标准，一般按工程造价的1.5% ~5% 计取，也有的甚至更高，视工程的难易程度等情况综合确定。费率高低比例与工程造价高低成反比关系，具体标准需双方事前协商确定。代理人的选择及佣金（咨询服务费）支付要满足国内及当地相关合规要求。

5. 法律顾问费

法律顾问费的标准，一般为固定的月工资或年薪额，但遇有重大纠纷或较复杂争论时，除固定月工资外，再增加一定数量的酬金，按照市场标准及双方协商确定。

6. 银行税费

（1）资金利息

项目采购物资、施工机械、人员动员和现场临建施工等各种前期准备，往往需要一定的周转资金，一般靠承包商内部项目拆借、银行贷款等途径来解决。

承包商内部项目之间资金拆借是一种常见的解决项目前期周转资金的方式，但是需要借款的利息，一般高于同期银行存款利息，低于银行短期贷款利息，一般在4% ~5% 左右。承包商以垫资的形式来获取项目，一般也需要支付垫资资金利息。

对于银行融资项目或提供过桥资金贷款情形，除支付银行手续费外，还要支付银行贷款利息。

（2）外汇汇出税

某些国家，承包商在国外汇回国内的每一笔款，均需要交纳外汇汇出税。如玻利维亚外汇汇出税费率为1.5%，厄瓜多尔外汇汇出税费率为5%。因此承包商汇回国内的预付款、总部管理费、用于支付分包商的款项、购买设备的款项、返还总部垫资款等均需要统筹考虑外汇汇出税，做好资金计划安排。

（3）企业利润税

其征税对象是法人或自然人，包括国有企业、私人企业和个体经营者，以其经营所得的净利润为计征依据。这个税是可扣除的，如“员工在某种规定范围内的消费”。如玻利维亚规定企业利润税税率为25%。

（4）银行资金流动税及银行手续费

银行资金流动税是指资金从银行存取，汇出汇入，均需要缴纳该税收。如玻利维亚规定银行资金流动税及银行手续费税率为0.15%。

表5-40　某国际工程银行资金流动税及银行手续费计算示例表

序号	项目名称	汇回比例	数值（USD）
一	预计汇回国内总额		
1	总部管理费	100%	2 732 039.85
2	利润	100%	1 294 895.59
3	分包管理费	100%	1 639 223.91
4	中方人员工资	60%	1 326 486.00
5	国内购买设备款	80%	9 970 443.04
6	国内购买材料款	70%	8 187 373.53
7	保函手续费	100%	911 700.00
8	前期资金垫款利息	100%	543 584.29
	小计		26 062 161.92
二	银行财务费		
1	外汇汇出税 ITF	1.50%	390 932.43
2	企业利润税	1.00%	647 447.80
3	银行手续费费率	0.15%	39 093.24
4	所得税	1%	546 407.97
	小计		1 623 881.44

7. 工程保函费用

承包商从参加投标到签合同，根据招标文件的要求，一般情况下，分别向业主递交投标保函、履约保函、预付款保函及维护期保函（视情况提供）等。保函的开具方式有国内金融机构直开和当地银行转开两种形式。一般招标文件明确了对转开行的要求、保函格式及额度、有效期等信息。保函可以业主所在国的货币开出，也可以可自由兑换的外币开出。承包商要分别向中国商业银行和业主要求当地转开行同时缴纳手续费。一般说来，投标阶段银行保函综合费率在工程项目投标报价（有的国家要求为含税造价）的0.5% ~2.5%计取，主要根据项目所在国家、业主的要求，转开行的收费标准等情况综合考虑。

保函手续费一般计算公式为：保函手续费 = 保函金额 × 保函费率（%）× 投保期（年）。

（1）投标保函费

投标保函的有效期是根据投标文件的有效期确定的，一般是在投标文件的有效期的基础上增加 28 天，可以根据情况进行保函延期。《世行贷款项目投标文件范本》中规定，投标保函的数额根据项目金额的大小按标底的1% ~3%计算，标底超过1 亿美元的项目，投标保函的数额为标底的1%，小型项目的投标保函的数额按标底的3%计算。投标保函费率为投标保函金额的1‰ ~ 2‰。考虑国内银行来回撤销时间、项目评标等情况，稳妥起见，报标保函的有效期一般可以按半年考虑计算费用。

（2）预付款保函费

预付款保函是承包商和业主签订合同后，业主向承包商支付预付款时要求承包商递交的保证在项目完工前归还业主预付款的保函。预付款保函的有效期限从承包商将该保函递交给业主之日开始，直到业主收回全部预付款后截止。在项目的实施过程中，当承包商的进度款结算金额达到合同金额的20%（有的规定为30%或某一比例）时，业主开始从承包商的结算款中按规定的比例扣除预付款，在结算金额达到合同金额的80%或某一比例时，业主就要全部扣回预付款。由于预付款随着工程进度被业主回扣，预付款的额度也逐渐减少，因此预付款保函考虑时间可为项目工期的一半。预付款保函的费率可按项目预付款额度的0.5% ~2.0%计取。

（3）履约保函费

在国际工程承包项目的投标文件中对履约保函的有效期限的规定，对于提供银行保险形式的履约保函，在接到业主签发的授标通知书后28 天内递交给业主，在业主签发竣工证书后28 天该履约保函失效，履约保函应该考虑工程竣工保修期。投标阶段，履约保函的时间一般为项目合同工期 + 缺陷责任期（一般为一年，也有的项目为6 个月，或无缺陷责任期），为稳妥起见，大型国际水电工程一般均出现不同程度拖期，因此不能按照项目合同工期计算，按照实际完工工期 + 缺陷责任期1 ~1.5年考虑。履约保函费率可按0.5% ~2.5%计取。笔者参加一个拉美某水电工程投标，招标文件中，业主要求履约保函由当地银行转开，当地银行的费率为1.5%，经过测算，本项目投标履约综合费率约在合同价格的1.5% ~2%之间。

（4）分包商的反担保保函

由于国际工程项目的特殊性及风险转移的需要，国际工程总承包商均要求国内分包商提供反担保保函，而分包商也会将此部分费用成本计入工程分包商投标报价中。保函的费用计算原理同上，按实际计取。

8. 工程保险费用

国际工程保险费一般包括：工程一切险、施工机械保险、第三者责任险、机动车辆保险、人身意外险、货物运费险和临时房屋保险等。其中货物运费险一般随物资设备采购进入相应的物资设备预算单价或原值。人身意外险可进入人工单价，施工机械险可进入设备台班单价。也有的承包商将除货物运费险外的所有险种发生的费用，均计入间接费成本。

FIDIC1999 版目前对上述保险均有如下要求：1. FIDIC18. 2 主要是对工程一切险（含设备险在内）的规定；2. FIDIC18. 3 主要是对第三方责任险的规定；3. FIDIC18. 4 主要是对人员险（含业主人员）的规定。

（1）工程一切险：对于施工建造中，工程本身或建筑机械设备及材料的意外毁损或灭失以及对第三者人身伤害和财产损害所应承担的赔偿责任由保险人承担。也就是为永久工程、临时工程和设备以及运至施工工地用于永久工程的材料和设备所投的保险。保险期限从开工令下发或者人员设备材料进场之日起（以先发生时间为起始日期）到合同完工时间或者临时验收时间止（以先发生时间为截止日期）。费率可按项目金额（含税）0. 75% ~1. 5% 计取。笔者参加某国际水电工程项目一切险的费率为项目合同造价（含税）的 1. 5% 。

（2）施工机具和设备险：该险是一切险的附加险，对承包商施工用的工程机械承保。结合工程实际及业主要求，不同设备进场时间不同，投保期不同，费率约为设备重置价格 CIF 的 0. 5% ~1% 左右，设备到达工地后，一年内决定是否再续保。投标阶段，可按设备的进场计划，适当分几个批次进行估算。

（3）第三方责任险：该险也是一切险的附加险，对所承保工程直接相关的意外事故引起工地内及邻近区域的第三者人身伤亡、疾病或财产损失进行承保。每次事故赔偿限额和最低保险金额在工程合同中有明确规定。费率可按项目合同价格的 0. 2% ~0. 3% 计取。

（4）雇主责任险：对雇员在受雇期间因工作遭受意外而致受伤、死亡或患有与业务有关的职业性疾病情况下获取医疗费、工伤休假期间的工资及必要的诉讼费用等承保。人身伤害险是主险，可以选择附加医疗费险和诉讼费险。保险受益人是承包商，建议中国国际工程承包商每年坚持投保该险种，根据实际情况计取。

（5）机动车辆险：为具有公共牌照的机动车辆进行投保，包括办公用车、运输车辆和拖车等，标的包括机动车本身和第三者责任险。所在国有强制性规定，但是有的承包商认为机动车在工区内部行驶较多，并不愿意购买此险种。由于机动车在国外出事故率高，往往车毁人亡，同时还要赔付第三方，因此建议国际工程项目均要投保该险种。费率可按工程所在国家的有关法律法规执行。

（6）十年责任险：该险种在法语区国家有要求，承包商在业主临时验收前，向业主指定的保险公司进行投保，否则业主不予以临时验收。该险种主要针对工程在临时验收 10 年内的主体工程质量责任进行投保。保费为 0.45% ~0.7%，保费的计算基础根据不同的合同金额对应不同的最高保险金额。

投标人根据工程所在国的法律法规、招标文件要求、项目规模及工程特点、自身的需要等综合情况采取相应的投保方式，并按实计算相应的工程保险费用。

9. 工程辅助设施费

（1）工程移交前维护修理费

如招标文件规定，工程缺陷责任期间，承包者必须负责维修。由于很难预测实际发生的维修工程量，可按工程报价的百分比估算。一般可按工程造价 0.5% ~2% 计取。

（2）竣工整理费

工程竣工后，对建设场地的建（构）筑物、管线等拆除及场地清理、垃圾清运等工作所支付的费用，可按工程造价 0.1% ~0.2% 计取。

（3）试运转费

工程在移交业主以前，按设计规定的工程质量标准，进行整个车间、全厂性联动的无负荷和有负荷试车的费用，可参照国内工程现行指标，按国外人工、材料价差调整后，一般按工程造价的 0.4% ~0.8% 计取。

工程辅助设施费一般按工程造价的 1.0% ~3% 计取，投标阶段，以上费用根据项目的实际情况酌情考虑。

10. 业主人员培训及业主工程师费

（1）业主人员培训费

业主人员培训费指承包商接受业主派遣的有关人员进行各项技术培训而提供的必要的实习及生活条件费用。在实习生派遣方和接受方签订人员培训协议时，需明确实习生的各项费用及负担原则。计算费用方式，按双方协议的合同规定计列，也可以考虑由业主自理旅费及配备翻译等费用。招待费一般不直接向业主收取，可在培训费中列支。培训期一般为 3 ~6 个月，培训费一般为 500 ~1 000 美元/月。

（2）业主工程师费用

业主工程师费用指承包商须为业主工程师在现场工作和生活所支付的费用。有些工程的招标工程量清单中对具体的开支内容有明确规定，可以按工程量清单独立计算其费用；如果招标书中未作说明，要根据实际情况，决定是否要估列这些费用。某国际工程项目业主招标工程量清单中列示并进行细化之后的业主工程师费用计算示例见表 5 -41 所示。

表 5-41　某国际工程项目业主工程师费计算示例表

序号	名称	单位	数量	单价（USD）	合价（USD）
一	车辆				
1	双排座皮卡车	辆	4.00	56 443.84	225 775.36
二	食宿服务				
1	为工程师提供的 A 类食品服务	天	29 600	8.62	255 172.41
2	为工程师提供的 B 类食品服务	天	29 600	6.90	204 137.93
3	为工程师提供的 A 类住宿服务	夜	9 900	24.96	247 104.00
4	为工程师提供的 B 类住宿服务	夜	28 200	17.47	492 654.00
三	办公区及生活区用品清单				
1	办公室	m^2	220	200.00	44 000.00
2	写字台	张	4	193.97	686.60
3	木架子	个	1	172.41	152.58
4	椅子	把	8	35.92	254.30
5	桌子（1.2m×1.8m）	张	1	143.68	127.15
6	办公用品	套	2	50.29	89.00
7	沙发	套	1	646.55	572.17
8	6 人茶具	套	1	83.33	73.75
9	灶台（4 灶具）	套	1	359.20	317.87
10	卧室	m^2	120	200.00	21 238.94
11	起居用品	套	4	1 005.75	3 560.17
12	电视（32 寸）	台	4	301.72	1 068.05
13	DVD	台	3	71.84	190.72
14	台式电脑	台	4	1 077.59	3 814.46
15	笔记本电脑	台	3	1 020.00	2 707.96
16	复印机	台	1	1 077.59	953.62
17	打印机（彩）	台	3	100.57	267.01
18	电话传真	部	1	431.03	381.45
19	数码相机	台	3	100.00	265.49
20	绘图仪	台	1	5 747.13	5 085.95
21	扫描仪	台	1	172.41	152.58
22	其他零星费用	项	1		17 191.96
四	合计				1 527 995.49

11. 风险费

国际工程投标报价风险，特别是 EPC 固定总价合同的风险，对实施工程的盈亏起着非常重要的作用。在报价中较准确列出风险费用，不仅是投标决策问题，也是一项投标策略问题。有些承包商就是因为对意外风险事件考虑不周，导致了项目抗风险能力非常脆弱甚至出现了亏损现象，而且屡见不鲜。

风险费是指工程承包过程中由于各种不可预见的风险因素发生而增加的费用。通常由投标人通过分析具体工程项目的风险因素后，确定一个比较合理的工程总价的百分数作为风险费率。一般可按投标报价的 5% ~10% 计取，并可视项目情况适当增减。

（1）人工、物资设备价差风险费计算

国际水电工程工期长，几乎全部项目都遭遇了物价上涨风险，上涨幅度有的高达 20% 左右。特别是对于 EPC 固定总价合同，物价上涨风险比较大，需要考虑价差预备费。价差预备费是指不定性的建设项目在建设期间内由于价格等变化引起工程造价变化的预测预留费用。费用内容包括：人工、材料、施工机械的价差费，建筑安装工程费及工程建设其他费用、分包商费、运费等费用，分别按工程所在国对应的通货膨胀指数或工程造价指数变化进行预测分析，最后得到综合的风险系数。由于投标阶段比较短，也有的根据工程所在国官方发布的不同种类的造价指数进行比较，按人工、主材、大宗物资设备等年度费用的涨价指数进行计算。

涨价预备费的计算公式：$PF = \sum F_n[(1 + P)^n - 1]$

式中 PF——涨价预备费；n——建设期年份；F_n——建设期中第 n 年的投资计划额；P——年物价指数。

投标阶段，一般可按所在国对应的通货膨胀指数或工程造价指数变化进行预测分析，在无详细数据时，也可根据工程的复杂程度、材料及物资设备的进口情况、项目周期进行综合判断，一般可按投标报价的 3% ~5% 计取。

（2）直接费的综合风险系数计算

人工费、设备费、材料费风险计算方法有直接费分项分年度投资法、直接费分年度投资法两种。

① 直接费分项分年度投资法

以某国际工程投标为例，按分项分年度投资法，计算综合风险系数。

人工费：人工费在三年内完成的比例为 3∶5∶2，造价指数（也可以选择通货膨胀指数）为 3.5%，人工费的风险系数为：

$$(1+3.5\%)\times 30\% + (1+3.5\%)^2 \times 50\% + (1+3.5\%)^3 \times 20\% = 1.068$$

同理计算：

设备费的风险系数为：

$$(1+4\%)\times 35\% + (1+4\%)^2 \times 45\% + (1+4\%)^3 \times 20\% = 1.076$$

材料费的风险系数为：

$$(1+5\%)\times 15\% + (1+5\%)^2 \times 50\% + (1+5\%)^3 \times 35\% = 1.10$$

然后分别计算人工、设备、材料的新价格，相对于原来人工、材料、设备价格，计算得出综合风险系数。

② 直接费分年度投资法

计算影响直接费成本的总费用，如分年度投资的比例为 2∶4.5∶3.5，取综合膨胀系数为 4.5%，综合风险系数为：

$$(1+4.5\%)\times 20\% + (1+4.5\%)^2 \times 45\% + (1+4.5\%)^3 \times 35\% = 1.084$$

如果标书规定要求按固定价格报价时，就必须考虑由于物价上涨而需增加的费用；如果标书规定，允许按实调整或政府公布指数调整，则此费用可以不列或少列。物价上涨费的大小，可根据地区历年的价格指数或按政府公布指数，并结合国际市场动态和承包工程期限的长短，分类做出预测估算。

（3）设计及地质条件风险

设计风险是国际承包工程的主要风险之一。目前，国际工程承包方式发生了重大变化，一方面，项目融资、带资承包成为今后国际承包市场的发展趋势，市场竞争对承包商融资能力的要求大大提高，承包商的资金实力将体现其在国际市场的竞争力；另一方面，工程发包从劳务和土建分包向总承包转变，EPC、BOT 等建设开发形式越来越多，国际工程承包方式的变化对承包商的综合能力和水平（尤其是设计能力）的要求越来越高。设计能力不能满足国际工程需要已成为我国承包商的“软肋”，给工程实施带来很大的难度。在工程实施过程中，经常碰到各种各样的设计问题，不仅影响工程进度，更影响工程成本的增加。

国际工程招标设计深度一般较浅，特别是国际 EPC 水电工程交钥匙项目，一般采取固定总价合同模式。由于时间仓促，投标阶段来不及细致考虑问题，导致意外费用高屡见不鲜。投标报价中，应该计取合理的地质风险费，用于防范施工地质条件风险。对于工程量风险，应通过对工程量计算比较，可降低工程量风险。必要时需要进行进一步勘探，减少地质风险。一般情况下，国际水电工程设计及地质条件导致的工程量风险在投标阶段考虑取值在合同价格的3%～5%，特殊情况下可根据项目的实际情况综合判断取值。

（4）汇率风险

① 汇率风险计算

国际工程承包中，合同价格一般以美元为中间货币进行支付，也有采用东道国的通行货币，因此，汇率风险就成了国际工程风险分析中不可忽略的重要因素。特别是固定总价合同模式，其汇率风险几乎都是由承包商来承担。因此，在投标阶段，必须做好汇率风险的分析和预测，避免蒙受经济损失。

在投标报价编制阶段，一般很难计算出每一项涉汇费用精确的绝对值。可以采用市场调查、报价结构分解等手段，通过专家会议法或头脑风暴法等形式，估算出每一项涉汇费用占投标价格的权重。以分析各项涉汇费用约占投标总价的权重，结合各项费用发生的预计时间和状态，预测费用发生时可能的汇率跌幅，加权求取汇率风险对总报价的影响比例，与总报价相乘，即是应加在总价中用于弥补汇率损失的费用。

如报价时，美元与人民币的汇率为6.2，根据人民币改革的趋势，人民币未来的升值，因此报价时的美元汇率不能按照6.2计算。预测升值的幅度为3%，按照三年工期的年度总费用5∶3∶2的比例进行计算，美元对人民币的贬值率为：

$$(1+3\%)\times 50\% + (1+3\%)^2\times 30\% + (1+3\%)^3\times 20\% = 1.052$$

如果预测美元自身不发生汇率变动，投标报价中美元报价时应该采用的费率为：$6.2\div 1.052=5.89$。

② 汇率风险规避

由于国际承包工程合同周期的长期性，偶尔较小汇率变动产生数额不大的汇率损失是很正常的，也是难以防范的。但是对于可能发生的汇率剧烈变动而潜在的较大风险，承包商则必须采取适当规避措施消除或降低汇率风险。

a. 妥善选择合同的计价货币

有的业主招标文件仅需要投标人明确投标支付货币的组合及比例。投标人要综合考虑必须使用工程所在国货币所发生的费用的比例，同时将汇率风险签在合同条款内。对必须汇回国内的费用，要比较人民币与美元（或欧元）、美元（或欧元）与当地币的升值或降低趋势，选择趋于升值的硬货币。总承包与分包商的合同计价货币也要进行人民币与美元（或欧元）趋势分析，选择合适支付方式及汇率的锁定。

b. 在合同中增加保值条款及汇率风险分摊条款

根据FIDC合同条款，在与业主合同谈判时，增加汇率变化的调整条款，并依据法律变化情况进行汇率调价。也可以在合同中的调价公式中增加汇率调价因子。允许汇率在某一区域内调整，若真正的汇率波动超过此上下限，则超过部分所引起的差额由合同双方平均分摊。

c. 合理运用外汇风险规避的金融工具

a）远期外汇交易

远期外汇交易是指企业与银行签订协议，约定未来某一时期按约定的币种、汇率、金额办理交易。国际工程承包商可以利用这种金融工具，进行远期外汇交易。如承包商从国内购买设备，以人民币购买，半年后支付。为规避汇率风险，可选择按半年后人民币对美元的远期外汇牌价签订远期合约，将汇率锁定。

b）外币掉期业务

掉期业务，是指银行与客户协商签订掉期协议，分别约定即期外汇买卖汇率和起息日、远期外汇买卖汇率和起息日。客户按约定的即期汇率和起息日进行人民币和外汇的转换，并按约定的远期汇率和起息日进行反方向转换，从而起到合同价值保值的作用。

d. 采取提前或延期结汇策略

该方法的原则是：外汇将要升值时，拥有外汇债权的人延期收汇，拥有外汇债务的人提前付汇，反之，则相反。该方法对承包商的要求较高，应能准确预测汇率走势，在外汇汇率将要上升时，作为债权人要向业主及时计价提前收款，并及时结汇。

对于需要向本国国内汇回的利润、设备物资款等，由于一般以人民币核算，在人民币浮动汇率制下，也要遵循这个原则，在外币汇率上升时，采取延期结汇，在外汇汇率下降时，提前结汇。

e. 实施多元化策略

采取多元货币组合。工程价款的结算，物资设备的购买，使用不同的货币。由于同一时间内多种货币汇价方向不同，通过各种外币汇差相抵，减少汇率风险。

f. 外汇汇率风险保险

在承揽到国际承包工程后，承包商向保险公司投保外汇汇率风险保险，当发生汇率损失时从保险公司获得一定程度的补偿，使企业所承担的汇率风险损失相对缩小。

12. 暂定金额

暂定金额是业主在招标文件中明确规定了数额的一笔资金，标明用于工程施工，或供应货物与材料，或提供服务，或应付意外情况，亦称待定金额或备用金。每个承包商在投标报价时均应将此暂定金额数计入工程总报价，但承包商无权做主使用此金额，这些项目的费用将按照业主工程师的指示与决定，全部或部分使用。

13. 间接费费率汇总表

为便于国际工程投标，本书作者将投标阶段各种间接费费率进行汇总，供在国际工程投标中参考。主要间接费汇率参考表见表 5 – 42 所示。

表 5 – 42　主要间接费费率汇总参考表

序号	名称	取费费率	计费基础及说明
1	总部管理费	3% ~5%	税前或税后造价，取费费率根据投标策略，可变化
2	分包工程管理费	3% ~5%	分包工程报价，取费费率根据投标策略，可变化
3	项目管理费	2.5% ~3%	取费费率根据投标策略，可变化
4	咨询服务费	2.5% ~5%	取费费率根据实际可变化
5	保函费	1.0% ~2.5%	取费费率根据实际可变化
6	保险费	1.0% ~2.0%	取费费率根据实际可变化
7	风险费	5.0% ~10.0%	可适当增减，汇率风险一般根据具体情况调整计算
8	工程辅助设施费	1.6% ~3%	取费费率根据实际可变化
9	银行税费	1.5% ~2.0%	含资金利息，取费费率根据实际可变化
10	预扣税	0% ~2.0%	或有
11	其他税	3% ~5.0%	特殊消费税及不含增值税另计
12	交易税	0% ~3%	或有
13	合计	24.1% ~47.5%	

说明：国际工程千差万别，因此各种取费费率与每个国家政治经济环境、法律法规、项目特点、投标策略等各种因素息息相关，因此，费率取值要综合考虑分析，不能一概而论。

5.4.9　有关税费计算

国际工程有关税费计算主要包括以下几个税种：营业税、所得税、关税、增值税、出口退税等。以合法的方式达到减轻税负的目的，成为国际工程项目经营管理的重要课题之一。

国际工程节税、避税工作是贯穿国际工程项目管理全过程的一项重要工作，自编标开始，就要在了解甚至熟知工程所在国的有关税收政策及税负情况下，在商务标中将可能发生的税费做足，不可漏项。将节、避税措施余量用于工程报价中，这样既影响投标价格合理组成，也会影响国际工程项目最终效益。在招标文件中，如果没有有关的合同条款，明确当工程所在国税收政策调整时给承包商税费补偿，也应在合同签订前的谈判中说明因税收政策调整，承包商应得到补偿的索赔权利。国际工程税费的管理及计算原则是，依法纳税、合理合规避税，创效益、统筹规划、加强税务风险管理。

1. 营业税

营业税是以国际工程完成合同额为基数征收。巴基斯坦政府规定如果国外公司在巴基斯坦承揽工程项目，并获得一定的利润，则代扣 5% 营业税不返还。在巴基斯坦，聘用当地税务会计为工程项目做外事会计工作，最终可将代扣的 5% 营业税退还 3% 左右。伊朗直接税法 107 条规定，在伊朗境内承建工程项目，按总收入的 12% 征收营业税。在埃塞俄比亚实行的总税征收办法，按完成合同额征收 15% 的增值税，进口设备、物资和配件以及当地采购工程材料发生的增值税，可作为进项税抵扣。在安哥拉，业主代理总征收签订合同额 10% 综合税，政府向业主征税超过该数字，双方协商处理；政府征税总额少于该数字时，业主仍按合同额征 10% 。这种情况下，在编标时应计入该征收税率。

2. 所得税及预扣所得税

所得税主要包括公司所得税和个人所得税。

（1）公司所得税

公司所得税是对工程项目最终取得利润征收的税款，一般征收比例为取得利润的 25% ~40% ，取决于各国制定的税收政策。一般说来，各国对外国公司和本国公司区别对待，征收国外公司所得税比例高，对国内公司或在本国注册的外国公司优惠；少数国家则对外国公司不征收所得税。为了避免偷税、漏税以及重复征税行为，通常相互签订税收协定。近年来，随着“一带一路”建设，二十国集团（G20）委托经合组织（OECD）开展国际税收规则重塑，主动将“一带一路”沿线及其他发展中国家诉求融入国际税收新规则。我国已与包括“一带一路”沿线在内的 120 个国家和地区建立双边税收合作法律机制，与 25 个国际组织确立合作关系，与美国、加拿大等 9 个世界主要经济体国家签署税务合作备忘录，与金砖国家建立税务局长会晤机制，并通过扩大国际税收合作网络“在政策和法律上为区域经济融合开绿灯”。以巴基斯坦项目为例，计算项目的所得税及预扣所得税。

巴基斯坦政府曾于 2001 年颁布了所得税法令规定：巴基斯坦对公司或个人在巴基斯坦境内取得的所得，实行预扣所得税制度，在经济业务活动过程中，付款方有责任扣留一部分税，期末要进行审计以及税务稽核，裁定盈亏金额，然后多退少补。根据这项法令，业主在承包商的月度计量计算账单中扣了一部分税，叫预扣所得税（With Holding Tax），比例一般在 5% ~10% 之间。有的国家税法规定预扣所得税可以返还，但在实际操作中，被预扣的所得税返还的可能性比较小。预扣所得税为项目的沉没成本，在投标阶段估算可按 1% ~2% 计取。

（2）个人所得税

一般国家规定，承包商从国外带来的雇佣人员在工程所在国停留超过6个月以上的，超过免税标准部分要交个人所得税，有的国家对停留6个月以下的人员还有专门的税率规定。投标阶段，要统筹考虑这个部分成本，可作为人工费构成一部分。

有的承包商为了避免和减轻个人所得税，再对员工的收入进行分解，把涉及当地免税开支的部分在工资里表明；在支付方式上，可以采取分解支付，国内支付一部分，国外支付一部分，但是要注意支付的合理比例。有的国家要求，凡是在当地工作的人员，必须都要在当地交个人所得税。如某一技术人员的工资为1200USD/月，可以在国内支付700USD，在国外支付500USD，满足当地法律法规要求的最低缴纳费用基础。在向当地社保局报送人员名单时，根据当地法律法规要求，办理工作签证后，要缴纳个人所得税。可以在人员商务签证有效期范围内不进行报送，待办理工作签证后，分批分期报送人员名单。

3. 关税及出口退税

（1）关税及消费税

关税是国际贸易交易过程中的一个重要税种，是一个世界性的税种。在施工所在国的关税申报通常分为两类：一类是临时进口申报，指项目所用施工机械和车辆等，待项目结束时要转运出境；另一类是永久进口申报，指FIDIC合同涉及永久性工程中需用的消耗性物资，如钢材、水泥以及机械配件和常用医药、食品等。对于永久进口物资要求一次性清缴关税，对关税的征收以及税率都有具体规定，承包商在进口物资前必须了解清楚。对于临时进口申报，一般是免税的，但能否免税还要参照合同条款办理。世界银行、亚洲开发银行等国际金融组织贷款的项目一般都是免关税的。业主还通常在合同中规定，在项目所在国能生产的物资不允许进口，或不能给予免税。

$$关税 = 完税价 \times 关税\%$$

$$进口消费税 = [(完税价 + 关税) \div (1 - 消费税\%)] \times 消费税\%$$

特殊消费税：适用比例税率的进口应税消费品实行从价定率办法按组成计税价格计算应纳税额。

$$组成计税价格 = (关税完税价格 + 关税) \div (1 - 消费税税率)$$

$$应纳税额 = 组成计税价格 \times 消费税税率$$

公式中的关税完税价格是指海关核定的关税计税价格。

（2）出口退税

国际工程出口退税由总包方考虑，但一般出口退税时间要相对工程进度滞后，退税率一般在10%～15%，在国际工程投标中，为稳妥起见，在投标阶段一般按照11%左右退还比例考虑。如不考虑出口退税时间的滞后性，可以在计算的报价后扣减出口退税，得到拟投标报价。

4. 交易税

交易税不同于增值税，报税期为每月报税，属于价外税。报税依据为当期开出的发票金额。交易税可以拿去年的所得税进行抵扣。该税的抵扣方式是拿所得税来抵扣，而不是被所得税抵扣。在投标的时候，一定要考虑该税收，因为有可能即使项目没有利润，但交易税仍然要缴纳营业收入的 3%。笔者参加南美某国际水电工程投标报价，交易税税率为 3.09%。

5. 增值税

国际工程项目投标报价中，要注意分清增值税的计算方式，增值税为价内税，也有的国家增值税为价外税。增值税税率按照当地实际征税标准计取。如玻利维亚增值税税率为 14.94%，厄瓜多尔增值税税率为 12% ~15%。

进口增值税 = [（完税价 + 关税）÷（1 – 消费税）] × 增值税税率

5.4.10　利润计算

对于利润的确定其基本方法是研究报价与中标取得合同的概率或可能性之间的关系，以确定竞标者以某一报价参与竞标时的中标概率，在此基础上推导出一个最优报价，即获得最大期望利润时的报价。企业参加竞争性投标时，根据期望利润的高低，参考获胜概率确定合理的利润水平。

期望利润 = 直接利润 × 投标获胜概率

（1）分析参与投标的竞争对手，可能会采取低报价或高报价，以确定承包商在投标时的利润水平。

（2）分析承包商自身实际情况，如在建项目少，或者在建项目快完工，没有后续项目支撑，或者开拓工程建设市场需要，可采取低利润率的策略。

（3）对于亚行、世行贷款建设的工程项目，大多是采用最低价中标原则，只有低价才有中标的可能。这种项目资金有保证，风险比较小，参与投标单位比较多，因此，在投标时应确定低利润率策略。

一般而言，国际工程竞争性投标的项目利润率水平在 2% ~5% 之间，当然根据工程的战略定位，也可以考虑零利润率水平。

5.5　国际工程投标报价汇总及分析

5.5.1　投标报价文件汇总

（1）投标报价工作汇总

- 完成直接费、其他直接费计算汇总，确定项目的直接成本；
- 完成各项税费、规费等综合取费计算，确定项目间接成本；
- 完成暂定定额、计日工等的计算；
- 完成项目利润测算，确定项目的盈利水平；
- 复核工程量、复核各项费用的计算准确；

- 定额计算与实物量计算的投标费用比较，分析，修正投标报价；
- 综合平衡，考虑项目的投标策略最终确定投标报价；
- 修正工程量清单报价、调整单价分析表；
- 编制汇总投标报价；
- 建立补充项目投标数据库。

（2）投标报价表

- 投标报价的外报表格文件；
- 计日工的报价表；
- 主要单价分析表（如果招标书中有此要求）；
- 外汇比例表及外汇费用构成表；
- 外汇兑换率（通常由业主提供）；
- 资金平衡表或工程款支付估算表；
- 施工用主要材料基础价格表；
- 永久设备报价及产品样本；
- 用于价格调整的物价上涨指数的有关文件；
- 其他文件。

5.5.2 投标报价费用汇总

投标报价的汇总一般由直接费、间接费、税费、利润等组成。具体分项有各种成本的组成及占比，各种取费组成及占比，税金、规费、咨询费、风险、利润等组成及占比等。某国际工程水电站、公路工程项目的投标报价汇总示例表如表 5－43、表 5－44 所示。

表 5－43 某国际工程投标总标价费用组成示例表

分类	编号	标价组成项	占总标价（税前）百分比	分项标价（USD）	备注
A 直接费	1	机械费	10.23%	17 049 619.89	
	1.1	施工机械固定费	10.23%	17 049 619.89	
	1.1.1	折旧费	7.10%	11 827 717.29	
	1.1.2	海运及保险费	0.46%	759 307.00	计入设备进出场费
	1.1.3	关税及清关费	0.16%	274 588.00	
	1.1.4	陆运费	0.14%	233 199.00	
	1.1.5	维护、修理、配件费	2.10%	3 506 367.23	
	1.1.6	设备安拆费	0.27%	448 441.37	
	1.2	机械使用费			
	1.2.1	动力费			计入材料费

续表

分类	编号	标价组成项	占总标价（税前）百分比	分项标价（USD）	备注
A直接费	2	永久设备费	0. 81%	1 354 051. 00	
	2. 1	金属结构	0. 81%	1 354 051. 00	
	3	材料费	26. 07%	43 443 283. 38	
	3. 1	永久工程材料费			
	3. 2	施工用材料费	26. 07%	43 443 283. 38	
	4	人工费	16. 98%	28 301 543. 56	
	4. 1	中方人员费	13. 58%	22 630 487. 95	
	4. 2	当地人员费	3. 40%	5 671 055. 61	
	5	临建费	3. 56%	5 937 029. 74	
	5. 1	工程临时设施费	0. 77%	1 290 494. 50	
	5. 2	办公、生活营地建造费	2. 79%	4 646 535. 24	
	6	设计费	0. 30%	500 000. 00	
	7	其他直接费	5. 00%	8 328 744. 76	
	7. 1	HSE 费用	0. 93%	1 543 068. 06	
	7. 2	观测工程	1. 00%	1 659 560. 00	
	7. 3	照明工程	0. 25%	409 147. 00	
	7. 4	其他	0. 80%	1 331 916. 70	雨季保护，夜间施工等
	7. 5	人员设备进出场费		3 385 053. 00	
	直接费合计		62. 95%	104 914 272. 33	
B间接费	1	管理费	11. 00%	18 332 914. 94	
	1. 1	公司总部管理费	5. 00%	8 333 143. 16	费率可调，下同
	1. 2	分包管理费	6. 00%	9 999 771. 79	
	2	项目管理费	3. 00%	4 999 885. 89	
	3	工程保险费	1. 50%	2 499 942. 95	
	4	保函手续费	1. 95%	3 249 925. 83	
	5	咨询服务费	2. 50%	4 166 571. 58	
	6	资金利息	0. 50%	833 314. 32	
	7	税金（应分项列出）	3. 50%	5 833 200. 21	
	7. 1	外汇汇出税	0. 60%	999 977. 18	
	7. 2	所得税	2. 90%	4 833 223. 03	
	8	风险费	8. 50%	14 166 343. 36	
	8. 1	汇率贬值风险	1. 00%	1 666 628. 63	
	8. 2	材料涨价风险	1. 00%	1 666 628. 63	

续表

分类	编号	标价组成项	占总标价（税前）百分比	分项标价（USD）	备注
B 间接费	8.3	拖期罚款	3.00%	4 999 885.89	
	8.4	工程量风险	3.50%	5 833 200.21	
	9	其他间接费（投标费）	0.10%	166 662.86	
	间接费合计		32.55%	54 248 761.94	
C 日工					
D 不可预见费			2.50%	4 166 571.58	根据情况调整
E 备用金			0		根据情况调整
F 利润			2.00%	3 333 257.26	根据情况调整
G 间接费 + 利润（B + F）			34.55%	57 582 019.20	
H 总标价（税前）（A + B + C + D + E + F）			100.00%	166 662 863.11	
I VAT（H × 14.94%）				24 899 431.75	根据情况调整
J IT（(H + I) × 3.09%）				5 919 274.91	根据情况调整
K 总标价（税后）（H + I + J）				197 481 569.77	
合当地币（汇率：1USD = 6.96Bs）			1 374 471 725.60		

表 5－44　某国际公路工程投标报价总费用构成表

分类	编号	标价组成项	占总标价税前	占直接费百分比	报价
A 直接费	1	机械费	34.38%	45.90%	19 047 586.54
	1.1	施工机械固定费	22.50%	30.03%	12 463 053.80
	1.1.1	折旧费	12.94%	17.27%	7 167 846.92
	1.1.2	海运港杂及保险费	0.67%	0.89%	370 017.03
	1.1.3	关税及清关费	1.75%	2.34%	970 981.83
	1.1.4	陆运费	2.63%	3.51%	1 458 100.00
	1.1.5	维护、修理、配件费	4.51%	6.02%	2 496 108.02
	1.2	机械使用费	11.89%	15.87%	6 584 532.74
	1.2.1	动力费	9.64%	12.87%	5 340 691.97
	1.2.2	辅助用油	2.25%	3.00%	1 243 840.77
	2	提供监理服务	0.37%	0.50%	205 526.48
	2.1	提供监理服务费用	0.37%	0.50%	205 526.48
	3	材料费	21.75%	29.03%	12 047 135.33
	3.1	工程材料费	21.11%	28.19%	11 696 247.90
	3.2	辅助材料费	0.63%	0.85%	350 887.44
	4	人工费	14.49%	19.34%	8 026 022.00
	4.1	中方人员费	4.96%	6.63%	2 749 982.00
	4.2	当地人员费	9.52%	12.71%	5 276 040.00
	5	其他直接费	3.21%	4.29%	1 780 347.00
	5.1	临时设施费	2.82%	3.77%	1 564 829.75
	5.2	骨料资源费	0.39%	0.52%	215 517.24
	6	设计费			

续表

分类	编号	标价组成项	占总标价税前	占直接费百分比	报价
A直接费	7	HSE 直接费	0.71%	0.94%	391 207.44
		HSE 费用	0.71%	0.94%	391 207.44
	直接费合计		74.91%	100.00%	41 497 824.78
B间接费	1	管理费	11.00%	14.68%	6 093 619.35
	1.1	分包管理费	3.00%	4.00%	1 661 896.19
	1.2	总部管理费	5.00%	6.67%	2 769 826.98
	1.3	总包项目管理费	1.50%	2.00%	830 948.09
	1.4	分包项目管理费	1.50%	2.00%	830 948.09
	2	工程保险费	1.50%	2.00%	830 948.09
	3	保函手续费	1.52%	2.20%	911 700.00
	4	咨询服务费	5.00%	6.67%	2 769 826.98
	5	资金利息	0.75%	1.00%	415 474.05
	6	银行手续、汇出税及所得税	1.72%	2.30%	952 820.48
	6.1	外汇汇出税	0.65%	0.87%	360 077.51
	6.2	银行手续费	0.07%	0.09%	38 777.58
	6.3	所得税	1.00%	1.33%	553 965.40
	7	风险费	1.60%	2.14%	886 344.63
	7.1	材料涨价风险	1.60%	2.14%	886 344.63
	7.2	其他风险	0.00%	0.00%	—
	8	其他间接费		0.00%	—
	间接费合计		23.09%	32.99%	13 691 681.68
F 利润			2.00%	3.16%	1 312 805.43
G 间接费 + 利润（B + F）					15 004 487.11
H 总标价（税前）（A + B + C + D + E + F）			98.00%		55 396 539.58
I VAT（H × 14.94%）					8 276 243.01
J IT（（H + I）× 3.09%）					1 967 488.98
K 标价（税后）（H + I + J）					65 640 271.57
L 出口退税					-1 610 590.26
设备出口退税					1 610 590.26
M 拟投标价格（税后）					64 029 681.32
拟投标价格（当地币）			445 646 581.97		

5.5.3　投标报价的分析

投标组价完成后，要进行投标报价分析。重新计算和校核，进行报价分析，完成报价决策，确定最终投标报价。

（1）工程量计算分析

① 主要工程量的分析。如混凝土、钢材、砂石骨料、钢结构、风水电、燃油、

炸药等主要工程量，按照一定的计算规则进行核算。

② 分析各种含量指标和比例指标的异常情况，找出其偏高或偏低的原因。

（2）直接工程费计算分析

① 统计人工费。分析各种劳动力指标的来源及构成，分析主要生产工人、辅助工人和管理人员的来源和数量；统计国内派遣工人、当地雇用工人数量，计算人工费在标价中所占比重及各种来源的人工工种比例、工效取值、工时单价等；特别是要检查分析定额人工工时单价和人工费计算与实物量法综合人工工时单价及人工费计算的差异性，要检查劳动力来源是否满足当地合规比例的要求，是否存在漏项或重复计算等问题。

② 统计材料费。计算主要临时工程及永久工程大宗材料数量、消耗指标、供货周期及来源和价格、运输方式保险清关等相关费用、技术标准确认是否满足图纸和技术规范要求，是否存在技术标准偏差和产品的可替代性，价格变动的浮动，总材料费占总标价的比重和主要材料消耗指标。另外，还要注意相关周转材料费用计算。

③ 统计机械设备使用费用。机械设备购置来源及供货方式，分析采购的原值，分析运输方案合理性、物流保险及清关费用，分析折旧、维修保养等费用，计算其占总价比重和工程结束后的残值。

（3）间接费用计算分析

① 计算各种管理费用、佣金、利润、资金利息总额、风险等所占总费用比重，特别关注风险费的计取、相关税费的抵扣等。

特别是要进行主要风险计算。

② 统计专业分包费用。分析主要专业分包商的报价，是否符合合同图纸及技术规范要求，是否存在偏差，分包工程总价及其占总报价的比例。注意分包商总部管理费、现场管理费与总承包商管理费的取费之间平衡。与总包商之间、与其他分包商之间的合同界面是否清晰，是否有重复计算或漏项等。

③ 各种税费（关税及特殊消费税、出口退税、所得税及预扣所得税、增值税、交易税等）计算及抵扣比例等。

（4）整体报价分析

① 费用构成的合理性是否符合投标竞争策略。

如分析直接费中人工费、材料费和设备费、设计（或深化设计）费、其他直接费占直接费用比例是否异常，分析原因，分析临时设施费与直接工程费关系、比例；分析直接费、间接费占工程总费用的比例是否合理；分析综合取费和其他费用占总报价费用的比例是否合理；分析设计（或深化设计）费与总费用的关系，利润与投标总费用的关系；分析进度计划的合理性，计算月产值、年产值等数据，判断指标过高或过低。

② 在水电站工程单位装机 MW 投资的比例、单位 m^3 隧洞开挖的综合单价等等

一些静态的指标上进行合理性分析。此外，参照同类工程的经验，扣除不可比因素，分析基础报价的合理性。对明显不合理的标价构成部分进行微观方面的分析和检查，修正初步报价。

（5）风险分析

重点分析国别风险、合同风险、分包风险、技术（技术标准、地质条件等）风险、工期风险、涨价风险、汇率风险等，制定风险应对策略。特别是重点分析工期延误、汇率风险、地质风险、物资及人工工资上涨、法律法规变化等方面带来的报价风险。

第 6 章 国际工程投标报价决策方法及技巧

6.1 国际工程投标决策

国际工程项目投标决策分析是一项跨知识领域的系统工程，由于境外工程项目的影响因素众多，不但包含围绕项目自身的进度、成本、质量与施工安全相关的风险因素，而且还涉及与国际工程项目相关的项目所在国的政治、经济、法律相联系的风险因素。

国际工程投标决策没有一个固定的模式，不同项目有不同的项目特点，不同市场区域有不同的战略定位。承包商依据自身优势、项目规模等特点以及决策者的喜好、风格和经验、智慧不同，采取不同的投标策略。承包商投标决策科学关系到能否中标，并且影响项目中标后的经营效益。竞争的成败不仅取决于企业实力的大小，而且很大程度上取决于投标决策的科学化程度。

国际工程投标决策贯穿于整个投标的全过程环节。投标竞争实质上是各承包商之间的财力、经验、信用、社会关系等的综合竞争，在一定的条件下，投标决策正确与否，不仅仅关系到企业是否能中标，也关系到中标后的效益，甚至关系到项目的经营成败。

国际工程投标决策可以分为两阶段，投标立项决策阶段和投标报价决策阶段。

6.1.1 投标立项决策

投标决策的主要依据是对工程所在国和工程所在地的调研和了解的程度，以及对招标工程项目、业主情况、现场条件、商务条件、竞争对手、施工管理模式、合作伙伴选择等情况调研和规划。前期阶段必须对是否投标，投标的必要性及可行性等方面做出论证。投标立项决策分为选标前的外部因素和内部因素分析。

1. 外部因素分析

外部因素分析主要包括项目所在国社会、经济、政治、法律等投标环境分析、项目自身情况及市场定位分析、投标竞争对手以及业主评标办法等情况分析。国际工程承包商应特别重视外部环境的调查分析，注重信息的准确性和可靠性，为科学决策提供依据。

2. 内部因素分析

承包商的内部因素分析主要内容包括本公司商务能力、施工能力、施工经验、管理能力、资源调配、合作伙伴等。承包商应具备一定的经济和融资实力，如带资承包、融资能力、支付方式等，另外要具备项目管控能力、组织和协调能力。同时考虑公司本身市场定位及战略需要，未来经营发展策略等。

6.1.2　投标报价决策

投标报价决策，就是对招标工程进行投标做出选择决策后，经过上述一系列的计算、评估和分析，计算直接成本及间接成本，投标决策者根据自己的经验和判断，从既有利于中标又能盈利这一基本目标出发，做出最优报价决策。制定合理的报价是工程投标的核心，也是业主选择中标者的主要标准，也是业主和承包商谈判的基础，直接关系到有关决策理论和方法，采取投标报价的策略。影响投标报价的决策因素有：成本计算的准确性、期望利润、竞争程度、风险偏好、市场条件等。

此外，市场条件也是投标决策的重要参考因素，在投标价格计算的过程，都需要关注和考虑，目前还没有一种普遍接受的方法来定量计算市场条件下对投标价格水平的影响。

6.2　国际工程投标报价决策方法

投标决策分析主要有投标竞争对手分析、期望利润风险分析、中标概率分析。国内对于投标决策的学术结合实际的量化分析的内容较少，常用的方法有模糊评判、系统分析等投标量化研究。随科学发展，对于人工智能、神经网络和博弈论方法也进行了相关研究，常用的模型有收益现值投标决策模型、应用解析法和利润实现最大化、投标者期望收益、人工智能、博弈论、模糊回归、层次分析、效用理论等投标决策方法。本文介绍三种常用的投标决策方法，并辅以案例加以佐证。

6.2.1　单纯评分比较法

单纯评分比较法需要工程承包企业根据投标项目的实际情况结合企业自身的经营状况确定评价指标。一般大致可根据经济水平、技术水平、管理水平、同类工程经验、控制风险能力、项目熟悉程度、合同条款规定、业主资信情况、竞争激烈程度、今后发展前景等主要内容，承包商根据重要性选取指标分别确定权重。同时，通过衡量每项评价指标对投标项目的影响程度，将各项评价指标划分为五个评价等级，分别为好、较好、一般、较差、差，并分别给各等级进行评分。然后，将每项评价指标的权重与评分相乘，求出该项指标得分。汇总指标的得分之后，得出此次投标项目的投标机会总分。将总分数与过去其他投标情况进行比较或者是承包商事先确定的可接受的最低分数相比较，并且还要具体分析每种评价指标的得分是否在合理的分值范围内，最终确定是否参加此项工程的投标。

案例 6－1　单纯评分比较法在亚洲某水电工程投标项目中的应用

以亚洲某水电工程项目投标为例，结合本企业自身的经营情况，采取单纯评分比较法，分析了项目经济水平、技术水平、管理水平、同类工程经验、控制风险能力、项目熟悉程度、合同条款规定、业主资信情况、竞争激烈程度、发展前景等 10 个方面，并采取加权平均方法赋予权重和评分，计算总得分，然后进行投标决策分析（如表 6－1 所示）。

表 6－1　单纯评分比较投标决策方法示例表

序号	项目	权重	评分	得分	备注
1	经济水平	0.10	4	0.40	
2	技术水平	0.15	4	0.60	
3	管理水平	0.10	4	0.40	
4	同类工程经验	0.10	3	0.30	
5	控制风险能力	0.10	4	0.40	
6	项目熟悉程度	0.15	5	0.75	
7	合同条款规定	0.10	4	0.40	
8	业主资信情况	0.05	4	0.20	
9	竞争激烈程度	0.05	3	0.15	
10	发展前景	0.10	4	0.40	
	合计	1		4.00	

利用单纯评分比较法进行评分后，该项目的总得分为 4.0 分，满分为 5 分。根据承包商多年在非洲工程中积累的经验，该项目综合投标风险相对比较小。因此，该公司决定投标。该方法的优点是投标决策比较简单、速度较快，缺点是该方法主要是基于自身的主观对某一因素判断因素权重及重要性并进行评价。

6.2.2　SWOT 分析法

SWOT 分析方法是近年来常用来综合分析承包商实力与环境因素相互作用的工具，这种方法为客观分析公司在投标中的竞争地位提供了较为完整的思路框架，它将公司的优势（“S-Strengths”）、劣势（“W-Weaknesses”）、机会（“O-Opportunities”）和威胁（“T-Threats”）等内外部因素综合考虑（Gerry Johnson and kevan scholes 2003），从而确定组织正确而有效的决策方案。

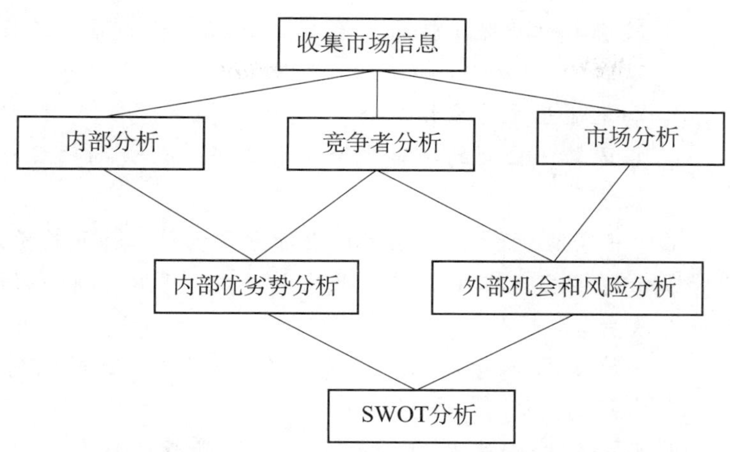

图 6－1　SWOT 分析法的分析步骤

案例 6－2　某国际公路工程 SWOT 矩阵投标决策

1. SWOT 矩阵分析定性决策

某国际工程公路项目，工程投资约 5 800 万美元，工期 36 个月，位于该国南部重要城市的郊区，新修建一条 22km 沥青混凝土生态大道（双向六车道，宽度为 2×13.6m），附属工程包括 3 座桥梁、安全标识、道路生态绿化（道路中央为 3m 的绿化隔离带；两侧为各宽 15m 的种植带，种植树木）等工程内容。

根据投标项目的具体情况，通过 SWOT 法分析该公司在投标中的竞争地位，使管理层对公司资源能力和项目的需求特征及外部环境因素的匹配性有了较为全面的认识，为制定合适的报价策略提供了较为明晰的决策思路，建立该项目的 SWOT 投标决策矩阵如下：

优势（S）：① 企业国际知名度高，资质高，管理能力强。

② 技术能力强，技术方案（方案、人员、工程业绩等）能满足要求。

③ 目前在该国有在建公路项目，可以迅速启动前期工作；同时能优化设备配置，值得思考。

④ 公司经营和财务状况良好，能开具投标保函。部分国内中资公司进入市场时间短，当地公司规模小，开具投标保函存在问题。

劣势（W）：① 项目工期相对较短，投入一次性设备折旧大，需要后续项目支撑，以维持市场需要。

② 项目建设生态、HSE（安全环境保护）要求相对较高，项目中种植绿化方案领域属于公司相对陌生领域。

③ 分包模式下经营会造成管理费、材料不调价，造成项目成本比较高。

机会（O）：① 当地政府投资的基础设施项目比较多，且不断增加。

② 政府财政状况比较好，有资金投入，有保障，工程款支付比较及时。

③ 和当地业主关系相对好。

④ 该国其他较大的央企中资公司重点关注大的项目，对此项目关注少。

威胁（T）：① 项目今后可能会发生执行设计方案调整，如开挖量大幅减少。

② 相对于当地本土公司，业主关系相对陌生，存在语言文化背景差异。

③ 中资公司不断涌入，而且部分省级中资公司报价比较不符合常规。

④ 部分国外知名公司如西班牙、墨西哥等国的公司已经本土化多年。

经过分析，投标策略的决策分析有以下几种情况：

① 处于第一象限（SO 策略）：外部有众多机会，又具有强大内部优势，企业应采取发展型投标措施，利用优势、抓住机会进行投标决策。采取市场扩张的适中报价，维持市场的保本报价策略。

② 处于第二象限（WS 策略）：外部有机会，而内部条件不佳。企业需要进行自我调整，增强企业凝聚力，部分采取当地分包的模式来进行投标，争取中标，维持该地区市场的正常运转。采取维持市场的保本报价策略。

③ 处于第三象限（ST 策略）：外部有威胁，内部状况又不佳，应设法避开威胁，消除劣势，应当采取放弃投标决策。企业可在现有条件下，采取生存型投标策略，以维持企业生存。采取市场扩张型的较低报价策略。

④ 处于第四象限（WT 策略）：拥有内部优势而外部存在威胁，企业应采取灵活性决策，若外部威胁可以通过自己的努力给以改变（如改善和业主关系、参与联营体投标），则可以进行投标，否则应考虑弃标，将更多的精力放到那些机会大的工程额中等及以下、竞争力不强的项目上，采取参与联合体投标，选择工程额度中等及偏下、竞争力不强的工程的策略。

根据该承包的情况，经 SWOT 分析知，该企业首先应采取第一象限（SO 策略），其次采取第四象限（WT 策略）。

2. SWOT 模型的综合模糊评判法定量投标决策

（1）综合模糊评判法模型

根据 SWOT 分析，参考业主的评分准则，项目是否投标时需要考虑的因素主要有：① 技术实力：包括本企业对该投标项目的熟悉程度（业务熟悉程度）、本企业的经验（影响能否按时完成工程）、人力资源及技术能力等；② 经济实力：包括投标项目需要的垫付资金，投标保函、银行资信证明准备工作量和费用；③ 未来潜在的投标机会；④ 维持市场生存需要；⑤ 业主的信誉问题；⑥ 投标的竞争情况。

根据以上标准采用模糊决策方法中的综合评判法，确定企业是否参加投标。

建立模型：

设有两个有限集合：

因素集 $U=\{x_1, x_2, x_3, x_4, x_5, x_6\}$

评判集 $V=\{y_1, y_2, y_3, y_4, y_5, y_6\}=\{$非常好，很好，好，一般，差，很差$\}$

设所有因素的权重分配是 U 上的一个模糊向量，记为 $A=\{a_1, a_2, a_3, a_4, a_5, a_6\}$，其中，$a_i$ 表示 U 中第 i 个因素的权重，且满足 $\sum_{1}^{6} a_i=1$。权重向量的确定可以根据企业的实际情况、业主评标标准综合考虑，采用加权平均法或专家法等。综合后的评判应看作是 V 上的模糊集，记为：$B=(b_1, b_2, b_3, b_4, b_5, b_6)$。

如果有一个从 U 到 V 的模糊关系 $R=(r_{ij})$ 6×6，那么由（U，V，R）三元体构成了一个模糊综合评判模型，即 $B=A{:}R$，展开形式为：

$$B=\{a_1, a_2, a_3, a_4, a_5, a_6\}\cdot\begin{bmatrix} r_{11} & r_{12} & \cdots & r_{16} \\ r_{21} & r_{22} & \cdots & r_{26} \\ \cdots & \cdots & \cdots & \cdots \\ r_{61} & r_{61} & \cdots & r_{66} \end{bmatrix}$$

根据最大隶属原则，得到 $b_k=\max\{b_1, b_2, b_3, b_4, b_5, b_6\}$，则综合评判结果 b_k 为对该项目做出决断的依据。一般 $B=(b_1, b_2, b_3, b_4, b_5, b_6)$ 并不能满足归一化条件，因此需要计算过程还要将它归一化。

（2）综合模糊评判法模型应用

以某国际工程为例，经过SWOT分析，对比其他竞争对手，估计能够以低标的优势取得该工程，于是采用模糊综合评判法在企业内进行定量分析，对该工程的每一个因素进行评价，并且确定 U 中各因素在总的评判中所占的权重，得到如表6－2所列数据。

表6－2　SWOT分析工程各影响因素的评价权重系数及评价结果

因素	权重系数 a_i	评价优劣						
		非常好 b_1	很好 b_2	好 b_3	一般 b_4	差 b_5	很差 b_6	小计 $\sum b_i$
技术实力	0.3	0.15	0.4	0.25	0.15	0.05	0	1.00
经济实力	0.25	0.2	0.5	0.25	0.05	0	0	1.00
未来投标机会	0.15	0.15	0.35	0.25	0.15	0.05	0.05	1.00
维持市场需要	0.1	0.15	0.5	0.2	0.1	0.05	0	1.00
业主信誉	0.1	0.1	0.2	0.25	0.3	0.1	0.05	1.00
竞争优势	0.1	0.2	0.45	0.25	0.1	0	0	1.00
合计 $\sum a_i$	1.00							

得到评判结果：

$$B=\{0.30, 0.25, 0.15, 0.10, 0.10, 0.10\}\cdot\begin{bmatrix}0.15 & 0.40 & 0.25 & 0.15 & 0.05 & 0.00\\0.20 & 0.50 & 0.25 & 0.05 & 0.00 & 0.00\\0.15 & 0.35 & 0.25 & 0.10 & 0.05 & 0.05\\0.15 & 0.50 & 0.20 & 0.05 & 0.05 & 0.00\\0.10 & 0.20 & 0.25 & 0.30 & 0.10 & 0.05\\0.20 & 0.45 & 0.25 & 0.10 & 0.00 & 0.00\end{bmatrix}$$

$$=(0.285, 0.412, 0.245, 0.130, 0.038, 0.013)$$

从而得到 $b_k=0.412$，可见，专家意见对该工程比较看好。根据以上分析讨论，企业可以对此项目进行投标，并且可以采用适当的价格优势和一定的投标技巧提高中标可能性。

3. SWOT 投标战略的选择思路探讨

以 SWOT 模型的矩阵及综合模糊评判法分析施工单位参与该国家基础设施类公路项目的投标策略，推广而言，从企业的角度，企业根据自身需要，还要着眼该企业在不同地区如非洲、东南亚、西亚、南亚、拉美地区等对影响企业投标因素进行综合评判，选取适合企业某一特定时期的投标 SWOT 模型决策因素，以及评价系数的权重，建立企业不同区域或企业整体 SWOT 模型投标决策策略，正确地根据自身的实力及外部环境判定投标目标并争取中标，是施工单位站稳市场、谋取发展的关键所在。同理，这些项目也适用于今后 EPC 项目、EPC 融资项目、BOT 项目。一般而言，企业的竞争性投标 SWOT 模型因素一般综合考虑以下战略因素：成本领先战略、技术领先战略、品牌 + 诚信战略、联盟战略、地区化和本土化经营战略、重点产业战略。

案例 6－3　巴基斯坦 BOT 水电投资项目 SWOT 分析及投资决策

案例概要："一带一路"国家战略下，巴基斯坦水电开发遇到前所未有的机遇。本文运用 SWOT 模型分析法，分析了巴基斯坦的电力结构和水电开发情况，对电力市场的缺口进行了预测。其次以 A 大型跨国公司为例，研究了巴基斯坦水电 BOT 投资项目的 SWOT 分析并建立 SOWT 战略决策矩阵，从定性的角度，提出处于矩阵不同象限，采取不同投资策略。采用改进的德菲尔法，建立了水电 BOT 投资决策 SWOT 评价总矩阵模型。最后计算综合评价坐标点 G 点位于第 I 象限，得出了 A 公司在巴基斯坦水电投资优势明显和外部机会较多，应采取高端进入型策略，利用优势，占领资源，抓住机会的决策战略。文章引用 SWOT 模型的分析方法，从定量和定性角度为我国国际工程投资商投资项目决策提供参考。

巴基斯坦作为我国的传统友好国家和"一带一路"沿线的重要国家，战略地位十分重要。围绕"一带一路"和互联互通进行市场布局，以投资为先导，带动海外 EPC 业务发展，探索出一套集风险管控、投融资、设计施工、运营管理等一体化开发模式，实现产业链一体化"集群式"走出去。水电投资项目面临着诸多不确定的内部和内外环境，投资决策中存在较大风险。关于工程项目投资决策方面风险分析研究大多基于定性分析的层面上，方法虽然简单易行，却很难得出令人信服的定量化结论；另一方面，目前针对水电开发的 BOT 投资项目的投标决策相对比较少。因此，本文根据巴基斯坦水电投资项目开发的特点，采用 SWOT 分析方法，系统分析了在机遇和竞争中将企业的内部分析法与产业竞争环境的外部分析法结合起来，建立 SWOT 决策矩阵，从定性的角度找出投资战略决策，以提高投资商投资决策定量水平，参与竞争“一带一路”国际化战略，为我国国际工程投资商水电投资决策提供一定的参考。

1. 巴基斯坦电力状况及水电开发情况

（1）巴基斯坦电力结构

巴基斯坦是“一带一路”沿线的重要国家，拥有多元化的经济体系，是世界第 25 大经济体，长期以来面临电力短缺的难题，制约了经济社会的发展。2016 年末，巴基斯坦国家电网总装机 2 122.2 万千瓦，最大负荷 2 310.7 万千瓦，其中火电（燃油、燃气、燃煤电站占比不足 0.1%）占 56.6%，水电占 33.4%，风电及光伏占 4.9%，核电占 4.4%，生物质能电占 0.7%。由此可见，燃油和燃气发电在巴基斯坦的电力结构中占据约 56% 的份额，一个石油和天然气资源极度短缺的国家，80% 左右的石油依赖进口，由于美国的经济制裁，无法从邻近的天然气大国伊朗进口天然气。巴基斯坦至今没有一条可供石油和天然气输送的管道，国外进口的石油和天然气完全依靠轮船海运到港后，汽车在陆上转运，运输成本高昂。随着近年油气价格的持续上涨，不仅发电成本上升，原料供应也日趋紧张，部分电力项目因油气短缺无法正常运转，造成装机容量无法充分利用。巴基斯坦已探明的煤炭储量居全球第四，但由于巴基斯坦的煤炭资源多为低发热量褐煤，开采难度较大，远低于世界 40% 的平均水平。

2014—2016 财年，巴基斯坦 GDP 连续三年实现 4% 以上的增长速度，2016 财年 GDP 增速 4.71%，创 8 年来最高水平；预计到 2019 财年 GDP 增速将达 7%。按照 7% 左右的经济增长率，预计在 2020 年，巴缺口电力约为 700 万千瓦，因考虑到备电、线路损耗、燃料约束等情况，电力缺口约 1 000 万千瓦。

（2）巴基斯坦水力资源情况

巴基斯坦的主要河流印度河是世界上最大的河流之一，长 2 900km，长期平均径流量为 169 ×109m^3，为尼罗河两倍。可开发水电蕴藏量约 5 500 万 kW。主要集中在巴基斯坦的北部，印度河干流、印度河主要支流杰拉姆河以及奇纳布河上。水能开发方面，截至 2015 年年底，巴基斯坦共有 135 座水电站，其中 KPK 地区有 19 座，旁遮普省有 8 座，AJK 地区有 10 座，GB 省有 98 座，10 万 kW 以上的有 5 座。水电总开发装机占可开发装机比例约 13%，水电开发程度较低。

巴基斯坦政府自 1994 年 3 月颁布“私有部门参与电力开发的政策框架和一揽子奖励措施”后，积极地鼓励私有部门参与电力建设。1998 年为新建的完全私人投资的电力工程颁布了一部修订政策，该政策是以通过国际竞争性招标选择最低水平费率为基础制定的。2002 年的“电力工程政策”提供了具有吸引力的装机容量付款方式、防范风险的机制以及政府提供担保、免税等奖励措施。由于水电站的开发投资金额大，投资回收期长，巴基斯坦大部分的水力资源均未开发。在这样的背景下，巴基斯坦不断推出优惠的电力投资政策来吸引海外资金到巴投资随“一带一路”和“中巴经济走廊”建设不断深入推进，一批我国公司建设的电力能源项目在巴基斯坦开工或建成投产。鼓励采取 PPP 或 BOT 的方式，在各主要河流（特别是印度河）上建设大中型水电站，在水渠或小河上修建小型水电站。

表 6－3　预计在 2020 年左右投产的私人投资水电站项目表

序号	工程	开发商	装机（MW）	备注
1	Patrind 水电站	韩国	147	
2	Gulpur 水电站	韩国	100	
3	Sehra 水电站	伊朗	130	
4	SUKI KINARI	沙特阿拉伯	870	
5	KAROT	中国三峡	720	
6	AZAD PATTAN	巴基斯坦	640	
7	CHAKOTHI－HATTIAN	巴基斯坦	500	
8	KOHALA	中国三峡	1 100	
	合计		4 207	

表 6－4　巴基斯坦水电开发署目前在建主要水电站项目

序号	工程	装机（MW）	备注
1	尼勒姆－杰勒姆项目水电站	969	
2	瓦的戈伦戈尔（Golen Gol）	106	
3	塔贝拉项目四期	1 410	
4	科亚华项目	128	
5	达苏项目一期	2 160	
6	巴沙项目	4 500	
7	布吉（Bunji）项目	7 100	
8	库拉姆坦吉（Kurram Tangji）大坝项目	84	
	合计	16 457	

从表 6－3、6－4 分析得知，随着“中巴经济走廊”建设进入实质性阶段，巴基斯坦国内电力短缺现象严重，对电力的需求较大，再加上巴基斯坦国内水力资源丰富，多山、多河谷等地形因素，易于兴建水电工程。中国企业在这方面具备一定的技术优势，中巴电力能源合作条件成熟。巴基斯坦水电开发潜力大，私人投资电站的比例约为近期发电投产的 20%，随着私有化的进程，预计私人投资水电站比例进一步增大。

2. SWOT 战略分析方法原理及步骤

（1）SWOT 矩阵分析法因素

SWOT 分析法是用来确定企业自身的竞争优势、竞争劣势、机会和威胁，从而将公司的战略与公司内部资源、外部环境有机地结合起来的一种科学的分析方法。它将公司的优势（S——Strengths）、劣势（W——Weaknesses）、机会（O——Opportunities）和威胁（T——Threats）等内外部因素综合考虑，从而确定组织正确而有效的决策方案。

（2）构造 SWOT 分析模型

① 机会分析。O1：“一带一路”战略推进和“中巴经济走廊”为推动水电投资创造了有利的政商环境，一些水电站列入优先发展项目清单。O2：巴基斯坦巨大水电蕴藏量为可持续开发提供了机遇。O3：1995 年《私营水电开发政策条款》，2002 年“电力工程政策”颁布的各种筹资和担保措施；O4：受世界金融危机冲击，西方公司投资能力减少，高负债率限制了我国本土较大发电集团对外投资并购；O5：巴基斯坦国外资市场准入法律制度友好且开放，外资同本国投资者的投资享有同等待遇。

② 威胁分析。T1：当地政治冲突、恐怖主义，存在语言、文化背景差异。T2：国有化和强制收购政策；私有投资者害怕风险，政府没有足够资金；原油进口持续增长，经济形势严峻。T3：水电开发所需投资相当大，政府资金困难。T4：巴基斯坦未来电力增长与开发力度、电力消纳综合平衡问题。T5：土地私有化，征地移民困难。T6：IFC 等国际性金融机构对企业商业涉外保密管理冲突，股东 IFC 对项目 HSE 管理等特殊管理要求。T7：国外知名公司、中资公司不断涌入，造成外部竞争。

③ 优势分析。S1：战略定位优势，国际能源投资；S2：国际知名度高，品牌优势；S3：有丰富的水电站运营优势；S4：本土化经营多年，熟悉当地政治经济、法律、法规、电力市场政策等；S5：与巴基斯坦上层关系密切，在一定程度上直接影响项目投资开发；S6：公司经营和财务状况良好，有较强资金和融资能力。

④ 劣势分析。W1：施工建设、设计、运营等集成优势不明显，海外投资和市场复合型人才匮乏；W2：集成优势竞争不明显，EPC 成本报价竞争不明显；W3：科技能力不足。

（3）巴基斯坦水电投资项目 SWOT 分析决策

各个象限投标策略的决策分析如下：

处于第一象限（SO 策略）。SO1：积极参与推动“一带一路”战略推进，争取跟踪的项目早日优先列入“中巴经济走廊”建设一揽子建设项目；SO2：加强水电投资和并购进程，可以适当采用扩张型战略；SO3：加强属地化经营和企业社会责任。

处于第二象限（WO 策略）。WO1：加强集成优势，加强与有实力的国际工程 EPC 总承包商、国际知名设计咨询公司联合，降低各项成本；WO2：加强与国际金融机构组织的协作，取得国际银团的支持；WO3：实施优化人才结构战略，培养投资市场复合性专业人才，满足市场开发需要；WO4：加强科能创新经费投入，科技人才引进，提高高价值知识战略管理。

处于第三象限（ST 策略）。ST1：加强政府层面及官方机构的磋商沟通；

ST2：积极开展探索本土化经营，积极探索移民征地当地公司或政府部门的参与力度，取得项目所在当地政府的支持；ST3：水电项目开发时，除与巴基斯坦国家电网公司签订长期的PPA协议外，积极探索与中国矿企、当地矿企公司联系，开发多种渠道，解决今后水电增长电力消纳问题；ST4：加强与国际IFC等国际性金融机构战略互信合作，争取国际金融机构的组织参与投入的项目，同时规避项目支付风险。

处于第四象限（WT策略）。WT1：打破单一投资模式，形成投资主体多元化的新格局；WT2：深入开展属地化经营，充分联合当地企业，做到优势互补；WT3：购买海外投资保险，研究商业保险及中国出口信用保险公司提供保险组织，最大限度来规避风险；WT4：必要时，放弃项目投资。

3. 巴基斯坦水电BOT战略决策模型

（1）决策方法的选取及计算

通过比较分析，选用相对比较简便、决策快速的1－4评分法，本文对德菲尔法进行了改进，对来自于业主、咨询、当地政府、总承包商等不同单位的评分再赋予不同权重，使决策因素更加科学化，然后建立了外部因素评价矩阵（EFE矩阵）和内部因素评价矩阵（IFE矩阵），构建巴基斯坦水电投资的BOT项目的决策矩阵模型。将优势表示为S1、S2、S3、S4、S5、S6；以此类推，劣势因素为W1、W2、W3；机会因素为O1、O2、O3、O4、O5；威胁因素为T1、T2、T3、T4、T5、T6、T7，组成SWOT矩阵。

（2）决策矩阵建立

采用通过德菲尔法建立了对外部因素权重分析计算，采用1－4评分法对因素进行了评分，组成了评价EFE矩阵、内部因素IFE矩阵，最后构建SWOT评价总矩阵，见表6－5。

表6－5　水电投资开发SWOT评价总矩阵

因素 \ SWOT分值		因素	S	W	O	T
内部	机会	O1			0.6	
		O2			0.6	
		O3			0.33	
		O4			0.6	
		O5			0.3	
	威胁	T1				0.48
		T2				0.24
		T3				0.06
		T4				0.1
		T5				0.14
		T6				0.27

续表

因素 \ SWOT分值		因素	S	W	O	T
外部	优势	S1	0.36			
		S2	0.45			
		S3	0.45			
		S4	0.45			
		S5	0.18			
		S6	0.36			
	劣势	W1		0.45		
		W2		0.2		
		W3		0.18		
合计			2.25	0.83	2.43	1.29

（3）公司的战略定位

将某公司巴基斯坦水电站BOT投资决策的SWOT评价矩阵在平面直角坐标系数学模型中表示出来，见图6－2，可直观看出当前公司发展面临的态势，通过象限分析即可确定公司的基本发展战略。

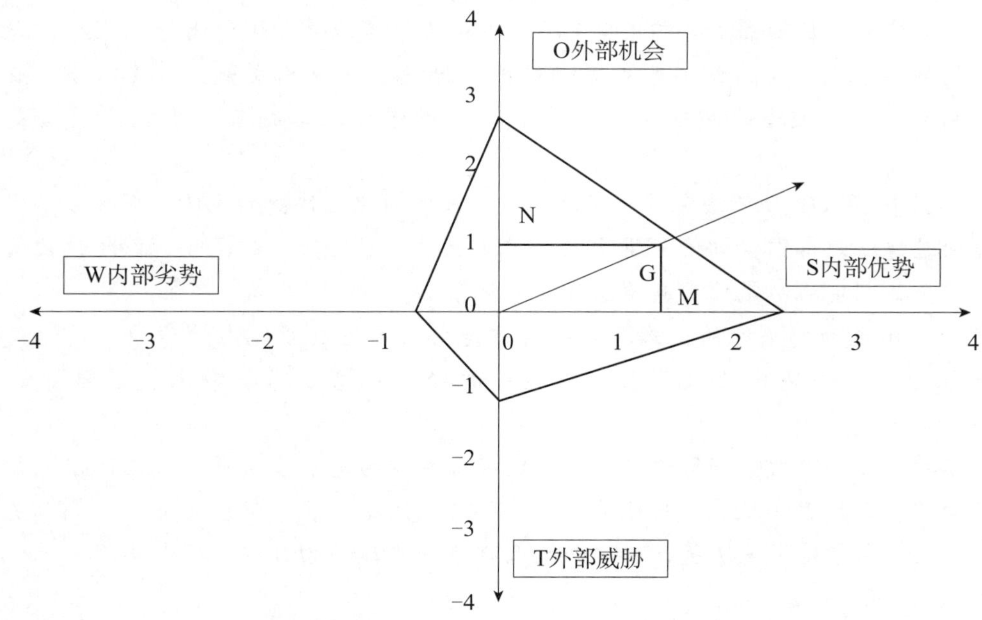

图6－2　A国际公司的基本战略定位

S点值为 $\sum S = 2.25$ 反映的是内部总体优势对公司的影响程度；W点值为 $\sum W = -0.83$，反映的是内部总体劣势对公司的影响程度；O点值为 $\sum O = 2.43$，反映的是外部总体机会对公司的影响程度；T点值为 $\sum T = -1.29$，反映的是外部总体威胁对公司的影响程度；$M = \sum S + \sum W = 1.42$，反映的是公司拥有的内部环境总体情况如何；$N = \sum O + \sum T = 1.14$，反映的是公司外部环境总体状况如何。

综合评价坐标点G点（1.42，1.14）在第Ⅰ象限内，是公司基本战略定位，表明公司目前不仅面临有利的外部环境，而且还具备可持续发展的优势。图中由S、W、O、T四点围成的四边形扩张趋势也是指向右上方（第Ⅰ象限）的，同时箭头0G也表明了这一发展态势。因此公司要采取的基本发展战略应该是SO战略，具有强大内部优势和外部机会，A公司应采取高端进入型扩张策略，利用优势，占领资源，抓住机会，引领水电行业。

4. 结论

（1）SWOT战略决策模型的主要不足之处：因素的确定以及对各因素分值、权重的确定取决于专家的思维，在一定程度上会影响定量战略决策模型运用的准确性。

（2）建议结合二维模糊综合评判法从BOT投资项目风险的角度进行佐证。但无论哪一种方式，在定量模型求解时，均带有一定的主观性。因此建议下一步还要结合水电投资项目的资本金回报率IRR、PPA价格等能够量化的指标，并结合企业的市场战略规划、电价组成方式等偏好性指标设置相应的权重，以及结合企业开拓市场的决心、期望的回报、当地政治环境等进行综合判断，才能使模型更加科学。

（3）在SWOT分析法定量研究的同时，采取简化、快捷的手段，探讨了从定性角度通过建立外部因素评价EFE矩阵、内部因素IFE矩阵，建立了SWOT总决策矩阵，将企业制定战略定位及竞争态势定量化分析。

（4）水电开发投资的战略竞争的实质是企业市场创新能力的竞争。用运动的观点来分析，创造出比较优势，实施新的经营战略，不断增强我们自身的竞争力。

随着一带一路战略国际化进程，中巴经济走廊的进一步实质化，国际水电投资工程面临重大机遇和挑战，当地政治经济局势、法律法规等动态化管理，高度关注政治风险，科学地做好决策，以达到既开拓市场又赢利的目的，从而实现本土化经营的投资战略。

6.2.3 模糊综合评判法

EPC总承包模式下的总承包商不仅要承担施工阶段的风险，还要承担采购、设计和项目试运行阶段的风险。国内学者对国际EPC项目风险定性分析的研究比较多，而针对定量分析研究比较少。鉴于此，本书从定量的角度研究了模糊综合评判法在 EPC 总承包投标决策上的应用，研究国际 EPC 工程中投标决策阶段的风险因素，EPC 投标风险评价评估和评判构建，将模糊综合评判的风险管理的技术应用到国际 EPC 项目的投标决策中，以期在国际 EPC 工程投标阶段，提供正确的决策参考，同时也为承包商今后在实施过程中规避经营风险具有借鉴意义。

案例 6－4　模糊综合评判法在 EPC 总承包投标决策上的应用研究

1. EPC 总承包投标风险管理

EPC（Engineering Procurement Construction）是指公司受业主委托，按照合同约定对工程建设项目的设计、采购、施工、试运行等实行全过程或若干阶段的承包。通常公司在总价合同条件下，对所承包工程的质量、安全、费用和进度负责。国际上石油项目、通信、电力、水利、公路等基础设施领域普遍采用该模式。

国际工程 EPC 工程项目风险主要来源于合同签订阶段和合同执行阶段的风险，这是一个双刃剑，需要对 EPC 总承包项目投标风险进行把控，从而创造更多的经济效益。

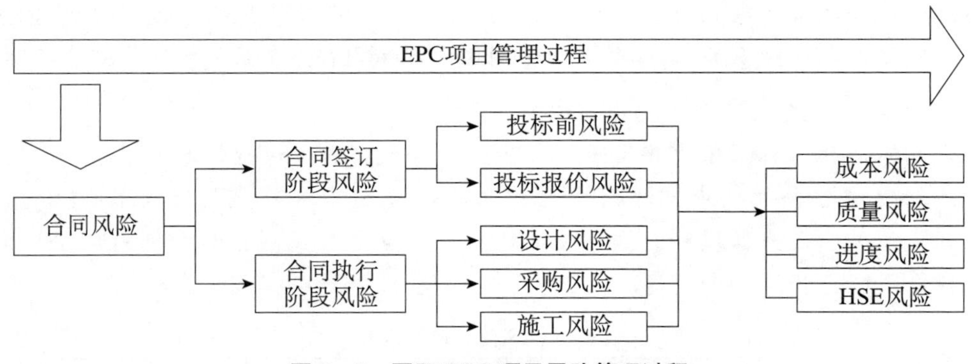

图 6－3　国际 EPC 项目风险管理过程

2. EPC 投标风险评价的构建

根据 EPC 项目投标特点，分析了投标阶段的风险因素，从而构建投标风险的评价指标体系，计算项目的风险评估值，进而为投标报价决策工作提供可靠依据。

（1）投标风险评价指标体系

在国际工程 EPC 投标报价中，考虑投标策略主要从政治风险、经济风险、竞争对手、合同履行、自身技术水平、合作伙伴、HSE 管理等角度存在的 8 个主要风险因素分析影响投标报价的风险因素（见图 6－4），建立风险评价指标集 $S=\{S_1, S_2, \cdots, S_n\}$。

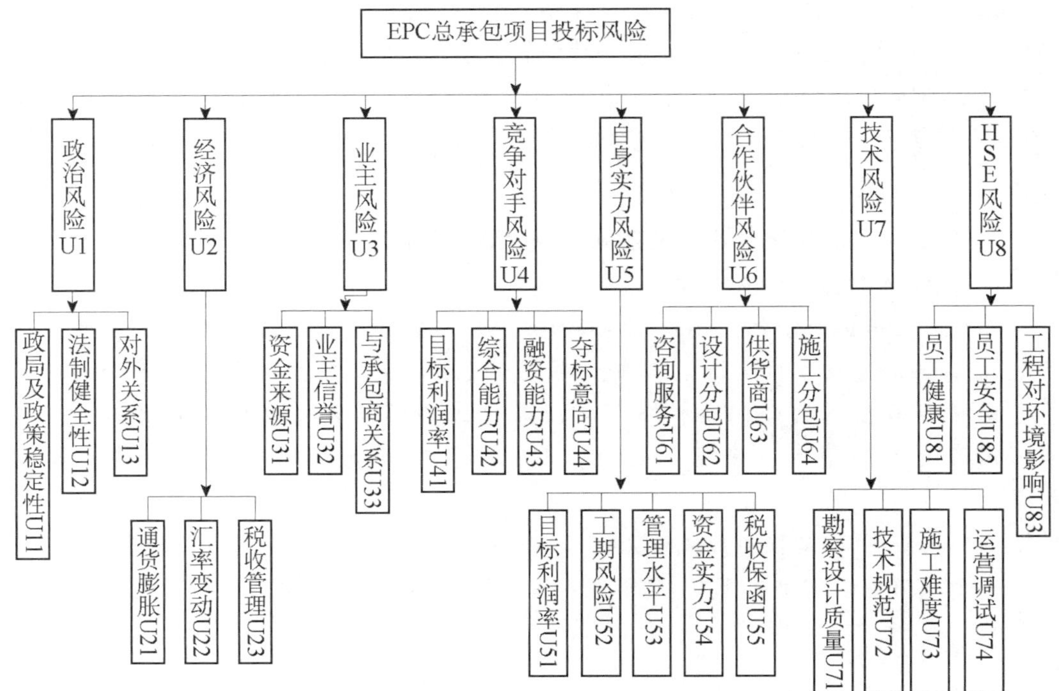

图6－4　EPC总承包项目投标风险评价指标体系

（2）评价等级和评价指标集的确定

依据不同的指标值依次将风险划分为五个等级，具体评价基准见表6－6。在投标风险的模糊综合评判中，评判规则建立的风险因素评判集为 $S=\{v_1, v_2, v_3, v_4, v_5\}$。式中：1为低风险；2为较低风险；3为中等风险；4为较高风险；5为高风险。

表6－6　风险评价基准表

风险等级	1级	2级	3级	4级	5级
风险水平	小	较小	中等	较大	大
评价值	0.0～0.2	0.2～0.4	0.4～0.6	0.6～0.8	0.8～1.0
赋值	0.1	0.3	0.5	0.7	0.9

3. 投标风险的模糊综合评价模型

（1）指数权重系数的确定

根据图6－4所示的投标风险评价指标体系，设一级指标权重集 $U=(U_1, U_2, \cdots, U_k, \cdots, U_s)$，且满足 $\sum_{k=1}^{n} U_i=1$；二级指标权重集 $U_k=(U_{k1}, U_{k2}, \cdots, U_{ki}, \cdots, U_{km})$ $(k=1, 2, \cdots n)$ 且满足 $\sum_{i=1}^{m} U_{ki}=1$。

（2）评价指标集和评价等级的确定

设立评价指标集 $U=(U_1, U_2, \cdots, U_m)$ 且有 $\sum_{i=1}^{n} U_i = 1$，表示评价对象的 m 种风险因素；评价等级 $V=(V_1, V_2, \cdots, V_n)$，表示每一风险因素所处的风险等级。将风险划分为 5 个等级，具体评价基准和评价值范围见表 6-5。

（3）二级综合评判模型建立

① 一级模糊综合评估

首先对每个因素作单因素评判，确定各因素对各个评估等级的隶属度，即给出从集合 U 到 V 的一个模糊映射。对每个 U_i，关系 R_i 可由模糊隶属矩阵 $(rjk)\ n\times m$ 表示，其中 (rjk) 表示因素 U_{ij} 对于第 k 级 V_k 的隶属度。

对于评价集 V 的隶属向量 B_i，$B_i=A_i \text{ o } R_j=(b_{i1}, b_{i2}, \cdots, b_{im})$ 为对因素 U_i 作单因素模糊评估的结果，$i=1, 2, \cdots, n$，其中 o 为模糊矩阵乘法算子。

② 二级模糊综合评估

对各因素 U_i $(i=1, 2, \cdots, n)$ 作综合评判，由单因素评判的 B_i 构成模糊矩阵 R，$R=(B_1, B_2, \cdots, B_n)$，$T=(b_{ij})\ n\times m$。对 R 作模糊矩阵运算，可得到因素集 U 对于评价集 V 的隶属向量 B，$B=A \text{ o } R=(b_1, b_2, \cdots, b)$。

③ 评价结果

对各风险因素做出评价后，按照层次和隶属关系，由下向上逐级进行综合评判，低层次的评价结果形成上一级对应的单因素评价矩阵，最终所得到的综合评价结果表示投标风险因素对各风险等级的隶属程度。

4. 模糊综合评判法应用实例

某国际工程引水式梯级电站，水电站总装机容量 201.84 MW，2 座梯级电站（其中 1#梯级电站 3 台 28MW 卧式冲击式水轮机，2#梯级电站 3 台卧式 38.97MW 水轮机），项目主要建筑物包括取水结构、大坝、调节水库、输水管道、引水隧洞；相关水机设备的供货、安装、测试等，100km 进场道路等部分。采用国际工程招标方式选择中标单位，EPC 总价合同，项目工期 44 个月。

（1）EPC 投标报价风险因素集

对该水电站项目进行调查与分析，并采用专家调查分析，确定本项目所采用模糊综合评价，评价指标采用层次分析法。采用专家打分方法计算各层次权重系数分别为：

$A_1=(0.45, 0.30, 0.25)$

$A_2=(0.45, 0.35, 0.20)$

$A_3=(0.40, 0.40, 0.20)$

$A_4=(0.30, 0.30, 0.25, 0.15)$

$A_5=(0.25, 0.25, 0.20, 0.20, 0.10)$

$A_6=(0.35, 0.30, 0.15, 0.20)$

$A_7=(0.35, 0.25, 0.25, 0.15)$

$A_8 =$ (0.35, 0.35, 0.30)

$A =$ (0.18, 0.15, 0.13, 0.17, 0.15, 0.12, 0.06, 0.04)

(2) 评价矩阵

设由5位专家根据$U_1 \sim U_8$各因素对风险U_{ki}进行风险等级评定，以自身实力估计风险U_5为例，有评价矩阵：

$$R_5 = \begin{bmatrix} 0.15 & 0.45 & 0.20 & 0.15 & 0.05 \\ 0.20 & 0.30 & 0.35 & 0.13 & 0.02 \\ 0.15 & 0.35 & 0.30 & 0.15 & 0.05 \\ 0.18 & 0.30 & 0.30 & 0.20 & 0.02 \\ 0.20 & 0.35 & 0.30 & 0.12 & 0.03 \end{bmatrix}$$

(3) 风险评估

建立自身实力估计风险因素相对于风险等级评价的隶属程度的矩阵：

$$A_5 = (0.25, 0.25, 0.20, 0.20, 0.10)$$

则，$B_5 = A_5 \cdot R_5 =$ (0.18, 0.35, 0.29, 0.15, 0.03)

从计算得到的一级评判结果B_5可知，自身实力估计风险U_5属于二级风险。同理可以计算B_1，B_2，B_3，B_4，B_6，B_7，B_8，于是有：

$$R = \begin{bmatrix} 0.17 & 0.38 & 0.29 & 0.15 & 0.00 \\ 0.40 & 0.25 & 0.21 & 0.14 & 0.00 \\ 0.17 & 0.37 & 0.28 & 0.14 & 0.00 \\ 0.32 & 0.25 & 0.25 & 0.14 & 0.00 \\ 0.17 & 0.35 & 0.29 & 0.15 & 0.01 \\ 0.17 & 0.36 & 0.28 & 0.19 & 0.01 \\ 0.41 & 0.31 & 0.20 & 0.14 & 0.01 \\ 0.17 & 0.37 & 0.28 & 0.14 & 0.00 \end{bmatrix}$$

又，$A =$ (0.18, 0.15, 0.13, 0.17, 0.15, 0.12, 0.06, 0.04),

$C =$ (0.1, 0.3, 0.5, 0.7, 0.9)

则：二级模糊综合评判结果$B = A \cdot R =$ (0.24, 0.27, 0.17, 0.08, 0.01)

风险评估值$S = B \cdot C = 0.255 \in [0.2, 0.3)$

从计算得到的风险评估值可知，该项目的风险等级为二级风险。

承包商投标风险为较小，承包商可以积极参与该国际工程的投标工作。

5. 改进的风险评估模型

(1) 向量化风险评估模型

在实际工作中，一般将评价等级$V = (V_1, V_2, \cdots, V_n)$进行向量化，并用向量$C = (10, 30, 50, 70, 90)^T$表示相应的风险评估值。

由$S = B \cdot C$得到国际工程EPC项目的评估值，从而可以定量化确定该项目的风险水平。

（2）风险评估

本案例中，$S=B\cdot C=(0.24,0.27,0.17,0.08,0.01)\cdot(10,30,50,70,90)^{T}=30.9$。

从评估结果看出，该项目投标接近较小风险，可以参加该项目投标。

（3）风险评估的敏感性分析

通过设定门槛值，根据评估值确定各指标的风险等级，对于中高级风险指标，企业在投标中应特别注意。如设定高风险门槛值为 10%，中等风险门槛值为 5%，则超出评估值 10%（$30.9\times10\%=3.09$）的风险因素为高风险因素，高出评估值 5%（$30.9\times5\%=1.55$）的风险因素为中度风险因素。

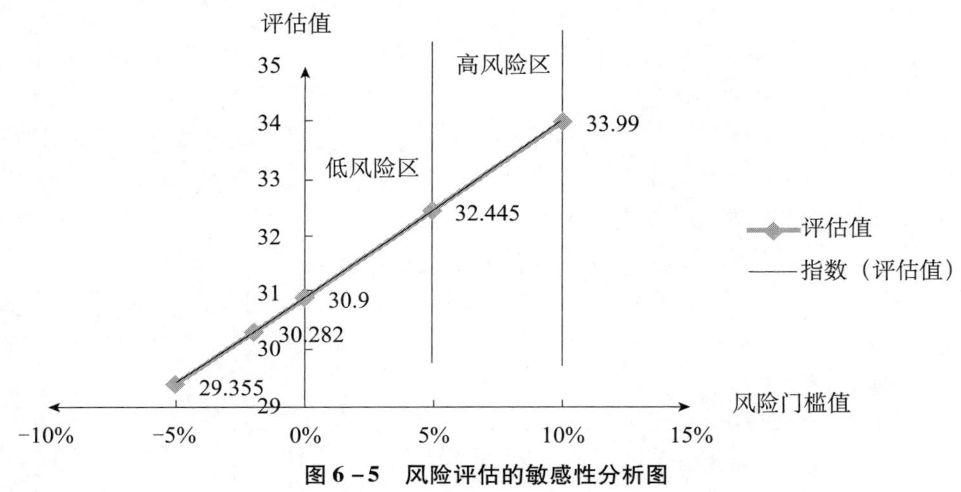

图 6－5　风险评估的敏感性分析图

6.3　国际工程投标报价技巧

国际工程投标报价的技巧方法有很多种，常见的有不平衡报价法、招标文件澄清法、多期工程项目的报价技巧、适当运用方案报价（适当“建议方案”报价、适当运用多方案报价、先亏后赢、合理运用无利润算标法等）、联合投标法等方法。本节主要介绍不平衡报价法、招标文件澄清法、多期工程项目的报价技巧等三种方法。

6.3.1　不平衡单价报价

越来越多的项目业主为了规避自己的风险，通常选择固定总价法或固定单价法作为合同模式。在这两种报价方法中，采用合理的不平衡报价法，对项目是否中标、中标后项目经营正常与否、规避项目汇率风险以及项目完工后的最终结算、提高资金流等都起到了比较关键的作用。

1. 不平衡报价考虑因素

不平衡报价法是在项目投标总价确定后，承包商根据招标文件合理地调整投标文件中的项目某些分项的报价，或调整某些分项报价的费用组成的费率，为今后变更索赔打下基础。不平衡报价的主要思想是在总报价不变及不影响中标的前提下，基于进度和工程量变化的预测，规避风险，调整各清单项的报价、工程招标图纸的详细程度、汇率变动幅度，达到项目结算的净现值最大，主要考虑的因素有：（1）考虑资金的时间价值，提前收回工程款，减少财务费用；（2）预测实际工程量的变化，获得额外的经济效益；（3）通过合理调整报价中某些项目来使项目在执行过程中正常运行，并使承包商处于有利地位。

不平衡报价法的主要方法（见表6－7所示）有：（1）前期工作分部分项适当调高单价。（2）后期工作成本项适当降低单价。（3）单项总价项目往往不能准确预测地下情况，业主所列的工程量常常偏少，需适当提高单价。（4）项目执行中预计工程量可能会增加的项目，调高单价；反之，降低单价。（5）工程款结算收入时间，能早结算回来的项目，适当调增单价，反之，要调低单价。（6）适当提高计日工资和零星机械台班单价。因为这些价格并不包括在投标总价中，未来按实际结算可额外获利等。（7）单价分析表中，管理费的比例可以适当调整，利润费率适当降低，便于今后的管理费用的索赔计算支持。

表6－7　不平衡报价的主要具体方法

内容		变动趋势	不平衡报价结果（单价）		
			高	适中	低
资金时间	前期项目报价	早	√		
	后期项目报价	晚			√
工程量	清单工程量估算准确性	实际工程量有增加的可能	√		
		实际工程量有减少的可能		√	√
	报单价的项目	无工程量	√		
		有假定的工程量		√	
风险	人工、材料和机械费	调高使用资源比较多或物价上涨比较快	√		
		调低使用资源比较少或物价稳定或下降		√	
设计深度	单项总价项目	设计描述完整		√	
		设计描述不完整	√		
其他方面	计日工资和零星机械台班	上涨比较快	√		
		比较稳定或下降			√
	单价分析表管理费及利润率	管理费率	√		
		利润率			√
	议标时业主要求压低单价	工程量大的项目	√		
		工程量小的项目			√
	单价和包干混合制的项目	固定包干价格项目	√		
		单价项目			√
	暂定工程	自己承包的可能性高	√		
		自己承包的可能性低			√

2. 不平衡报价的具体策略

（1）利用 FIDIC 条款进行不平衡报价

FDIC 合同条件是在国际工程中编制招标、投标以及在合同履行过程中不可缺少的、国际通用的、权威性的文件。FDIC 合同强调“量价分离”，即 BOQ 工程量清单中的工程数量与单价分开。通常最终合同价格是按合同单价和实际完成的工作量计算，而且还将包括承包商索赔的追加费用和业主按合同规定的扣款。从付款时间上看，承包商从业主那里得到的工程实际付款还要根据实际施工进度逐月支付。尽管项目总标价相近，但对于报价时 BOQ 单中各个条目的单价不同，结果也会导致承包商的获利有所差异。这样付款时间和工程量的变化对工程款支付就会产生很大影响。因此，承包商在参与这类工程投标时，经常采用工程量型不平衡投标报价的策略来提高工程的实际收益。

（2）利用招标书的澄清进行不平衡报价

国际工程招标书内容详细，也会发现一些条款的陈述含糊不清，甚至有明显的错误，标书各个文件亦可能相互矛盾，如招标图纸与工程量清单、技术规范条款等不一致。对于招标书中存在的这些问题，投标人可在开标前以书面形式向咨询工程师提出询问，咨询工程师将在规定的时间予以书面答复。这一问一答的过程，称之为招标书的澄清。承包商在进行澄清工作时应遵循如下两项原则：

① 若招标书中存在的错误或含混不清的条款会导致工程造价的增加，必须予以澄清。澄清此类问题可以达到双重目的：一是使问题得到彻底的澄清，保证自身报价不漏项，以避免项目中标后发生经营亏损；二是提醒其他投标人将应增加的工程造价计入总标价，以保证自己与别的投标人在同等条件下竞争。

② 对于招标书中有利于承包商的含混条款或前后矛盾表述不必进行澄清。一是会提醒业主修改文件，堵塞标书漏洞，承包商失去增加经营收益的潜在机会；二是会提醒其他投标人，使竞争对手增加压价竞争的决心。

（3）利用现场勘查进行不平衡报价

① 施工中可能新增的工程量。招标文件中提到的地质情况与实际情况不符的情况。招标文件中对施工场地的自然条件不利估计欠缺，这时，承包商不应要求进行澄清，可先报低价，以后遇到实际的条件是一个有经验承包商无法预测的自然条件，根据 FIDIC 条款可以进行后期的索赔。这种情况是一把双刃剑，但是也要看招标文件对自然条件变化的条款的界定，有的招标文件认为承包商有预见性而没有预见，这时就需要承包商进行澄清。

② 取料场及弃渣场的变化。一般而言，招标文件给定的弃渣场的容量与实际不相符，根据现场考虑判断取料场及弃渣场运距变化，如果运距比实际远，这时就需要澄清；如果运距变近，可以适当降低单价。从取料场及弃渣场容量考虑，如果容量变小，运距变长，单价合同模式下，考虑单价适当调增，便于前期多结算，回

笼资金。反之，适当调减投标单价。

（4）利用施工方案进行不平衡报价

① 施工方案中对于关键线路的设置。一般来说，一个工程可能有多条关键线路，水电工程投标方案中，可以将可能今后影响关键线路的征地移交、施工支洞等均列入关键线路。前期征地等临时工程在关键线路上便于今后工期索赔，同时便于费用补偿回收。

案例 6－5　某国际工程项目设置关键线路变更索赔

某国际水电工程为二级梯级引水式电站，一级隧洞长 5.9km，断面形式为马蹄形，面积约 $12m^2$，一级隧洞尾水通过大坝廊道及大坝挡水进入二级隧洞。二级隧洞长 8.6km，面积 $18.6m^2$，二座地下厂房。项目投标方案中的关键线路为二条，一级隧洞施工关键线路、二级隧洞施工关键线路；有的承包商只将二级隧洞的长隧洞施工列为关键线路，实际施工时，由于一级隧洞洞径小、施工支洞及出口厂房交通洞征地移交困难，造成了工期的延误，承包商据此进行索赔，获得了相应的工期及费用补偿。在投标施工进度安排时，可以将大小不一致两级隧洞的施工均列入关键线路，便于后期施工中因地质条件变化、设计图纸、业主提供的取料场供应等导致关键线路的改变，进行变更索赔。

② 施工方案中的土方平衡调运。对于公路工程施工，标段内的土方平衡调运、外借量或外弃量需要进行工程量详细核算。如原标段内可以满足土方平衡，而实际需要外弃土方，土方开挖单价可以适当调增。如果原标段内不能满足土方平衡，而实际需要外借，那么相应增加了挖填运及回填，因此综合单价也可以适当调增。这些均可以进行不平衡报价，为以后对施工自然条件变化进行变更索赔埋下伏笔。投标人可以在投标文件中申明，本报价基于取土及弃土的运距为多少公里（具体数字），这就将无边界条件的工作量化了，采取不平衡报价，获取较好的收益。

（5）利用里程碑事件进行不平衡报价

EPC 固定总价合同模式，通常采用以完成里程碑事件的进度支付工程结算款，根据“早收钱”的原则，可以在“合同总价中里程碑支付表”中将总报价表中的动员计划、项目详细设计、机电供货安装等比重适当调高，同时将担保期维护费用等后期价格适当调低，提前取得预期的效益。同时一般里程碑事件中的类似环保、现场管理费等一般管理类里程碑项目，也要明确前期支付标准，以便执行中减少争议。

案例 6－6　某国际工程机电工程项目设置里程碑事件支付

某水电工程的招标书中，规定的机电工程付款条件是：在业主收到机电工程发货发票和装运资料后 45 天内即支付 75% 的货款。为此，我方在总标价确定后，将适度抬高设备采购价，降低安装工程价格。这样，连同 10% 的预付款，业主能将该分项总费用的 85% 支付给我方。

（6）利用进口国关税政策进行不平衡报价

对于国产的施工设备，通过办理永久进口到项目现场，根据设备进口关税及进口增值税比较分析，由于国产设备原值远比当地机械设备原值的价格低，可以适当报高价，相当于增加了投标报价表中设备台时费，无形中提高前期临时工程、土石方工程单价，提高回收了土石方等前期工程的结算款。

案例6-7　某国际工程项目设备进口购置价调整

某承包商进口挖掘机、装载机、自卸车、混凝土运输车，关税分别为0%、0%、10%、5%，进口增值税12%，混凝土运输车特殊消费税为30%。可以调增进口土石方设备的原值及台时费，增加了前期工程的单价，提前结算工程款，节约前期流动资金。

（7）利用物价价差进行不平衡报价

目前，国际工程在国际承包工程招标书中对物价上涨问题的处理有以下方式：

① 无物价上涨补偿：业主对合同执行过程中发生的任何物价变动不作任何补偿。第三世界国家经济较为落后，通胀率居高不下。因此，一旦标书规定业主不承担物价上涨的风险责任，投标人必须根据物价上涨指数计算项目成本增加值，并打入标价，以免中标后因物价飞涨而引起巨额亏损。

② 绝对（相对）差价补偿：标书中列有/指定材料调价表，要求投标人填写表中所列材料在投标时的市场单价（此单价称为基础物价）。项目实施过程中，业主对指定材料的现行物价与基础物价的差值予以全额补偿，叫绝对差价补偿。有的规定基础物价上涨或下降在一定的比例进行调价，对超过或降低的部分进行调价，这种叫相对差价补偿。

绝对差价补偿的报价处理由于是绝对差价补偿，故投标人填报的指定材料基础物价越低，将来可得到的补偿就越多，而基础物价与总标价间并无直接关系，不会因基础物价的低报而影响竞争力。因此，投标人应设法获得材料供应商的低报价资料，以此为依据填报标书，争取今后多获补偿。

相对差价补偿要对填报的基础物价进行判断分析，如果该国通货膨胀率比较稳定或呈增长趋势，可以适当低报基础物价。如果通货膨胀降低，可以适当高报基础物价。但第三世界国家，一般通货膨胀高，建议适当低报基础物价。

（8）利用价格调整条款中工料机的权重进行不平衡报价

招标书中列有调价公式。调价公式一般分为可调部分和不可调部分。所谓不可调值，即合同价格不随物价或工资上升而浮动，其价格始终不变，除非工程变更。可调部分的价格贴现的关键依据是承包商的报价日期和合同的批准日期（或正式开工令下达日期）。这两个日期必须明确，不可有任何模棱两可。投标人需填写投标时有关物价指数（称为基础物价指数）。项目实施过程中，业主对因现行物价指数的变动所引起的项目成本上涨或下跌按调价公式计算结果予以补偿或扣除。调价公式中调价因子计算时，也可以根据调价因子的基础物价指数的变化趋势，在计算时有意识地适当调高或调低。

对于有价格调整条款的项目，要确定价格指数的来源和工料机的权重。指数来源一般取自政府公告，业主和承包商只需取得并遵守。工料机的权重，投标人在投标时事先要确认并在中标后签约谈判时再次和业主确认。由于权重决定承包商获得额外补偿支付的多少，投标人如能把预期涨价的生产要素权重确定得高一些，那么当这种生产要素涨价时，就能获得更多的补偿。如果反之，投标人将遭受损失。由于权重确定的重要性，因此投标人要把权重的确定作为重要的投标原则，慎重处理。

案例6-8　某国际工程项目调价因子的权重不平衡计算

某国际工程项目投标中，考虑人工、材料、设备、柴油、炸药、木材等的基础物价指数，特别是材料中的型钢、炸药依靠国外进口，受国际市场影响比较大且有增长的趋势，柴油价格由于该国家油气资源丰富且有国家补贴，因此价格比较稳定，因此在计算调价因子权重时，适当增加材料、炸药的权重，减少柴油的权重。

3. 不平衡报价典型案例应用

（1）早回收工程款

将在工程前期完成的工程项报价调整为高于实际价格，而在工程后期完成的工程报价调整为低于实际价格。例如，某工程按实际单价报价见表6-8，采取不平衡报价的方法将其报价调整见表6-9。

表6-8　某工程按实际单价报价示例

序号	施工内容	单位	工程量	单价（USD）	合价（USD）
1	施工动员	项	1	500 000	250 000
2	土方开挖	m^3	4 500 000	2	9 000 000
3	土方填筑	m^3	3 650 000	5	18 250 000
4	混凝土	m^3	65 000	100	6 500 000
合计					34 250 000

表6-9　某工程采取不平衡报价后的单价调整示例

序号	施工内容	单位	工程量	单价（USD）	合价（USD）
1	施工动员	项	1	1 150 000	900 000
2	土方开挖	m^3	4 500 000	2	9 000 000
3	土方填筑	m^3	3 650 000	5	18 250 000
4	混凝土	m^3	65 000	90	5 850 000
合计					34 250 000

通过上述调整，总报价3 425万美元并未改变，将本应在后期完成的混凝土报价中的65万美元加到前期完成的施工动员的报价中。一旦中标，当承包商完成了施工动员，尚未开始永久工程施工时，即可早获得业主65万美元的施工动员工程款。可见，这一方法运用得好，可使商业经营上的所谓“早收晚付”黄金原则得以实现，承包人将大大减少前期资金的投入量，进而达到降低流动资金使用利息，减少公司资金压力，有效规避工程实施风险的效果。此方法充分利用了资金的时间价值规律。

（2）直接增加工程结算款，赚取更多的利润

将校核工程量大于标书工程量的工程项报价水平提高，反之，将报价水平降低。国际工程招标书工程量表（BOQ）中所列工程量往往与实际工程量差距很大，因此，承包商在编标时应依据招标图对主要工程量进行校核计算。这些按招标图计算出的工程量称为“校核工程量”。对单价合同而言，标书中给出的工程量是估算工程量，主要用于投标。而在工程实施过程中，业主将按承包商实际完成的工程量和投标单价结算工程款。因此，承包商在编标时应依据招标图对主要工程量进行校核计算。因此，工程竣工时承包商获得的工程总支付与合同总价往往有很大的差距。按上述方法进行可以获得低报价高收益的效果。即可按表 6 – 10 所示的方法进行调整，见表 6 – 10。

表 6 – 10　工程量变化不平衡报价调整表计算示例

序号	施工内容	单位	清单工程量	校核工程量	单价（USD）	调整单价（USD）	清单合价（USD）	调整合价（USD）
1	施工动员	项	1	1	500 000	995 000	500 000	995 000
2	土方开挖	m^3	4 500 000	5 100 000	2	2. 7	9 000 000	12 150 000
3	土方填筑	m^3	3 650 000	312 000	5	4. 5	18 250 000	16 425 000
4	混凝土	m^3	65 000	45 000	100	72	6 500 000	4 680 000
合计							34 250 000	34 250 000

通过上述调整，保持总报价 3 425 万美元并未改变，将本应在后期完成的混凝土报价中的 182 万美元、土方填筑 182. 5 万美元分摊为土方开挖 315 万美元、前期完成的施工动员 49. 5 万美元，中期完成土方开挖可以额外获得 315 万美元工程结算款（即 1 215 万美元 – 900 万美元 = 315 万美元），同时也相应减少了土方填筑的风险。

（3）可望实现超结算

可望实现超实际完成量结算的工程项高报价，反之则低报价。所谓“超实际完成量结算”是指承包商在项目实施过程中设法采取各种措施向业主进行超量结算。一般而言，土石方工程易于实现超量结算，混凝土、钢筋和金属结构等工程项难以实现超量结算。很显然，有望实现超量结算的工程高报价后，一旦超量结算变成现实，承包商将在结算工程量和结算单价上获得双重额外收益。

（4）利用物价指数增长趋势进行不平衡报价

国际工程调价公式一般分为不可调和可调两部分。不可调，即合同价格不随物价或工资上升而浮动，其价格始终不变，除非工程变更。可调部分，业主对因现行物价指数的变动所引起的项目成本上涨或下跌按调价公式计算结果予以补偿或扣除。根据调价因子的基础物价指数的变化趋势，在计算时有意识地适当调高或调低调价因子。工料机的权重，投标人在投标时的单价分析表一般有所体现，中标后签约谈判时再次和业主确认。由于权重决定承包商获得额外补偿支付的多少，投标人

如能把预期涨价的生产要素权重确定得高一些，那么当这种生产要素涨价时，就能获得更多的补偿。如果反之，投标人将遭受损失。

某国际工程项目投标报价中，调价公式包括固定部分和可调部分，可调部分考虑的主要调价因子有人工、材料、设备、柴油、炸药、木材等，从近10年的基础物价指数变化趋势及原因分析看：① 人力资源价格指数呈增长趋势；② 主要材料中的钢铁产品、施工机械设备、炸药主要依靠进口，受国际市场影响比较大且有增长的趋势；③ 该国木材、油气资源丰富，木材、柴油价格指数增长比较稳定，因此在计算调价因子权重时，适当增加人工、材料、炸药的权重，减少柴油、木材的权重。该项目竣工结算时，综合调价金额约为合同额的10%，实际综合成本增长约7%，取得了约3%合同额的额外经济效益。

（5）利用里程碑事件或包干项目进行不平衡报价

国际工程EPC项目一般采取固定总价合同模式，支付方式通常采用以完成里程碑事件的进度支付工程结算款，根据“早收钱”的原则，可以在合同总价里程碑支付表中将总报价表中的动员计划、项目详细设计、机电供货安装等包干项目比重适当调高，同时将担保期维护费用等后期价格适当调低，取得预期的效益。同时里程碑事件中的类似环保、现场管理费等一般管理包干类里程碑项目，也要明确前期支付标准，以免执行中引起争议。

案例6－9　某国际水电工程机电供货安装里程碑事件

某国际水电工程的招标书中规定机电供货安装里程碑事件中在设备出厂、离岸、到岸及工地交货等支付节点分别明确了具体支付节点。招标文件规定：业主收到机电工程发货发票、装运、离岸后45天内即支付40%的货款，设备到岸后支付50%的货款，到工地交货后支付60%的货款，安装调试后支付95%的货款，质保期后支付100%货款。为此，我方在总标价确定后，将适度抬高设备出厂采购价10%～15%（同时调增设备价格，还可以冲抵项目的财务外账成本，减少应缴纳的企业所得税及利润税等税费），降低安装工程价格。这样，连同工程10%的预付款（有的业主招标文件规定还提供设备购买预付款），设备离岸后可以得到业主支付的60%～65%货款，设备到工地后可以得到业主支付的80%～85%的设备货款（未考虑预付款扣还的比例及时间）。

（6）利用暂定工程量进行不平衡报价

可望发生的暂定项工程可适当高报价，否则低报价。FIDIC条款规定，暂定项工程的实施与否将由咨询工程师在项目实施过程中根据工程实际需要决定。因此，承包商在投标报价时应对各暂定项工程进行仔细分析研究，以判断其实际发生的可能性。

暂定工程量有三种：

一是业主规定了暂定工程量的分项内容和暂定总价款，并规定所有投标人都必须在总报价中加入这笔固定金额，但由于分项工程量不很准确，允许将来按投标人所报单价和实际完成的工程量付款；由于暂定总价款是固定的，对各投标人的总报价水平竞争力没有任何影响，因此，投标时应当对暂定工程量的单价适当提高。这样做，既不会因后期工程量变更而吃亏，也不会削弱投标报价的竞争力。

二是业主列出了暂定工程量的项目和数量，但并没有限制这些工程量的估价总价款，要求投标人既列出单价，也应按暂定项目的数量计算总价，当将来结算付款时可按实际完成的工程量和所报单价支付。投标人必须慎重考虑。如果单价定高了，同其他工程量计价一样，将会增大总报价，影响投标报价的竞争力；如果单价定低了，将来这类工程量增大，会影响收益。一般来说，这类工程量可以采用正常价格。如果承包商估计今后实际工程量肯定会增大，则可适当提高单价，使将来可增加额外收益。

三是只有暂定工程的一笔固定总金额，将来这笔金额做什么用，由业主确定。这种情况对投标竞争没有实际意义，按招标文件要求将规定的暂定款列入总报价即可。

案例 6－10　某国际工程项目中暂定工程报价策略

某标书列出露天岩石开挖作为暂定项工程，工程量为 15 000m^3。承包商在投标阶段应根据地质资料进行判断，仔细分析判断现场存在岩石的可能性，如果承包商判断现场没有岩石或者岩石肯定会减少，可对此项调低报价。

（7）利用计日工单价进行不平衡报价

计日工是指在工程施工中，可能会有临时性或新增的工程内容使用人工、机械和材料，需要按工日或工时计算费用。业主要求报价时填报“计日工费率表”。若单纯报计日工单价且不计入总价，可以高些，以便在业主额外用工或使用机械时多盈利。但如果有一个假定的“名义工程量”时，则需具体分析是否报高价，以免抬高总价。总之，要具体分析业主在开工后可能使用的计日工数量，采取适当的报价技巧。

4. 不平衡报价与工程变更、索赔、调价相结合

承包商进行不平衡报价的目的是实现创收，目前国内对于承包商创收的研究主要表现为一次经营和二次经营。投标与合同的签订是承包商进行一次经营的阶段，而施工准备、施工、收尾和用后服务阶段是承包商进行二次经营的阶段。二次经营阶段是承包商实现效益空间拓展的阶段，该阶段中承包商应将提高服务质量、强化深度设计、优化施工方案、谋求设计变更、强化资金管理和结算管理作为创收的主要战略。在 FIDIC 合同的条件下，履约中除了按照工程量清单中所报单价进行正常的验工计价以外，承包商赖以创收的三大支柱是：索赔、工程变更令和物价浮动时的价格调整。承包商在进行不平衡报价时首先是要赢得中标，然后在合同履行过程中通过与变更、调价、索赔等创收手段结合，以实现最终的创收目的，更要以较高的价格结算工程价以获得利润最大化。

在报价的过程中，除了实现合同初始价格收入外，还要借助于日后可能发生的

变更、索赔、调价等手段，分析研究招标文件、设计图纸、施工现场条件、材料价格波动趋势等，运用不平衡报价为日后的创收埋下伏笔。由此可见，前期不平衡报价策略的运用成功，只是为后期的变更、调价、索赔做好铺垫。若使不平衡报价真正发挥作用，还需要与其他创收策略密切配合。因此，可以总结出承包商不平衡报价创收的两个前提条件：其一是合理的不平衡报价方案；其二则是建设工程中各种状态的变化。前者是创收的根本条件，若报价不合理，则承包商中标失败，创收无从谈起。后者是创收的直接条件，若预期的状态变化没有出现，则承包商投标时的不平衡报价仅仅是对清单报价结构上的改变，起不到创收的作用。

5. 采用不平衡报价技巧应注意的问题

（1）不平衡报价一定要建立在对不平衡报价因素仔细分析的基础上，特别是对报价低的项目，如工程量执行时增多，将造成承包商的损失。如计日工单价，不计入总价的项目宜适当提高单价，因为这些项目实施会给承包商带来收益。

（2）在同时运用几种不平衡报价法时，应综合分析、统筹考虑，视具体情况确定各项不平衡报价的调整幅度。例如，某些工程项按工程完成时间，可能应实行高报价，而按校核工程量与标书工程量的比较结果又应实行低报价，这就需综合分析比较，最终决定采取何种报价原则更为有利。

（3）报价的不平衡程度要控制在相对合理幅度内（一般为10%～20%），否则可能会导致废标或得不偿失。调整过于不合理，如超过30%，可能会导致废标。有时在评标过程中业主以某些单价过高为由，要求投标人将上述单价降低到合理的水平，然后再计算总价，这将导致承包商得不偿失。

不平衡报价是在国际承包工程中的一种比较成熟的、为业界所认可的投标报价技巧。熟练运用不平衡报价，承包商要有对经济、技术、商务等综合把控能力，并在一定合理幅度范围内，综合平衡并减少承包商履约风险，同时最大限度地取得预期的经济效益。作为国际工程项目业主，也要逐渐改变思维，业主要主动积极识别和防止不平衡报价的同时，也要在一定的幅度范围内认可并防范不平衡报价，这样才能更好完成合同的双方履约的目的。

6.3.2 招标文件澄清法

招标文件澄清法是指承包商在开标前可以以书面形式向业主或咨询工程师提出关于招标文件的相关疑问，业主或咨询工程师需在规定的时间提出书面答复。澄清文件同样作为招标文件的组成部分，具有法律效力。澄清招标书是一项策略技巧性很强的工作，澄清技巧运用得当，可以为项目后期收益创造条件。

（1）若招标书中存在错误或含混不清的条款，可能会导致工程造价增加，必须予以澄清。澄清此类问题，可以达到双重目的：一是使问题得到彻底的澄清，保证自身报价不漏项，以避免项目中标后发生经营性亏损；二是提醒其他投标人将应增加的工程造价计入总报价中，以保证自己与别的投标人在同等条件下竞争。这种条件下通常适用于单价合同多一些。如果是总价合同，如确认这些条款会导致造价的变化，可以作为承包商内部投标策略技巧进行决策。

（2）招标书中有利于承包人的含混不清的条款或前后矛盾的表述，可不必澄清。如果投标人要求澄清此类问题，一方面会提醒业主修改文件，从而使承包商失去增加经营收益的潜在机会；另一方面会提醒其他投标人，使竞争对手增加压价竞争的决心。

案例 6－11　对招标文件中洞挖材料处理前后不一致问题不予澄清

某承包商在研究工程招标文件时发现该招标文件存在一处重要错误：标书工程量表的“工程内容说明”中规定，对洞挖材料做弃渣处理，而技术规范却规定，上述洞挖材料经检验合格可以用于隧洞施工混凝土骨料。承包商反复研究分析认为，标书中的这一前后矛盾会给承包商今后的经营留下机遇，因此决定不澄清。项目中标后，经检验洞挖材料合格，且咨询工程师和业主友好关系的基础上，实现了按技术规范的规定作为混凝土骨料，却以工程量表中的规定进行工程结算（做弃渣处理）的经营目标。

6.3.3　多期工程项目的报价

由于种种原因，有时候项目业主将项目分为若干标段或若干期实施。多个标段的大型项目有两种情况，一种是若干标段同时招标，如一个大型水电站项目中按专业不同分为大坝土建、电力设备安装、输变电、道路等多个标段。这种情况业主和咨询工程师把数个标段授给同一个承包商的可能性极小，主要是为了降低对投标人的要求，从而吸引更多的投标人参加投标，通过激励竞争达到降低造价的目的，同时也是为了找到更专业的承包商实施相应的项目。这时投标人要对工程项目情况及投标竞争对手进行分析，找到一个或数个最有利的标段投标。

另一种是由于业主资金筹措的原因和各标段设计完成时间原因，若干标段要在不同时间分别招标，如一条国家级公路项目，在数年之内分段招标实施。这种情况下，中标第一段的承包商是最有利的。如果经营得比较好，后期各段的标价由于设备周转下场、人员及技术等原因造成后期标段施工成本比较低，对后续标段可以在一定程度上降低报价，投出高价是很难被业主接受的，而且会面临已在现场的承包商的竞争。如果中标第一个标段的承包商实施失利，则对后来的投标人来说是绝好的机会，因为这时业主和咨询工程师可能会意识到是第一个标段的标价过低才导致承包商实施失利，业主可能会在下个标段接受较高的价格。

附录　某国际公司投标内部立项常用相关表格

附件1　投标立项报告

报告日期：　　年　月　日　　　　　　　　报告编号：/××/××/××－××

一	项目履历	项目名称	（附中外文）
		国家和省区	
		地理位置	
		业主名称	（附中外文）
		咨询工程师	
		资金来源	
		发标日期	年　月　日
		现场考察日期	年　月　日
		标前会议日期	年　月　日
		开标日期	年　月　日
二	工程概况	主要工程内容	见附件－项目简介
		主要工程量	见附件－项目简介
		合同工期	
		项目规模	
三	商务概况	预付款比例付、还条件	
		投标保函额及有效期	
		履约保函额及有效期	
		可支付币种、汇率及比例	
		工程款支付条件	
		保留金比例扣还条件	
		税收种类、税率	
		特殊商务条款	

续表

四	投标论证	主要竞争对手情况 技术可行性 经营可行性 风险可控性 对是否参加投标和投标的方针、策略的建议
五	编标班子组成	负责人： 成　员：
六	初拟项目经营方式	本栏主要填写：如自营，提出初步组织方案；如联营或分包，写出单位和合作的主要条件：资金、保函、管理费、利润的各方责任和收益分配等
七	拟合作单位简介	如拟合作单位不在公司批准的合格供方名单上，主管国际业务部应按照公司质量、环境、职业健康安全管理体系手册与程序文件的要求对该单位做合格供方评定与审批
八	呈报部门内部审批意见	部门名称：　　　　　　　　负责人签署：
九	预审意见	经营管理部：
十	审批意见	公司总工程师：
		公司分管领导：
		经营管理部分管领导：
		公司总经理：
附	项目简介	

附

____________项目简介

1. 项目名称：（中英文）
2. 项目地点：
3. 业主名称、地址及联系方式：（中英文）
4. 资金来源及融资方式：
5. 咨询工程师：（中英文）
6. 合同类型：（单价或总价合同）
7. 承建方式：（EPC、施工总承包、单一供货项目等）
8. 工期：
9. 预算合同总价：（以美元计价并说明是否含税）
10. 投标人资格：（如有特殊要求时应列明）
11. 投标保函：（金额及有效期）
12. 投标有效期：（天数）
13. 履约保函：（比例）
14. 预付款：（预付款比例及附加条件）
15. 质保金：（比例及释放条件）
16. 工程保险：（险别及期限）
17. 结算方式：（结算条件及结算方式）
18. 结算币种及比例：
19. 拖期罚款：（相关规定）
20. 缺陷责任期：（月或年）
21. 合同调价：（应注明是否可调价以及具体规定）
22. 资审时间及方式：
23. 现场考察：（考察计划安排）
24. 开标时间：
25. 优惠政策：（如有，应简述）
26. 工程主要内容描述（主要建筑物、装机等应列明主要参数）：
27. 主要工程量（如挖方、填方、混凝土方量等实物工程量）：

序号	工程量内容	计量单位	预估工程量

国际业务　部　　　　年　月　日

附件 2　立项报告编号规则

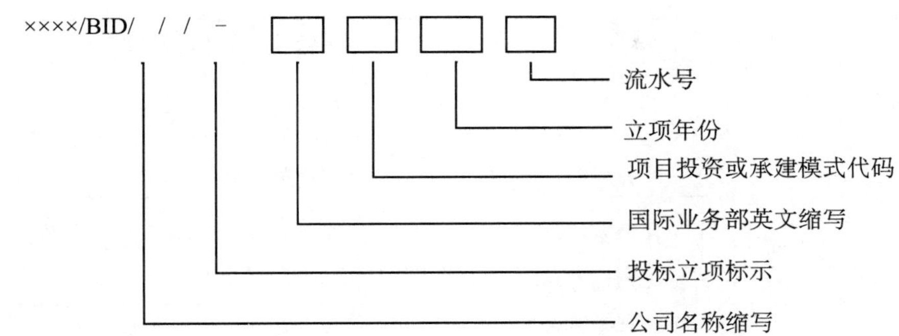

一、编号书写方式

（例：××××/BID/IBD3/BOT/2012－006）

二、编号和代码的选用

经营管理部负责对各国际业务部门呈报的立项报告的流水号统一编号，各部门负责按照如下对照表选择并填写除流水号以外的其他编号。如表中无对照，则由经营管理部另行规定。

国际业务部英文缩写		项目投资或承建模式代码	
部门	对应编号	承建模式	对应编号
国际业务一部	IBD1	投资模式	BOT
国际业务二部	IBD2		BOOT
国际业务三部	IBD3		BOO
国际业务四部	IBD4		BTO
国际业务五部	IBD5		BLT
国际业务六部	IBD6		TOT
			BT
		EPC 总承包模式	EPC
		施工总承包模式	GC
		供货、安装项目	SI
		单一供货项目	S

附件 3　通用编标工作计划

<table>
<tr><td colspan="3">项目名称：

开标日期：</td><td colspan="2">主管国际业务部：

计划指定人：

编标负责人：</td></tr>
<tr><td>序号</td><td>阶段工作起止时间</td><td>工作内容</td><td>责任单位/责任人</td><td>工作成员</td></tr>
<tr><td></td><td></td><td>翻译/复印/初研标书</td><td></td><td></td></tr>
<tr><td></td><td></td><td>编制现场考察大纲</td><td></td><td></td></tr>
<tr><td></td><td></td><td>现场考察及形成考察报告</td><td></td><td></td></tr>
<tr><td></td><td></td><td>编制编标大纲</td><td></td><td></td></tr>
<tr><td></td><td></td><td>编制施工组织设计</td><td></td><td></td></tr>
<tr><td></td><td></td><td>标价计算和编制报价文件</td><td></td><td></td></tr>
<tr><td></td><td></td><td>国际业务部内部评审</td><td></td><td></td></tr>
<tr><td></td><td></td><td>准备公司审标会上会资料</td><td></td><td></td></tr>
<tr><td></td><td></td><td>公司审标小组审标</td><td></td><td></td></tr>
<tr><td></td><td></td><td>保函及相关支持文件办理</td><td></td><td></td></tr>
<tr><td></td><td></td><td>标书编辑、打印、复印、装订成型</td><td></td><td></td></tr>
<tr><td></td><td></td><td>投标人出发或标书寄出</td><td></td><td></td></tr>
<tr><td colspan="2">要求相关部门配合的工作</td><td></td><td></td><td></td></tr>
<tr><td colspan="2">相关部门签知（姓名、时间）</td><td></td><td></td><td></td></tr>
<tr><td colspan="2">国际业务部负责人签字</td><td></td><td></td><td></td></tr>
</table>

附件 4　项目现场考察通用大纲

本通用大纲列出了项目投标前现场考察所应调查了解的主要和一般性问题。各项目投标考察小组应以此通用大纲为蓝本，结合本项目的实际情况，制定自己更为详细、更切合实际的现场考察大纲。

一、工程现场情况

（一）现场自然条件

1. 水文资料

2. 地质资料

3. 地形地貌

4. 气象资料

5. 潮汐资料

（二）现场环境

1. 交通条件

2. 通信条件

3. 水源及供水条件

4. 供电条件

5. 料源情况

6. 办公及住宿条件

（三）现场验证初拟施工方法的可行性

（四）现场验证初拟施工总体布置方案

二、工程所在国的资源及供应情况

（一）施工设备（包括新购、租赁设备）及配件的供应渠道、交货期

（二）施工设备的修理能力

（三）永久性设备的加工、制造、供应能力

（四）施工用材料、物资（水泥、钢筋、钢材、木材、砂石料、油料等）的供应能力

（五）运输能力和运输条件

（六）当地技术人员、技工、普工的资源情况

三、工程所在国的各种物价资料

（一）施工设备（包括租赁设备）、配件的价格

（二）永久性材料和施工材料的价格

（三）运输费率

（四）当地各种劳动力价格

（五）近年来物价上涨指数

四、工程所在国的商务情况

（一）设备、物资进口结关的程序、手续及有关海关法规
（二）关税税率、港口费、滞港费、仓储费等费率
（三）当地税法及各种税收的税率
（四）当地各种保险的规定及保险费费率
（五）当地开户银行的程序、手续
（六）当地银行存、贷款利率及各种银行业务手续费费率（包括保函手续费）
（七）外汇管制法规及外币与当地币汇率
（八）当地币贬值率
（九）当地劳动法相关规定（包括劳动保护、保险、社会福利等规定）
（十）当地公司法相关规定（注册、撤销等）
（十一）当地拟合作公司情况

五、工程所在国的社会情况

（一）社会和政治稳定情况，国家经济发展形势
（二）社会治安情况
（三）外籍人员入境、居住和工作许可的办理程序，管理规定
（四）当地民风、民俗

附件 5　报价裁决书

<table>
<tr><td>项目名称</td><td></td><td>主管国际业务部</td><td></td></tr>
<tr><td>申报日期</td><td></td><td>编标负责人</td><td></td></tr>
<tr><td colspan="4">一、标价汇报（根据规定与实际情况附上文件）
1. 总标价费用组成表
2. 中方人员费计算
3. 当地人员费计算
4. 材料费计算
5. 机械费计算
6. 永久设备费计算
7. 费率取值说明
8. 资金平衡表及流动资金投入量表
9. 风险、机会分析
10. 材料、设备、施工规范分析
11. 商务条款研究
12. 其他说明</td></tr>
<tr><td colspan="4">二、施工组织设计简述（根据规定与实际情况附上文件）
1. 施工总述
2. 施工总体布置
3. 施工总进度计划
4. 施工方法
5. 施工设备
6. 材料计划
7. 施工强度计划
8. 劳动力计划与组织方式
9. 质量、环境、职业健康安全管理计划与实施方案
10. 其他</td></tr>
<tr><td colspan="4">三、审标报告
1. 审标意见（对标价和施工组织设计的评价和修改决定及其他裁决事项）
2. 审标人会签
3. 编标小组对审标意见的落实情况</td></tr>
<tr><td colspan="4">四、裁决书签署
编标负责人签字：　　　　　　　　部门负责人签字：

主审人签字：　　　　　　　　　　裁决日期：</td></tr>
</table>

附件 6　标价费用通用组成

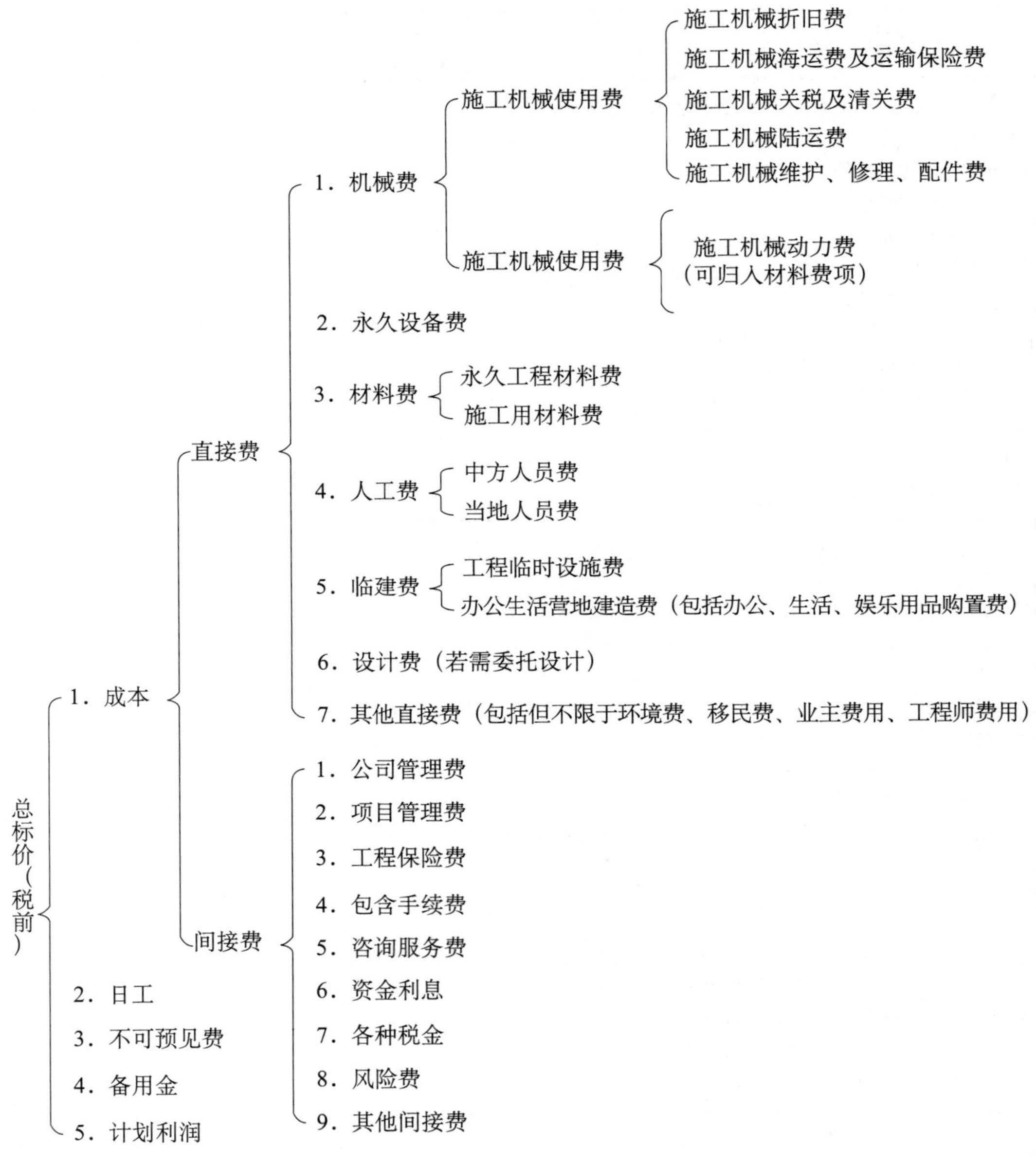

附件 7　总标价费用组成通用表

分类	编号	标价组成项	占总标价（税前）百分比	占直接费百分比	分项标价（USD）
A 直接费	1	机械费			
	1.1	施工机械固定费			
	1.1.1	折旧费			
	1.1.2	海运及保险费			
	1.1.3	关税及清关费			
	1.1.4	陆运费			
	1.1.5	维护、修理、配件费			
	1.2	机械使用费			
	1.2.1	动力费			
	2	永久设备费（应分项列出）			
	2.1				
	2.2				
	3	材料费			
	3.1	永久工程材料费			
	3.2	施工用材料费			
	4	人工费			
	4.1	中方人员费			
	4.2	当地人员费			
	5	临建费			
	5.1	工程临时设施费			
	5.2	办公、生活营地建造费			
	6	设计费			
	7	其他直接费（如有，应列出明细）			
	直接费合计				
B 间接费	1	公司管理费			
	2	项目管理费			
	3	工程保险费			
	4	保函手续费			
	5	咨询服务费			
	6	资金利息			
	7	税金（应分项列出）			
	7.1				
	7.2				
	8	风险费			
	9	其他间接费			
	间接费合计				

续表

分类	编号	标价组成项	占总标价(税前)百分比	占直接费百分比	分项标价(USD)
C 日工					
D 不可预见费					
E 备用金					
F 利润					
G 间接费＋利润（B＋F）					
H 总标价（税前）（A＋B＋C＋D＋E＋F）					
I VAT（H×____%）					
J 总标价（税后）（H＋I）					
合当地币（汇率：1USD＝____）					

附件 8　主要费率取值说明

1. 工程施工机械购置费单价及总值（FOB 价）：

   其中：转口设备总值：

   　　　国产设备总值：

   　　　当地设备总值：

2. 施工机械折旧率：
3. 海运费率：
4. 主要设备、材料关税税率：
5. 配件、修理费取值标准：
6. 动力费取值标准与说明：
7. 主要材料损耗系数：
8. 拟派中方人员总人数：管理 + 施工

   中方人员总人・月数：　　　　　中方人员平均人・月费：

   管理人员月工资：　　　　　　　施工人员月工资：

9. 当地人员总人・月数

   当地技术工人・月平均费用：

   当地普通工人・月平均费用：

10. 实际成本中外币和当地币比例：

    拟对外报价外币比例、外币选何种货币：

附件9　风险、机会分析报告

一、风险分析

（一）政治风险

（二）经济风险（包括但不限于以下内容）

1. 延迟支付
2. 汇率浮动
3. 换汇控制
4. 通货膨胀
5. 分包商违约
6. 外账所得税
7. 其他经济风险

（三）技术及管理风险（包括但不限于以下内容）

1. 施工方案、材料及工艺潜在的不合格
2. 不可预见的自然条件
3. 管理人才和经验
4. 资金筹措能力分析

（四）其他风险

二、潜在的额外收益分析

本文件是项目编标负责人和项目经理在合同签订前的重要交接资料之一，同时也是签订项目责任状时参考责任目标依据之一。

附件 10　审标会通知

<table>
<tr><td>项目名称</td><td colspan="3"></td></tr>
<tr><td>立项号</td><td></td><td>主管国际业务部</td><td></td></tr>
<tr><td rowspan="2">审标时间</td><td>年　月　日</td><td>编标负责人</td><td></td></tr>
<tr><td></td><td>会议地点</td><td></td></tr>
<tr><td rowspan="9">审标会参会人员</td><td></td><td colspan="2"></td></tr>
<tr><td></td><td colspan="2"></td></tr>
<tr><td></td><td colspan="2"></td></tr>
<tr><td></td><td colspan="2"></td></tr>
<tr><td></td><td colspan="2"></td></tr>
<tr><td></td><td colspan="2"></td></tr>
<tr><td></td><td colspan="2"></td></tr>
<tr><td></td><td colspan="2"></td></tr>
<tr><td></td><td colspan="2"></td></tr>
<tr><td>评审组织部门</td><td>经营管理部</td><td>主任签字</td><td></td></tr>
<tr><td>备注</td><td colspan="3"></td></tr>
</table>

附件 11　审标报告

<table>
<tr><td colspan="2">项目名称</td><td colspan="3"></td></tr>
<tr><td colspan="2">立项号</td><td></td><td>主管国际业务部</td><td></td></tr>
<tr><td colspan="2">编标负责人</td><td></td><td>审标会主审人</td><td></td></tr>
<tr><td colspan="2">审标会召开的
时间、地点</td><td colspan="3"></td></tr>
<tr><td>审标意见</td><td colspan="4">（注：逐一列明提出意见的人或部门以及具体意见内容）
记录人签字：
日期：</td></tr>
<tr><td>对审标意见的落实情况</td><td colspan="4">（注：逐一陈述编标小组对审标意见的落实情况）
编标负责人签字：
日期：</td></tr>
<tr><td>审标人会签</td><td colspan="4">（注：除主审人以外的审标人会签，以确保编标小组对审标意见不存在理解偏差以及审标意见得到落实）</td></tr>
</table>

附件 12　项目投/议标工作总结书

项目名称：
总结日期：
总结人：
一、项目开标情况记录（填写所有参加投标公司名称、标价、补充降价情况）
开标日期：　　　年　月　日

序号	公司名称	标价（USD）	与第 1 标差额的百分比（%）	排名	备注

二、对本项目投标工作的评价和总结（由编标负责人负责总结，其他投标人员协助。简要陈述投标过程，重点陈述投标竞争对手分析及其可能采取的投标策略，成功经验、不足之处及改进地方等内容）

三、对今后投标值得借鉴的地方（如建立区域投标单价数据库、投标合作方式、投标策略选择、保函开具方式及担保、投标报价计算等内容）

参考文献

[1] 何伯森．国际工程招标与投标［M］．北京：水利电力出版社，1994．

[2] 邱闯．国际工程合同原理与实务［M］．北京：中国建筑工业出版社，2002.

[3] 中国对外工程承包商会．国际工程承包实用手册［M］．北京：中国铁道出版社，2007.

[4] 孟俊娜，李志永．国际工程投标报价［M］．北京：中国建筑工业出版社，2015.

[5] 杜训．国际工程估价［M］．北京：中国建筑工业出版社，1996.

[6] 左斌．国际工程承包常用合同手册［M］．北京：中国建筑工业出版社，2014.

[7] 张守健，台双良．国际工程招标与投标［M］．北京：科学出版社，2013.

[8] 张水波，陈勇强．国际工程总承包 EPC 交钥匙合同与管理［M］．北京：中国电力出版社，2010.

[9] FIDIC. 土木工程施工合同条件（红皮书）［M］．1987.

[10] FIDIC. 施工合同条件（新红皮书）［M］．1999.

[11] FIDIC. 生产设备和设计——施工合同条件（新黄皮书）［M］．1999.

[12] FIDIC. 设计采购施工（EPC/）交钥匙工程合同条件（银皮书）［M］．1999.

[13] 崔军．FIDIC 合同原理及实务［M］．北京：机械工业出版社，2011.

[14] 中华人民共和国财政部．国际金融组织项目国内竞争性招标文件范本［S］．货物国内竞争性招标采购招标文件，2012.

[15] 国际复兴开发银行/世界银行．国际复兴开发银行贷款和国际开发协会信贷采购指南［S］．2006.

[16] The World Bank. Standard Request for Proposals Selection of Consultants［S］．2011.

[17] 世界银行．标准招标文件——货物采购［S］．2007.

[18] 侯杰．国际石油工程投标报价方法与应用［M］．北京：石油工业出版社，2011.

［19］刘而烈．国际工程投标报价［M］．北京：化学工业出版社，2006.

［20］陈会全，谭兴华，王修贵．水利水电工程定额与造价［M］．北京：中国水利水电出版社，2010.

［21］王守清，柯永建．特许经营项目融资（BOT、PFI 和 PPP）［M］．北京：清华出版社，2008.

［22］黄自谨，马斌，黄元．水电工程造价电算编制［M］．郑州：黄河水利出版社，2009.

［23］英国皇家特许测量师学会．英国建筑工程标准计量规则（第七版）［M］．中国建设工程造价管理协会，编译．2005.

［24］中华人民共和国水利部．水利工程建筑预算定额（上、下册）［S］．郑州：黄河水利出版社，2002.

［25］中华人民共和国水利部．水利工程施工机械台时费定额［S］．郑州：黄河水利出版社，2002.

［26］中华人民共和国住房和城乡建设部．建筑工程设计文件编制深度规定［S］．北京：中国计划出版社，2009.

［27］陈志平．实物法在国际项目投标报价中的应用［D］．天津：天津大学，2013.

［28］王玉洁．国际工程投标报价策略研究及应用［D］．山东：山东大学，2011.

［29］金海燕．国际石油工程项目投标前期决策研究［D］．黑龙江：大庆石油学院，2010.

［30］肖俊涛．国际土木工程投标报价策略研究［D］．湖北：武汉大学，2004.

［31］王伍仁．“准 EPC”下的深化设计［J］．施工企业管理，2010（9）.

［32］张浩．国际 EPC 合同模式下的设计管理［J］．国际经济合作，2015（7）.

［33］郑俊．关于国际工程项目设计阶段共性问题［J］．中国工程咨询，2015（2）.

［34］张玲．非洲地区国际工程承包项目合同通用行政条款解析［J］．项目管理技术，2011（2）.

［35］吴伟东，郑俊巍．FIDIC 合同条件下国际工程投标报价分析［J］．建筑经济，2012（2）.

［36］陶自成，何彦舫．模糊综合评判法风险管理技术在 EPC 项目投标决策中的应用［J］．国际经济合作，2015（9）.

［37］陶自成，何彦舫．实物法报价体系在国际工程投标报价的应用研究［J］．企业管理，2017（S2）.

［38］陶自成，何彦舫．模糊综合评价方法在国际工程不平衡报价中的应用

[J]. 建筑经济，2015（4）.

[39] 陶自成，何彦舫. 国际工程投标决策中 SWOT 模型应用探讨 [J]. 建筑经济，2015（4）.

[40] 陶自成，何彦舫. 大型国际 EPC 水电工程项目设计管理实践探讨 [J]. 中国水利，2015（10）.

[41] 天强工程设计咨询行业研究中心. 2018 年 ENR 工程设计双榜企业发展分析 [J]. 中国勘察设计，2018（8）.

[42] 付勇生. 国际工程承包市场企稳向好——2018 年度 ENR 全球最大 250 家国际承包商业绩解读 [J]. 国际工程劳务，2018（8）.

[43] 李媛. 2018ENR 国际承包商 250 强排名在京发布 [N]. 建筑时报，2018（9）.

[44] 石振武. 道路经济与管理 [M]. 武汉：华中科技大学出版社，2007.

[45] 易文雄. 国际工程承包企业税务风险与筹划 [J]. 企业改革与管理，2016（12）.

[46] 郑泽龙. 境外工程项目税务风险管理应对策略 [J]. 经济视野，2014（12）.

[47] 陶自成. 基于“营改增”的国际“BOT + EPC”项目合同架构拆分研究 [J]. 国际经济合作，2017（10）.

作者简介

陶自成

男，1977 年 1 月生于河南信阳，高级工程师，注册一级建造师、水利工程造价工程师、水利工程监理工程师。曾任中水电南美建设公司市场开发部副总经理、海外投标部总经理，2018 年交通与土木建筑国际学术论坛组委会专家委员，2018 年土木建筑与工程管理学术会议组委会专家委员，全国电力技术协作网专家库成员。2000 年 7 月毕业于华北水利水电学院水利水电建筑工程专业，2006 年 7 月武汉大学研究生毕业，目前就职于三峡国际能源投资集团有限公司。曾从事工程施工管理、设计管理、概预算经济评价、国际工程招投标、国际工程投资管理等工作，具有丰富的国际工程项目管理及市场开发经验。

先后负责南水北调工程 2 项关键技术，河北省南水北调工程建管局等机构的 4 项省部级、公司级重点项目课题，荣获中国水力发电工程学会、河北省工程咨询院、集团公司及公司等颁发的 6 项科研成果奖。先后在《水力发电学报》《水利水电技术》《水力发电》《国际经济合作》《建筑结构》《财会月刊》《财会与通讯》等期刊发表论文 40 余篇（其中核心期刊论文 35 篇、EI 检索 2 篇），荣获全国第四届电力企业管理创新论文大赛一等奖、第五届电力科技管理论坛二等奖、全国水利造价征文三等奖、山东水利征文一等奖等奖项。研究领域涉及国际项目管理、技术管理、设计管理、招投标管理、投资管理等多个项目管理领域。

何彦舫

女，1978 年 8 月生于河北青龙，高级工程师。2003 年 7 月研究生毕业于华北水利水电学院水工结构工程专业，目前就职于国核电力规划设计研究院。长期从事国际工程电力工程、水电工程设计及结构计算工作，具有丰富国际工程设计管理经验。

先后负责多项省部级重点科研课题研究，获得国家发明专利技术 2 项。先后发表 40 余篇论文，荣获第四届全国电力企业管理创新论文大赛一等奖等 4 个奖项，研究领域涉及设计技术管理、施工技术管理、招投标管理等多个工程设计管理领域。

后 记

梦想因为希望而精彩，生活因为拼搏而充实。1996 年秋，高中毕业后我告别家乡来到郑州，就读于华北水利水电学院水工建筑专业。新建的华北水利水电学院校区规划整齐，校园绿树成荫，教学大楼崭新漂亮，操场硬化平整，令人眼前一亮，早已不是 1990 年从邯郸迁来时的野草横生的模样，在这里我度过了充实而有意义的四年大学时光。生活丰富多彩，梦想已经启航。期间我参观了南水北调中线工程渠首、丹江口水库大坝、万里长江第一坝——葛洲坝，特别是雄伟壮观、举世闻名的三峡大坝，尽情领略水利工程建筑雄伟之美，一种自豪感、责任感油然而生。

大学毕业，经入职培训一周，我被分配到山东省与江苏省交界、因铁道游击队而闻名的枣庄、微山湖一带的京杭大运河河畔万年闸船闸枢纽工程项目，开始了人生的第一份工作。工地生活枯燥乏味、消息闭塞、条件艰苦，与心中所想的反差很大。但随着工程建设的进展，我也渐渐体会到其中的乐趣和带来的成就感。沸腾壮观、热火朝天的工地建设场面激发了我的文字创作兴趣，我先后在公司内部的期刊上发表散文、通讯等 20 余篇。

大学毕业后我先后在山东省筑港总公司、山东省航运工程设计院工作，从事工程施工管理、工程设计、概预算及经济评价工作，先后任分公司工程科副科长、项目技术负责人，转眼四个春秋。由于偶然的机缘，我产生了考研的想法。2004 年 9 月，我以专业第二名的优异成绩考取了武汉大学水利水电学院系统工程专业硕士研究生。江城多山，珞珈独秀；山上有黉，百年武大。珞珈山麓、东湖水畔的武汉大学风景秀丽、人文气息厚重、学术气氛浓郁。求知在武大，成才在珞珈。在这里我又度过了两年丰富多彩的校园书斋生活，这段生活丰富了我的知识结构，开阔了我的知识视野。我还得到了许多严谨务实的专家学者的悉心指导，先后在国家核心期刊、国家级研讨会上发表论文 8 篇，提升了学习与独立科研能力。

2006 年 7 月，我满怀壮志豪情，成为一名光荣的中水电人，再次踏上工作岗位，从事国家重点工程、伟大的南水北调工程施工建设。作为成千上万的南水北调中线工程参建者之一，也投入到公司承建的南水北调中线 S3 标项目紧张而有序的施工中。渠道衬砌、土方填筑、桥梁工程等有序展开，上班、下班、睡觉……累并快乐着。期间，我先后在国务院南水北调办网站、《中国水利报》、《南水北调工程周刊》等媒体发表文学及通讯报道 40 余篇，主编《S3 标项目通讯》，获得了南水北调中线工程优秀通讯员光荣称号，撰写核心期刊科技论文 10 余篇，完成南水北调大型渠道衬砌施工关键技术 2 项课题研究，并获得了中国水力发电工程学会、河北省优秀科技咨询成果等奖项，汇编完成了南水北调工程渠道项目施工质量评定验收规范标准。2009 年 7 月，由于公司战略发展的需要，我回到公司总部从事国际工程项目管理工作，先后负责多个国际工程水电站项目前期跟踪管理、EPC 项目设计协调及投标工作，从此与国际工程结下了不解之缘。

2010 年 7 月，我远赴遥远的南美洲秘鲁工作，参与秘鲁伊市项目给排水工程施工管理。2010 年 9 月，因工作需要派驻厄瓜多尔分公司负责厄瓜多尔 TP 水电站项目投标工作，这是中水电公司第一次涉足厄瓜多尔市场的第一个大型水电工程项目，也是中国国际工程承包商较早涉足南美大型水电项目市场领域。我和同事们加班加点，夜以继日，会同当地分包商，在短短一个月内按照当地投标造价模式完成近 1000 个单价分析表编制及投标报价工作，与当地分包商在斗智斗勇中竞争合作。与其说这是一次中国国际工程承包商的工程造价体系与当地欧美工程造价体系的相互碰撞，倒不如说是一次中国文化理念与欧美文化理念的较量。当地时间 9 月 30 日上午（北京时间的国庆节凌晨），在连续加班两个晚上没有合眼后，我们终于顺利向业主递交了上下两册、将近 1500 多页的工程投标书。当天下午，当地警察发生罢工，大街小巷戒严，晚上宵禁一周，我们采购了满足一周需求的食物后，在办公及住宿的公寓内开始着手工程项目合同谈判的各种准备工作。接下来开始为期 3 个月、多轮的各种合同谈判、签订及项目实施准备工作。2011 年 1 月，我被任命为该项目的副总经理兼厄瓜多尔地区党支部书记，角色转变，投入 TP 水电站项目施工管理和党建工作。先后主持了项目 70 余项各类合同谈判及签订工作，独立主持编制完成了当地大型施工设备及材料物资供应采购市场考察报告，参加了项目中高抗混凝土施工技术等项目关键技术研究。

2012 年 10 月，因工作原因，我回国开始从事市场开发及招投标工作，先后任中水电南美建设公司市场开发部副总经理（主持工作）、海外投标部总经理，负责南美洲 4 个重点国家市场现汇项目投标及投资项目跟踪管理工作。3 年多的时间里，我先后作为项目编投标负责人完成了 34 个国际项目的编投标工作，工程类型涉及水利工程、水电工程、矿产工程、公路桥梁工程、市政给排水工程、可再生能源工程等领域。值得一提的是，我们中标项目将近 10 亿美元，使公司国际市场在厄瓜多尔、秘鲁得以顺利延续、发展壮大，同时又新开拓了玻利维亚市场，形成了以点辐射周边国家的市场格局。2014 年我带领同事们加班加点编投标将近 20 个项目，虽然忙碌紧张，但内心充实，体会到收获的快乐。

时间倏然而过，2016 年，我又走向新的岗位。在完成阶段性总结并发表 40 余篇论文（其中有 36 篇核心期刊及 EI 检索论文）、4 项科研项目成果之后，产生了系统总结出版国际工程相关书籍的想法。自 2015 年初，我就开始酝酿整理和集结散落在各处的招投标资料信息。看到市场上国际工程招投标方面的书籍零零散散，不太系统且案例比较陈旧，我更加坚定了提炼总结国际工程知识和经验并出版相关书籍的想法。我一方面对这些年从事施工、设计、招投标、市场开发管理工作的经历、感悟进行整理，留下关于那些难忘的投标岁月的回忆；另一方面我也想把过去的经验及心得体会总结写出来，与国际工程的同行们分享自己的工作成果，为国际工程投标提供借鉴和参考。每天早起晚睡，除了紧张的日常工作外，大部分业余时间都用来写作，常年笔耕不辍。“都云作者痴，谁解其中味”，只有懂的人才知道吧。

历尽辛苦，书稿终成，不由抚卷感叹，浮想联翩！回想过去的点点滴滴，想起那些忙碌而快乐的工地岁月，想起和同事们一起加班加点、吃快餐的投标日子。“铁打的营盘，流水的兵”，尽管工作岗位和同事们在不断变化，但追逐心中梦想的情怀依然不变，现在想起来，依然是几多感慨，几多怀念。这本书包含了同事们集体智慧的结晶。感谢家人支持和理解，感谢公司领导及同事的鼓励，感谢公司提供了个人工作平台，感谢曾经合作过的相关单位的朋友们！真诚感谢集团科技图书出版基金资助本书出版，鼓励我在今后工作中继续不断提炼总结、积累提升！

“志合者，不以山海为远。”“一带一路”倡议全面冲锋的号角已经吹响，投身国际工程建设的初心依然没变。建设世界一流示范企业的使命正在召唤，让我们期待更多的我国国际工程承包商在世界舞台角逐竞技中脱颖而出。尽管前面的路依然漫长辛劳，我们也要坚守平凡的岗位，寻找心中的梦想，不忘初心，砥砺前行！

谨以此书向长期奋战和坚持在海外的同事们致敬！谨以此书献给从事国际工程工作的同行们！

陶自成

2019 年 6 月于北京